LES GÉNÉRAUX DU CRÉPUSCULE

Ouvrages du même auteur

Aux éditions Fayard :

Blanche et Lucie, roman, 1976.
Le Cahier volé, roman, 1978.
Contes pervers, nouvelles, 1980.
La Révolte des nonnes, roman, 1981.
Les Enfants de Blanche, roman, 1982.
Lola et quelques autres, nouvelles, 1983.
Sous le ciel de Novgorod, roman, 1989.
La Bicyclette bleue, roman, 1981.
101, avenue Henri-Martin, roman, 1983.
Le Diable en rit encore, roman, 1985.
Noir tango, roman, 1991.
Rue de la Soie, roman, 1994.
La Dernière Colline, roman, 1996.
Roger Stéphane ou la passion d'admirer, Carnets I, Fayard/Spengler, 1995.
Cuba Libre !, roman, 1999.
Pêle-mêle, Chroniques de l'Humanité, tome II, 1999, tome III, 2000.
Camilo, essai sur Camilo Cienfuegos, 1999.
Rencontres ferroviaires, nouvelles, 1999.
Alger, ville blanche, roman, 2001.

Aux éditions Jean-Jacques Pauvert :

O m'a dit, entretiens avec l'auteur d'*Histoire d'O*, Pauline Réage, 1975 ; nouvelle édition, 1995.

Aux éditions Albin Michel :

Pour l'amour de Marie Salat, roman, 1987.

Aux éditions Blanche :

L'Orage, roman érotique, 1996.

Régine Deforges

Les Généraux du crépuscule

Le Grand Livre du Mois

IL A ÉTÉ TIRÉ DE CET OUVRAGE
QUARANTE EXEMPLAIRES
SUR PAPIER VERGÉ INGRES DE LANA
DONT TRENTE NUMÉROS DE 1 À 30
QUINZE RÉSERVÉS À L'AUTEUR
ET CINQ HORS COMMERCE
NUMÉROTÉS DE H.C. I À H.C. V
LE TOUT CONSTITUANT
L'ÉDITION ORIGINALE

À Simon.

À Théodore.

RÉSUMÉ DU VOLUME PRÉCÉDENT,
Alger, ville blanche
(Librairie Arthème Fayard, Paris, 2001)

À son retour de Cuba, Léa goûte quelques semaines de repos à Montillac, gâchées toutefois par de douloureux souvenirs.

Peu après, elle fait la connaissance à Paris de l'écrivain Roger Vailland et de Francis Jeanson, partisan d'une Algérie indépendante. À la demande de ce dernier, elle accepte d'héberger clandestinement des Algériens recherchés par la police, puis de convoyer des fonds pour le compte du FLN vers la Suisse et la Belgique. Charles d'Argilat, son fils adoptif qui a combattu aux côtés de Che Guevara, devient lui aussi un « porteur de valises », tandis que François Tavernier est envoyé en Algérie par le général de Gaulle : des bruits de putsch y courent. Là, il se prend d'amitié pour le cireur de chaussures de son hôtel, Béchir, un jeune Algérien qui dévore les livres d'Albert Camus ; sa sœur, Malika, est élève infirmière.

Au cours de l'un de ses voyages, Léa est victime d'un grave accident de voiture ; averti, François rentre d'Alger. Bien que gravement malade, Françoise, la sœur de Léa, se précipite également à son chevet. Léa se remet de ses blessures mais Françoise succombe quelques semaines plus tard. La DST commence à s'intéresser à Léa et à Charles, les interroge mais ne les arrête pas. François comprend que sa femme « trahit » : le couple se déchire et François repart pour l'Algérie.

En janvier 1960, le général Massu reçoit François Tavernier et laisse éclater son ressentiment envers la politique menée par le chef de l'État. Massu donne alors une interview à un journal allemand ; ses propos ayant été jugés hostiles à la politique du gouvernement, il est rappelé en métropole. François, quant à lui, fait la connaissance d'un chauffeur de taxi, Joseph Benguigui, avec lequel il se lie d'amitié. C'est alors que Béchir s'inquiète auprès de François de la disparition de sa sœur. Ce dernier s'en ouvre au colonel Gardes, chef du 5e Bureau : après une brève enquête, Gardes découvre que la jeune Algérienne, soupçonnée de sympathies pour le FLN, se trouve à la villa Sesini, centre des interrogatoires menés par les légionnaires ; entre autres mauvais traitements, la jeune fille y a été torturée puis violée. Gardes la fait libérer puis la conduit à l'hôpital Maillot en compagnie de François ; là, Malika reçoit les soins du Dr Duforget. Mais, alors qu'il quitte l'hôpital, François est agressé par trois individus qui le rouent de coups ; il est sauvé *in extremis*, de ses agresseurs par l'arrivée de Joseph Benguigui au volant de son taxi. Joseph le conduit auprès du Dr Duforget pour y être soigné à son tour…

Une fois rentré à son hôtel, François reçoit la visite de Gardes : celui-ci lui conseille de quitter l'Algérie au plus vite. Pourtant, sous la conduite d'al-Alem, un adolescent de la Casbah, il se rend chez les parents de Béchir et Malika afin de leur apprendre ce qu'il est advenu de leur fille ; se sentant déshonoré par le viol dont elle a été victime, le père renie sa fille. Peu après les avoir quittés, François est assommé par un inconnu dans une ruelle de la Casbah ; il ne reprend connaissance que bien plus tard, une femme musulmane à ses côtés : celle-ci a prodigué tous les soins que nécessitait son état.

À Paris, l'un des protégés de Charles et de Léa est assassiné par le FLN. La police enquête et Léa, craignant d'être inquiétée, rejoint François en Algérie ; ce sont deux amants meurtris qui se retrouvent dans une ville en pleine effervescence : les pieds-noirs parcourent les rues pour manifester leur attachement à une Algérie française. Convoqué au gouvernement général (GG), François confie Léa à Benguigui. Dans le restaurant où ils attendent son retour, les conversations vont bon train parmi les ultras de l'Algérie française : Joseph Ortiz et ses troupes, Jean-Jacques Susini et Pierre Lagaillarde. Le colonel Argoud, autre activiste, ne cache pas non plus à François qu'il n'est pas le bienvenu à Alger ; les avertissements se multiplient…

De son côté, le Dr Duforget fait savoir à François que Malika n'est plus en sécurité à l'hôpital Maillot. En compagnie de Béchir et Joseph, il la transporte clandestinement à son hôtel où Léa les attend ; elle y accueille la jeune fille et prend soin d'elle. C'est alors que Gilda, l'une des prostituées qui officient au bar de l'hôtel, prévient François que deux hommes qui le recherchent activement ont été vus se dirigeant vers sa chambre : il arrive à temps pour les empêcher de pénétrer dans la pièce et de découvrir Léa et Malika. Avec l'aide du Dr Duforget, François fait échapper la jeune musulmane ; les deux hommes, toujours guidés par al-Alem, la conduisent dans la Casbah et lui trouvent un refuge.

Le dimanche 24 janvier 1960, Léa quitte son hôtel afin de se rendre dans le centre d'Alger : les rues s'y remplissent de manifestants, les pieds-noirs y brandissent le drapeau français et y scandent des slogans antigaullistes. Les parachutistes tiennent tous les points stratégiques. Venue des quartiers européens, la foule se masse devant le monument aux morts tandis que Joseph Ortiz, depuis le balcon de son PC, harangue ses auditeurs par ses discours enflammés. Il est follement applaudi et les manifestants entonnent *La Marseillaise*, puis *Le Chant des Africains*. Parachutistes et civils fraternisent alors. François croit devoir informer le délégué général de l'évolution de la situation.

Bousculée par un mouvement de foule alors qu'elle se tenait devant la Grande Poste, Léa se réfugie dans un restaurant. Elle s'installe, malgré les protestations du maître d'hôtel, à une table réservée par une certaine Mme Martel-Rodriguez. Aimablement, la cliente l'invite à demeurer à sa table et les deux femmes font connaissance : Jeanne Martel-Rodriguez est la descendante d'une vieille famille française, installée en Algérie dès la Conquête ; elle gère seule d'immenses domaines.

Dans la rue, la tension monte entre l'Armée, les gendarmes et la population qui commence à élever des barricades. Des coups de feu éclatent : qui a tiré ? Quoi qu'il en soit, on relève de nombreux morts. Dans le restaurant où elles déjeunaient, Léa et Jeanne dispensent les premiers soins aux blessés. De son côté également, François se dépense sans compter auprès des victimes des deux camps. La grève générale est décrétée et Alger s'installe dans l'insurrection ; elle va durer une semaine.

Le chef de l'État s'adresse alors au pays tandis que François est rappelé en métropole où Georges Pompidou, son directeur de cabinet, le reçoit. Restée seule à Alger, Léa, conduite par Béchir, se rend dans la Casbah pour y apporter de l'aide à Malika ; grâce à ses soins, la jeune fille se remet peu à peu de ses blessures. À son retour, François apprend que les agresseurs de Malika sont bel et bien des légionnaires, anciens SS engagés dans la Légion afin d'échapper aux poursuites de l'après-guerre ; leur chef est un Argentin, proche des nazis réfugiés en Argentine, Jaime Ortiz, avec lequel Léa a eu maille à partir en Amérique du Sud (voir *Noir tango*), puis en Indochine (voir *Rue de la Soie* et *la Dernière Colline*). Ortiz et ses complices retrouvent la piste des deux femmes, réfugiées dans une maison close de la vieille ville.

Lagaillarde et ses compagnons, partisans de l'Algérie française, finissent par se rendre aux militaires, les barricades sont abattues et les Algérois rentrent chez eux. Livrée à elle-même, Léa parvient à joindre sa nouvelle amie, Jeanne Martel-Rodriguez, et lui demande assistance. Voilée du traditionnel *haïk*, elle quitte sa cachette en compagnie de Malika ; al-Alem, sa bande et les prostituées du bordel facilitent leur fuite. Au sortir d'une ruelle, la voiture de Jeanne Martel-Rodriguez les soustrait à leurs poursuivants. Prévenu des dangers encourus par les deux femmes, François se précipite à leur secours…

1.

> *« La guerre constitue peut-être, dans l'activité générale, un inéluctable élément comme la naissance et comme la mort. Il se peut qu'elle soit l'ébranlement nécessaire aux chutes comme au renouveau… »*
>
> CHARLES DE GAULLE.

Le tapage des journées des barricades s'estompait. Alger avait retrouvé son calme ; tout semblait redevenu comme avant, du moins en apparence .

Avec une tendresse et une patience infinies, Léa et François essayaient pour la première fois de faire le point, de regarder avec lucidité ce qu'avait été, jusque-là, leur existence, ce à quoi ils tenaient le plus et ce qu'ils devaient faire pour le sauvegarder. Ils faisaient l'amour avec une douceur qui leur était, jusqu'ici, inconnue. Le corps de l'autre n'était plus un lieu de combat, mais le siège d'une certitude : celle de n'être qu'un. Leur plaisir était plus profond, plus lent à venir aussi. Le temps leur avait appris tous les bonheurs qu'ils pouvaient tirer de l'amour. « Je voudrais un enfant », avait murmuré Léa au sortir d'une étreinte.

François l'avait serrée plus fort contre lui. « Elle est folle », avait-il pensé, ému cependant.

Pour Malika et son frère Béchir, le séjour à la villa leur permit d'apaiser leurs douleurs sans toutefois les effacer. Afin de ne pas offenser ses hôtes, Jeanne avait eu la délicatesse de traiter les jeunes Algériens en invités, les conviant chaque jour à sa table, à la grande surprise des nombreux domestiques de la maison. Les commentaires allaient bon train tant à la propriété qu'en ville.

Choyée par Farida, la jeune Algérienne recouvra rapidement des forces. La domestique, les dents serrées et les yeux secs, lui prodiguait chaque matin les soins appropriés à son état. La vue de ce corps martyrisé l'avait bouleversée et elle s'était juré de venger sa nouvelle protégée. Elle avait eu avec Mme Martel-Rodriguez une violente dispute dont les échos avaient retenti à travers l'immense demeure. Pendant quelque temps, les deux femmes ne s'étaient plus adressé la parole ; c'est l'Européenne qui avait mis fin aux hostilités. La vie avait repris peu à peu, chacun vaquait à ses activités comme avant… Si ce n'eût été l'outrage subi par sa sœur, le plus heureux eût sans doute été Béchir ; il passait le plus clair de son temps dans la bibliothèque, à dévorer tout ce qui lui tombait sous la main.

À la demande du général de Gaulle, François regagna Paris, laissant Léa préparer leur départ d'Alger. Dès son arrivée à l'Élysée, il fut introduit auprès du chef de l'État. Celui-ci se leva et vint au-devant de son visiteur, la main tendue. Comme à l'habitude, sa poignée de main fut molle. « Jamais je ne m'y habituerai », pensa François.

– Bonjour, Tavernier. J'ai encore besoin de vous… Asseyez-vous.

– Mais, j'ai démissionné, mon général ! Enfin, vous savez bien que je ne peux rien vous refuser…, répondit François avec une pointe d'ironie qui ne passa pas inaperçue.

– À Alger, Tavernier, il faut que vous retourniez vous y installer quelque temps.

– À Alger ? Mais je sors d'en prendre, mon général, et, je vous le répète, je viens de démissionner !

– Je sais, je sais… Mais on ne démissionne pas avec de Gaulle ! Bon, il va vous falloir une couverture, je ne sais pas, moi… correspondant de l'AFP, n'importe quoi…

– Mon général, il y a déjà Albert Dupuis, tout le monde le connaît à Alger…

– Bon, alors pas l'AFP… Reuters, par exemple… Les Anglais, vous les connaissez, et Harold King, le directeur de Reuters à Paris que j'ai connu à Londres, vous l'aimez bien ?

– Je le connais pour avoir bu quelques whiskies avec lui au bar du Saint-George…

– Très bien… Voyez ça avec lui, il sera prévenu.

– Mais personne ne sera dupe, mon général !

– Je m'en fiche, l'important est de sauver les apparences. Dans votre cas, ce ne sera pas la première fois : rappelez-vous, en France, vous jouiez un double jeu très convaincant. Et plus tard en Union soviétique et en Allemagne aussi… Vous ferez un correspondant de presse très acceptable !

– Mais, mon général, que voulez-vous que j'aille faire là-bas ? Vous savez tout ce qui s'y passe, vous avez vos équipes !… Je ne vais pas toute ma vie jouer le rôle de l'inspecteur des travaux finis ! Rappelez-vous, mon général, je l'ai déjà joué en Indochine et ça m'a mené tout droit à Diên Biên Phu !

Un éclair de malice passa dans le regard de De Gaulle.

– Justement, Tavernier, c'est pour cela que je vous envoie en Afrique, vous avez de la chance et la chance c'est ce dont j'ai le plus besoin en ce moment.

Accablé, François s'entendit répondre :

– Si vous le dites, mon général…, mais qu'attendez-vous de moi mon général ?

– Que vous me teniez au courant de l'évolution des mentalités tant celles des militaires que des pieds-noirs et des musulmans.

– Tout cela à la fois, mon général ? fit Tavernier goguenard.

– Oui. Passez chez Frey, il vous attend pour régler les détails. Au revoir, Tavernier.

De Gaulle était retourné à ses dossiers et l'avait déjà oublié.

Sonné, François quitta le bureau présidentiel, fit quelques pas dans le couloir et se laissa tomber sur une banquette. Combien de temps resta-t-il ainsi, perdu dans ses pensées ? Il n'aurait su le dire. Une voix agacée le tira de sa rêverie.

– Que faites-vous là, à moitié endormi, Tavernier ? Je vous attends dans mon bureau.

Roger Frey, ministre délégué auprès du Premier ministre, le regardait, étonné et impatient.

– On dirait que vous avez reçu un coup sur la tête...

– On peut dire les choses comme ça, se reprit François.

Il se leva un peu lourdement.

– Suivez-moi.

De nombreuses personnes attendaient dans le bureau enfumé du ministre.

– Messieurs, je vous présente François Tavernier que certains d'entre vous connaissent déjà. À la demande du président de la République, il part pour Alger. Tavernier, je vous présente François A' Weng, mon directeur de cabinet, Alexandre Sanguinetti, chef de cabinet, le colonel Lefort, MM. Bousquet et de Sarnez, mes conseillers techniques.

– Bonjour, messieurs.

– Bonjour.

– Asseyez-vous... Huguette ! Entrez.

– Tavernier, voici Mme Renaud, chargée de mon secrétariat particulier... Huguette, prenez note de ce que nous allons dire... Messieurs, nous sommes réunis pour imaginer une couverture plausible au séjour de M. Tavernier en Algérie. Parlez librement, faites preuve d'imagination... Je vous écoute.

Deux heures plus tard, François quittait l'Élysée en tant que responsable de l'agence Reuters pour le Maghreb et se rendait à l'ambassade de Grande-Bretagne, voisine du palais présidentiel, où l'ambassadeur devait le recevoir pour le confirmer dans ses nouvelles fonctions. Le soir même, il repartait pour l'Algérie sans avoir revu ses enfants.

De retour à Alger, François Tavernier se présenta aux directeurs de la presse algéroise, puis se rendit à Oran et Constantine afin de se faire connaître des journalistes locaux. S'ils restèrent sceptiques quant à l'authenticité de sa mission, ceux-ci n'en laissèrent rien paraître. Il installa ses bureaux boulevard Laferrière, engagea une secrétaire ainsi qu'un garçon de courses que lui avait recommandé Benguigui.

2.

> *« Que voulez-vous que je fasse de cette France qui s'aplatit, de cette vachardise ?... Que voulez-vous que je fasse au milieu des veaux ?... »*
>
> CHARLES DE GAULLE.

Chaque jour, Léa et François appelaient Paris pour parler à leurs enfants. Si Adrien et Camille se montraient raisonnables, il n'en allait pas de même de Claire qui réclamait à grands cris leur retour. À chacune des scènes que leur faisait la plus jeune de leurs filles, ils se sentaient dans la peau de monstrueux parents qui auraient abandonné leur progéniture. Souvent, Léa raccrochait en pleurs. Un jour que Jeanne Martel-Rodriguez avait une nouvelle fois surpris ses larmes, celle-ci lui posa franchement la question :

– Mais pourquoi ne les faites-vous pas venir ?

Léa l'avait dévisagée sans comprendre, puis elle sourit avant de finir par éclater de rire.

– Bien sûr ! Comment n'y ai-je pas songé ?… François ! François ! criait-elle en courant à travers la maison.

C'est ainsi qu'il fut décidé, en dépit des réticences de leur père, que les enfants, accompagnés de Philomène, la Vietnamienne qui élevait Claire depuis sa naissance, viendraient en Algérie pour les vacances de Pâques ; après, on aviserait.

Jeanne bouleversa la demeure de fond en comble afin de mieux recevoir ses hôtes ; elle fit changer rideaux et literies.

– Il faut que tout soit prêt pour les Rameaux ! s'affolait-elle.

En cette année 1960, la fête des Rameaux tombait le 10 avril et donc Pâques le 17.

Les enfants et la nourrice devaient arriver par la Caravelle du vendredi soir. Sur le tarmac, Léa s'agitait avec impatience. Jeanne, tout aussi fébrile, attendait dans la voiture. Les premiers à quitter l'appareil furent Philomène et Claire. La petite s'arracha des mains de l'*assam*[1], dévala la passerelle et courut vers ses parents. Quand Léa sentit le petit corps tout tremblant de sa fille se coller contre le sien, elle en fut bouleversée : « Comment ai-je pu l'abandonner ? » Les deux aînés se jetèrent à leur tour dans les bras de leurs parents.

1. Nourrice vietnamienne.

Philomène regardait autour d'elle sans chercher à dissimuler son anxiété.

– C'est si bon de se retrouver tous ensemble, s'émut Léa en embrassant la Vietnamienne. Venez, les enfants, que je vous présente à l'amie qui nous héberge… Jeanne, voici Adrien, Camille, Claire.

– Quels beaux enfants vous avez là, ma chère ! Mustafa, prends les bagages… Ali, aide-le !

Tout au long du voyage, Claire s'exclama sur tout ce qu'elle voyait.

– Oh ! Maman, que c'est beau !

Devant la grâce des jardins de la propriété, celle des fontaines qui s'écoulaient à l'intérieur même de la maison, elle resta sans voix. Farida et de jeunes domestiques présentèrent tout de suite des pâtisseries aux nouveaux venus : Claire fut bientôt toute barbouillée de sucre blanc.

– C'est bon ! C'est toi qui les as faits ? demanda-t-elle la bouche pleine.

– Bien sûr que c'est moi qui les ai faits, répondit l'Algérienne avec fierté.

– Ne mange pas si vite, tu vas être malade ! la gourmanda Philomène.

Outrée, Farida toisa cette femme aux yeux bridés qui osait se défier de ses pâtisseries.

– Mes gâteaux n'ont jamais rendu personne malade !

– Ne vous formalisez pas : Farida est très à cheval sur ses talents de cuisinière, tempéra Jeanne.

– Tu n'as jamais eu à t'en plaindre ! grogna Farida.

Pour faire diversion, la maîtresse de maison proposa que chacun prît possession de sa chambre.

Malika et Béchir se tenaient à l'écart. Léa alla à eux.

– Les enfants, voici Malika et Béchir, deux amis.

Après l'installation dans les chambres, on passa à table. Le dîner fut des plus animés et tous firent honneur à la cuisine de Farida qui, avec une condescendance toute royale, accepta finalement les compliments qu'on lui adressait.

Claire tombait de sommeil. François la porta dans son lit et Léa la déshabilla ; la petite ronronnait de plaisir. Elle s'endormit en serrant d'un côté la main de son père, de l'autre celle de sa mère. Philomène contemplait, béate, le trio.

Au salon, Adrien et Béchir disputaient une partie d'échecs, tandis que Malika feuilletait un magazine. De leur côté, Jeanne et Camille tournaient les pages d'un album de photos ; certaines dataient des premiers temps de la colonisation. Le parfum du thé à la menthe emplissait l'air. À minuit, tout le monde dormait. Enfin, presque…

Béchir rejoignit Farida au jardin, en contrebas de la terrasse qui dominait la baie d'Alger. De là, un étroit sentier gravissait la colline, invisible depuis la terrasse, disparaissant par endroits sous la végétation.

– Un peu plus bas, chuchota l'Algérienne, il y a un profond renfoncement dans la paroi : al-Alem t'y attend.

– Pourquoi tant de mystères ? Il ne peut pas entrer par la grande porte comme l'autre jour ?

– Tais-toi donc : les jours se suivent et ne se ressemblent pas, comme disent tes amis français…

– Comme tu les hais ! siffla le jeune homme entre ses dents.

– Après ce qu'ils ont fait à ta sœur, tu ne les détestes pas, toi, peut-être ?

– Ceux-là oui mais les autres ?…

– Ils sont tous pareils. Pour eux, nous ne serons jamais que des bougnoules !

Béchir ne répondit pas ; Farida devait savoir de quoi elle parlait. Sans un mot de plus, l'Algérienne s'éloigna.

Béchir descendit le petit chemin et trouva al-Alem à l'endroit indiqué.

– C'est une planque formidable ! murmura celui-ci.

– Pourquoi ce rendez-vous secret ? On ne pouvait pas se voir ouvertement ?

– Impossible, les paras sont sur les traces de ta sœur ; heureusement, ils ne sont pas très malins : à Alger, on ne parle plus que de ces deux musulmans, un frère et une sœur qui, dit-on, vivraient chez les Martel-Rodriguez et qu'on traite comme des Européens… Ils ne savent pas que je vous ai aidés ; néanmoins, je fais attention.

– Il faut prévenir François !

– Certainement pas, c'est une affaire qui ne regarde que les musulmans, nous devons régler ça nous-mêmes. Mais ne t'inquiète pas pour le moment : tant qu'elle reste à la villa, ta sœur ne craint rien ; ils ne sont pas assez fous pour tenter de l'enlever ici, c'est trop bien gardé et ce serait… compromettant. Bon, j'ai aussi une mauvaise nouvelle à t'apprendre : ils ont arrêté tes parents. Ne mets surtout pas ta sœur au courant : ils comptent là-dessus pour la faire sortir de sa cachette.

– Où les ont-ils emmenés ?

– À la villa Sesini… Je crois que ton père a été torturé… Allez, ne pleure pas… Tu es un homme, maintenant !

Béchir renifla.

– Qu'allons-nous faire ?

– Les *yaouleds*[1] de la Casbah les surveillent et j'attends des instructions des Frères. De plus, on va monter des armes et des explosifs et les entreposer ici ; la cache est profonde. Ton rôle sera de surveiller les allées et venues et d'éviter que des gosses ne viennent jouer par ici… Surtout, ne dis rien à Malika !

Sans un bruit, al-Alem se fondit dans l'obscurité.

Le lendemain, toute la maisonnée partit pour la propriété que possédaient les Martel-Rodriguez à Tipasa ; ils devaient y séjourner jusqu'à Pâques. Convoqué par Delouvrier, François ne les rejoindrait que le jeudi suivant.

Durant une semaine, ce ne furent qu'excursions, pique-niques, baignades, visites des ruines romaines,

1. Enfants des rues, mendiants.

promenade au Tombeau de la Chrétienne, balades à cheval… Jeanne ne savait qu'inventer pour rendre agréable le séjour de ses hôtes.

3.

« Ce n'est jamais que l'honneur qui oblige à choisir et à prendre parti… »
ROGER VAILLAND.

Une semaine après la reddition de Lagaillarde, Paul Delouvrier, goguenard, rendit visite à François Tavernier.

– Alors, comme ça, Tavernier, vous voilà chez Reuters ! On aura tout vu…

– Les voies du Général sont impénétrables…, ironisa François.

Les deux hommes restèrent seuls pendant plus d'une heure ; durant leur entretien, le ministre résidant rapporta à François sa dernière entrevue avec le général de Gaulle et lui fit part des propos que le président de la République lui avait tenus. Contre toute attente, le chef de l'État n'avait pas commenté la démission de son envoyé spécial ni l'attitude que celui-ci avait adoptée lors de la Semaine des barricades[1]. Tout au plus avait-il eu

1. Voir *Alger, Ville blanche.*

une sorte de sourire amusé en lâchant : « C'est tout Tavernier ! » Pour autant, telle qu'il la rapporta à François, l'audience accordée au représentant de la France en Algérie avait été dénuée de toute aménité :

– « Alors, Delouvrier, je vous l'avais bien dit qu'ils n'obéiraient pas ! attaqua de Gaulle en me tendant la main.

« – Mon général, ai-je répondu, il me semble que tous les quinze jours, dans ce bureau, c'est moi qui vous ai dit que l'Armée n'obéirait plus ; vos cabinets civil et militaire ne se parlent pas. Votre cabinet militaire renforce l'idée d'une Algérie française dans l'esprit des officiers. Même le Premier ministre, lors des toasts qu'il porte au cours de ses voyages en Algérie, revivifie les sentiments des officiers en faveur de l'Algérie française. On m'a mis dans une situation impossible. Et j'ai une Armée qui n'obtempère plus !

« – Dans les quatre premiers jours, vous aviez disparu, Delouvrier. Vous ne vous êtes redressé que sur la fin.

« – Mon général, devais-je dire que j'étais prisonnier ? Mon silence a empêché le général Challe de glisser vers la position où s'est trouvé le général Salan au 13 mai 1958. Et Challe n'a prononcé aucun des discours que lui préparaient fébrilement ses colonels ! En outre, mon général, pour obéir à vos consignes, j'ai pris la responsabilité de verser le sang à Alger. J'ai donné mes ordres à

Crépin. Et, cependant, j'ai pu croire un instant, lorsque celui-ci a téléphoné à l'Élysée pour en avoir confirmation, qu'ils étaient réfutés par Paris et par vous-même. Il a fallu que je menace de révoquer Crépin pour qu'on les confirmât ! Je ne devais pas avoir peur de verser le sang français. Et cela, vous me l'avez vous-même rappelé !

« Le président de la République était demeuré silencieux. Seul un tic agitait sa mâchoire inférieure et son poing droit, tapotant le maroquin de son bureau, trahissait son mécontentement. Finalement, il s'était levé, avait contourné sa table de travail et m'avait demandé des nouvelles de ma santé :

« – Et cette jambe, Delouvrier, guérie ?

« Pas un mot n'avait été dit quant à mon avenir en Algérie. Mon avion décollait un peu plus tard, à seize heures ; je devais savoir. Je jetai :

« – Je ne peux regagner mon poste qu'avec votre entière confiance, mon général. Mais Alger ne peut rester sans commandement ; il faut s'occuper de l'Armée et de la population. Sans nouvelles instructions de votre part, je prendrai l'avion demain matin à neuf heures.

« – C'est ça, attendez demain matin, Delouvrier.

« Le lendemain, j'ai pris la Caravelle du GLAM sans aucune nouvelle du Général ni de son gouvernement...

– C'est assez dans sa manière... commenta sobrement François. Quelle est l'ambiance à Alger ?

– Tout semble redevenu comme avant : les généraux Faure, Mirambeau et Gracieux ont été mutés en métropole, ainsi que les colonels Godard, Argoud et Broizat. Seul Gardes a été inculpé. Lagaillarde, lui, est à la Santé. Quant à Ortiz, il s'est évanoui dans la nature : un jour on le voit à Madrid, le lendemain à la Madrague… Les hommes du 1er REP ont regagné le Constantinois où leur chef, le colonel Dufour, ne cesse de critiquer la politique du gouvernement ; et ce n'est pas la visite du nouveau ministre des Armées, Pierre Messmer, qui a arrangé les choses… Les pleins pouvoirs accordés au gouvernement par l'Assemblée nationale vont entretenir le pays dans l'illusion. On a bien voulu reconnaître que je disposais de la confiance des Européens, des militaires et des musulmans. On a ajouté que je le devais à mon autorité morale, lentement acquise au cours de ces dix-huit mois et, surtout, à mon appel du 28 janvier ; celui-là même qui n'avait pas été compris en France et qui ne pouvait l'être, tant il est vrai que l'optique est toute différente suivant que l'on se trouve de ce côté-ci de la Méditerranée ou de l'autre. On m'a félicité de n'avoir rien cédé sur la ligne essentielle, définie par le gouvernement, et d'avoir témoigné, à cette occasion, de ma fidélité à la pensée du chef de l'État.

– Belle revanche sur ces fonctionnaires !

– Si l'on veut… Mais, il n'y a pas de solution au problème algérien si le représentant du gouvernement, dont personne ne peut nier, maintenant, qu'il doit faire régner une autorité véritable, a pour subordonnés des préfets dont les regards sont obstinément fixés sur le ministère de l'Intérieur, des chefs de service dont la quantité et la qualité des personnels dépendent de leur direction parisienne, des militaires dont les généraux sont notés et mutés par le ministre des Armées et les officiers par la direction du personnel du boulevard Saint-Germain, des juges qui pratiquent une justice adaptée aux mœurs du Cotentin en paix et non à celles des Aurès en guerre, des financiers complètement et uniquement soumis aux directives de la rue de Rivoli ; s'il est contraint, enfin, de subir passivement une presse locale qui ne connaît que la violence ou une presse métropolitaine qui n'arrive pas à tenir compte d'une mentalité algérienne insaisissable à partir de Paris.

– Vous avez entièrement raison ! applaudit François.

– Ne vous moquez pas. J'ai envoyé au *Monde* quelques-unes de mes réflexions ; on verra bien si elles seront publiées…

– L'explosion de la bombe A est-elle maintenue pour le 13 février ?

– Je n'ai eu connaissance d'aucun changement.

– J'aimerais y assister.

Paul Delouvrier le considéra en fronçant les sourcils.

– Je ne crois pas que ce soit une bonne idée… Vous risquez de ne pas être le bienvenu.

– J'ai l'habitude…, et puis n'oublie pas que je suis journaliste maintenant.

Delouvrier se contenta de hausser les épaules.

– Qu'est devenue la jeune Algérienne dont vous aviez pris le parti ? reprit-il après un temps.

– Elle est ici : Mme Martel-Rodriguez lui a offert l'hospitalité ainsi qu'à son frère. Avez-vous pu obtenir le nom de ses tortionnaires ?

– Oui. D'ailleurs, ils sont déjà connus pour des faits analogues. L'un d'eux est un légionnaire argentin...

– Oui, je sais : Ortiz.

– Vous le connaissez ?

– Nos chemins se sont croisés en Argentine : lui et sa famille appartenaient alors à un réseau nazi. Léa les ayant démasqués, ils ont essayé, à plusieurs reprises, de la faire assassiner et ils ont bien failli y parvenir en Indochine ! S'il apprend sa présence à Alger, elle se trouvera à nouveau en grand danger.

– Qu'elle rentre en France, que diable !

– Ce n'est pas si simple : à Paris, la police veut l'entendre dans le cadre de l'enquête sur le réseau Jeanson...

– Vous n'allez pas me dire qu'elle a aidé le FLN ?

Tavernier ne répondit pas. Ce fut le moment que choisit Léa pour les interrompre :

– François, tu ne veux pas... Oh, excuse-moi, je ne savais pas que tu avais de la visite...

– Entre, ma chérie... Que se passe-t-il ?

– Rien d'important... Bonjour, monsieur le délégué général... Comment va votre femme ?

– Bien, je vous remercie. Vous êtes ravissante : le climat d'Alger semble vous réussir...

– C'est vrai : il y a longtemps que je ne me suis sentie aussi bien. Surtout depuis l'arrivée de nos enfants.

– Vous avez fait venir vos enfants !...

– Rassurez-vous, répliqua françois, ils ne restent que le temps des vacances de Pâques.

Devant l'air abasourdi de Delouvrier, Léa détourna la tête pour cacher un sourire. D'une voix cajolante elle demanda :

– Voulez-vous rester déjeuner avec nous ?

– Ç'aurait été avec plaisir mais je suis attendu au GG[1]. Une autre fois...

– Promis ?

– Promis.

1. Gouvernement général.

4.

« Le sang du peuple est notre trésor le plus sacré mais il faut le dépenser pour en épargner davantage à l'avenir. »
CHE GUEVARA.

– François Coulet, ça vous dit quelque chose ? demanda le délégué général à François Tavernier.

– François Coulet… Oui, je l'ai croisé en 1945, en Union soviétique. C'est un homme du Général, il l'a rejoint à Londres dès 1940 : il est prêt à tout pour lui. Coulet a été le premier commissaire de la République à Bayeux. Plus tard, à Paris, il est devenu délégué aux relations interalliés. C'est là que je l'ai réellement connu. Pourquoi me parlez-vous de lui ?

– Il doit arriver à Alger, envoyé par l'Élysée, précisa Delouvrier.

– Aïe ! Il y sera l'« œil de Moscou », vous pouvez en être sûr… un de plus. Il est doué d'un culot monstrueux et d'une immense confiance en soi. Avec ça, d'une bonne culture dont il fait parfois un usage immodéré. Il peut avoir la dent dure et ses reparties pleines d'humour sont le plus souvent gonflées de fiel. C'est un inconditionnel de De Gaulle ; il lui obéira quoi qu'il lui en coûte. Sa venue à Alger signifie, pour moi, que je n'ai plus la confiance du Général…

– Cependant… son attitude à votre égard, lors de sa visite ?

– Et alors ? On dirait que vous ne le connaissez pas : il dit tout et son contraire. À nous de décrypter !

– Quoi qu'il en soit, nous nous réjouissons, ma femme et moi, de venir déjeuner chez Mme Martel-Rodriguez et d'y faire la connaissance de vos enfants. Quand repartent-ils ?

François ne répondit pas.

– Ne me dites pas qu'ils vont rester ?… Mais… mais c'est de la folie !

– Je le sais… Léa et Jeanne… enfin, je veux dire Léa et Mme Martel-Rodriguez se sont liguées contre moi à ce sujet. Sans parler des enfants eux-mêmes…

Delouvrier se leva, fit quelques pas en boitillant et se campa devant François.

– Je ne vous comprends pas, Tavernier : vous savez que les parachutistes recherchent votre femme et la jeune Algérienne. S'ils ne réussissent pas à mettre la main sur elles, ils pourraient bien s'en prendre à vos enfants.

– Les vôtres sont bien ici…

– Certes, mais je suis délégué général et je me dois d'en assumer tous les risques… y compris pour ce qui concerne mes enfants. Vous, rien ne vous oblige à adopter une pareille conduite.

– C'est vrai… En même temps, je comprends que leur mère préfère les avoir auprès d'elle.

– Ah, les mères…

Le déjeuner fut des plus joyeux. Après un court moment de gêne, fusa de la salle à manger où l'on avait servi les enfants, jusqu'à celle où déjeunaient les grandes personnes, le rire des petits Delouvrier mêlé à celui des petits Tavernier.

– Quel bonheur d'entendre rires des enfants ! s'attendrit Jeanne en quittant la table.

– Ils n'ont pas mis longtemps à faire connaissance, approuva Louise Delouvrier en se levant.

– Il faut reconnaître que les enfants ont tout pour être heureux en Algérie. Je crains qu'ils n'aient beaucoup de mal à se réadapter à la métropole, constata Paul Delouvrier en se dirigeant vers le petit salon où cigares et café les attendaient.

– Vous pensez partir bientôt ? s'inquiéta François Tavernier en allumant un havane.

– Mes jours ici sont comptés, je le sais… Je peux bien vous avouer, maintenant que nous sommes seuls, que j'attends ce moment avec impatience : je n'ai plus la confiance du président de la République et je ne comprends pas où il veut en venir.

– À l'indépendance de l'Algérie.

– Eh bien, qu'il le dise une fois pour toutes, s'exclama Delouvrier !

Pendant quelques minutes, ils fumèrent en silence.

– Vous êtes toujours déterminés à rester à Alger ?

– Oui. Charles, notre fils adoptif, est recherché par la police à Paris et je ne serais pas étonné que Léa le soit aussi… Ne faites pas cette tête, cher ami, ils n'ont tué personne !… Du moins, pas à ma connaissance…

– Cessez de plaisanter, Tavernier. Je sais tout cela. Tant qu'elle demeure près de vous, votre femme ne craint pratiquement rien des autorités françaises. Il n'en serait pas de même si votre fils adoptif venait ici, il serait arrêté et incorporé illico dans un régiment disciplinaire.

– Pour lui, il serait hors de question de prendre les armes contre le peuple algérien… S'il y était contraint, il déserterait.

– Est-il vrai qu'il a combattu aux côtés de Fidel Castro ?

– Oui, et avec beaucoup de courage.

– Il pourrait donc, à tout moment, rejoindre le FLN…

François considéra attentivement son interlocuteur : s'agissait-il d'une mise en garde ou bien Delouvrier cherchait-il à s'informer ?

– Cela fait partie des choses possibles…

5.

« Par les foudres qui anéantissent,
Par les flots de sang pur et sans tache,
Par les drapeaux qui flottent
Sur les hauts djebels orgueilleux et fiers,
Nous affirmons nous être révoltés pour
vivre et pour mourir,
Et nous avons juré de mourir pour que
vive l'Algérie !
Témoignez ! Témoignez ! Témoignez ! »
Hymne du FLN

Le 13 février 1960 à sept heures du matin, comme prévu, la première bombe A française explosa à Reggane, aux confins du Sahara. Pierre Guillaumat, ministre délégué, représentait le gouvernement français ; Paul Delouvrier et François Tavernier, nouveau correspondant de l'agence Reuters, y assistèrent également. Peu auparavant, la rencontre de Guillaumat avec Tavernier avait été d'une grande froideur. Dès l'annonce de la réussite de l'essai, le général de Gaulle adressa un message à son ministre : « Hourra pour la France ! Depuis ce matin, elle est plus forte et plus fière. Du fond du cœur, merci à vous et à ceux qui ont, pour elle, remporté ce magnifique succès ! » D'une manière générale, l'explosion ne provoqua de surprise ni en France ni de par le monde. La plupart des alliés de Paris accueillirent la nouvelle avec soulagement, considérant qu'elle débarrasserait les dirigeants français d'un certain complexe d'infériorité. Seul le Dr Adenauer, le chancelier allemand, l'approuva sans réserve. Tokyo présenta néanmoins une protestation à Paris, tandis qu'Accra bloquait les avoirs français au Ghana… À Genève où siégeait la Conférence sur l'arrêt des essais nucléaires, on ne jugea pas, comme certains l'avaient redouté, que l'expérience française gênerait les négociations et l'on conservait l'espoir de voir le président français ajouter sa signature à celles des trois autres puissances atomiques, au cas où un accord serait enfin conclu.

Pendant ce temps-là, en France, la police avait réussi un joli coup de filet en arrêtant neuf femmes soupçonnées d'assistance au FLN. Parmi elles, se trouvaient Hélène Cuenat, Cécile Ragagnon, Jacqueline Carré, Christiane Grama, Francine Binard et Gloria de Herrera. Lors des interrogatoires menés par la DST, rue des Saussaies, elles donnèrent du fil à retordre aux policiers chargés de l'enquête : ils se retrouvèrent face à de véritables militantes et non à des « écervelées dominées par leurs sens », comme la presse de droite le laissait entendre. Ces femmes que cette presse qualifiait de

« putes à bougnoules », ne correspondaient en rien à ce cliché vulgaire. Francis Jeanson, professeur de philosophie, toujours en liberté, fut présenté comme le chef du réseau. Claude Bourdet, éditorialiste à *France-Observateur*, unanimement respecté, s'interrogea : « Pourquoi aident-ils le FLN ? » « Le combat de ces hommes et de ces femmes n'est pas le nôtre, écrivit-il encore. Mais nous savons aussi qu'il s'agit de gens courageux, totalement désintéressés et dévoués, et donc respectables. On voit bien, étant donné la mentalité du grand public, que les hommes et les femmes qui aident le FLN, perdent toute autorité en ce qui concerne la lutte pour la paix. La gauche, par son inertie, sa paresse ou, mieux, la misérable prudence avec laquelle elle a lutté contre la guerre, a sûrement une part de responsabilité dans la prolongation de celle-ci. Elle a en tout cas une responsabilité primordiale dans la déception, le dégoût, le désespoir, parfois, de jeunes hommes et femmes révoltés, eux, par l'abominable guerre faite à un peuple pour lui refuser sa liberté ; dans leur abandon de la lutte pour la paix comme un bavardage et une illusion ; dans leur évasion dans la lutte clandestine du FLN, avec son romantisme et ses dangers, comme vers la seule activité sérieuse. »

En dépit de la sympathie qui transparaissait dans ces lignes, l'article plongea Francis Jeanson et ses amis dans un profond désarroi. Le philosophe, usant de son droit de réponse, écrivit à *France-Observateur* :

Cher Claude Bourdet,

Je fais appel à toute votre honnêteté, à celle de l'homme, à celle du résistant : l'une et l'autre sont assez connues. Il faut que vous procédiez à cette rectification. Ni mes amis arrêtés ni ceux qui sont encore au travail n'ont mérité que vous les coiffiez de ce bonnet d'âne. Nous ne sommes aucunement désespérés, aucune forme d'amertume n'inspire et n'a jamais inspiré notre action… Vous parlez d'évasion, vous parlez de romantisme ! Je veux vous dire, avec toute l'affection qui nous lie et que rien, jusqu'ici, n'a pu démentir à nos yeux, que vous n'y êtes pas du tout. Notre attitude est une attitude politique, je m'en suis maintes fois expliqué. Nous avons une foi, cher Claude Bourdet. Nous luttons pour une cause. Vous connaissez cela et vous savez que le désespoir n'a rien à voir dans les affaires de ce genre. Notre résistance nous apparaît sans doute moins heureuse que celle au cours de laquelle vous avez vous-même acquis voix au chapitre. Pourtant, souvenez-vous : combien y avait-il de résistants en France aux environs de 1941 ? Étiez-vous donc alors dans une impasse, sous le prétexte que votre action se déroulait au milieu de l'indifférence du plus grand nombre et n'amenait aucune prise de conscience ? Non, vous ne l'avez jamais cru, jamais admis. Comment voudriez-vous que nous l'admettions, nous qui avons choisi de porter assistance à un peuple qui déjà, depuis bientôt cinq ans et demi, tient effectivement tête à ses bourreaux ?… Vous avez voulu, cher Claude Bourdet, vous montrer aussi compréhensif que possible. Mais, il y a une chose que vous devez comprendre : tout ce que nous faisons, nous le faisons pour des raisons politiques et notre combat, s'il n'est pas le vôtre, est, au même titre que le vôtre, un combat politique. Je comprends que vous puissiez être en désaccord avec l'orientation de notre politique mais je ne vois pas où vous prendriez le droit d'éluder le problème en le considérant d'emblée comme indigne de soutenir votre attention.

La lettre ne fut pas publiée…

De son côté, Françoise Giroud estima dans *L'Express* :

Selon M. Jeanson – et si j'ai bien compris –, la colonisation doit être attaquée et combattue, partout et par tous les moyens, comme l'une des plaies majeures, parce qu'aucun homme ne peut être libre si tous ne le sont pas. L'objectif premier est donc, non pas de hâter la fin de la guerre, mais l'indépendance totale de l'Algérie. Plus le FLN sera fort, moins il sera tenté d'accepter toute formule intermédiaire qui ferait office d'opération de retardement dans un processus qu'il convient au contraire d'accélérer. M. Jeanson n'est pas un enfant. Il a prouvé qu'il était assez sûr d'emprunter le bon chemin pour s'y engager tout entier. Il a eu du courage. Il est respectable. Si on le croit sans le suivre dans l'action, s'accordant à la fois le confort intellectuel et la tranquillité matérielle, on n'est pas respectable. Si on ne le croit pas, il faut le dire. Je le dis. Horrible guerre qui a pu conduire ne fût-ce qu'un garçon de 20 ans à se suicider moralement pour ne pas tuer physiquement. Horrible guerre, celle qui conduit tant de garçons de 20 ans à trahir leur foi et leur idéal, s'ils ne veulent pas trahir leur collectivité. Non, ceux qui se sont lancés dans le soutien au FLN n'ont pas couru ce risque pour compenser quelque frustration. Ce sont des gens heureux, aimant la vie, leur métier. S'ils se sont crus contraints de piétiner les roses, ce n'est pas par esprit de revanche. S'ils ont accepté la clandestinité, ce n'est pas par goût de la marge. S'ils ont trop longtemps été isolés, c'est parce que le plat du jour des grands politiques fut et reste le « prolétariat à l'étouffée ». Par fidélité, ils ont opté pour le plus inconfortable des statuts : Il nous fallait à la fois "trahir" les Français en faisant cause commune avec les Algériens et "trahir" les Algériens en demeurant résolument français.

Là résidait la grande question qui agitait Charles d'Argilat et ses amis communistes : fallait-il ou non rejoindre le contingent des déserteurs ou celui des objecteurs de conscience ? Les jeunes gens en discutaient pendant des heures dans les cafés enfumés du quartier Latin. Souvent, des coups finissaient par être échangés avec les membres du Comité des étudiants français d'Algérie qui distribuaient des tracts jusqu'à la sortie des lycées et des universités. Leur ton était celui des groupements d'extrême droite : « Bande de salopards ! Vous croyez que nous allons vous laisser agir sans répliquer ? Bientôt, vous allez avoir de nos nouvelles car il reste un certain nombre d'étudiants français écœurés qui sont prêts à vous rendre moins fiers, bande d'assassins ! Des ordures comme vous, bande de bicots et de ratons puants, ne devraient pas avoir le droit de coller leurs fesses vérolées sur les bancs de notre université. À bientôt, fellaghas, et préparez-vous à faire connaissance avec le contre-terrorisme. Quand quelques-uns se seront fait buter, vous serez moins fiers sur le pavé du quartier Latin où les vrais Français en ont marre de vous voir ! »

Au mois de juin, les Éditions de Minuit firent paraître *Notre guerre*, de Francis Jeanson, faisant suite à la conférence de presse que celui-ci avait tenue clandestinement au mois d'avril précédent. Dans cet ouvrage, Jeanson expliquait les raisons de son engagement aux côtés des combattants algériens et concluait en déclarant : « La véritable trahison, c'est le reniement – actif ou par simple laisser-aller – des ressources profondes de ce pays, des seules chances de réalisation d'une communauté effective, de tout ce qui peut constituer le vrai ressort d'une France au travail. » « Au nom de la révolution mondiale, il voulait la défaite de la France », dénonça aussitôt Maurice Clavel dans *Le Nouveau Candide*, tandis qu'André Frossard proclamait, dans le même périodique : *« Au nom de l'intégrité française, il divisait les Français par la violence ! »*

Si François Tavernier s'inquiétait de l'accueil que lui réserverait le général de Gaulle, il n'en laissait rien paraître. Il se tenait debout au pied de la passerelle, aux côtés du général Challe et de Paul Delouvrier venus d'Alger pour accueillir le chef de l'État ; « Socrate vert » était le nom de code de ce voyage. La Caravelle présidentielle se posa peu après dix heures à Télerghma, à une cinquantaine de kilomètres de Constantine. À la suite du président de la République, Pierre Messmer, le nouveau ministre des Armées, le général Ély, le général Lavaud, Geoffroy de Courcel, le secrétaire de la présidence, Roger Moris, secrétaire général pour les affaires algériennes, et Jean Mauriac, envoyé spécial de l'agence *France-Presse* – seul journaliste autorisé à suivre ce déplacement –, descendirent de l'appareil. Le général de Gaulle salua cordialement les trois hommes qui l'attendaient sur la piste, puis se dirigea vers l'hélicoptère qui devait le conduire à la première des quatre étapes de la journée : Hadjer-Mafrouch, PC du 5e régiment étranger d'infanterie. Le reste des personnalités présentes prit place à bord d'autres appareils.

Un vent froid soufflait sur Hadjer-Mafrouch. Sur une plate-forme dominant la presqu'île de Collo, on déploya devant le Général les cartes du secteur tandis que le général Challe dressait le bilan de l'opération « Pierres précieuses ». Malgré le vent, le Général écoutait, attentif, suivant des yeux, derrière ses lunettes, les indications qu'on lui localisait sur les cartes. Sous une vaste tente, on lui présenta ensuite les officiers de la zone. Là, il eut un mot aimable pour chacun. Puis, il s'adressa à tous : « Votre secteur est difficile. Mais, continuez comme cela. Il n'y aura pas de Diên Biên Phu en Algérie. L'insurrection ne nous mettra pas à la porte de ce pays. Pacifiez. On a le temps. Pas la peine de vous bousculer. Il faut vous mettre dans la tête ce que tout le monde doit se mettre dans la tête : c'est qu'il y en a pour très longtemps. Oui, les opérations dureront longtemps. Le succès s'étend. Mais, il n'est pas encore remporté. Il faut que nos armes l'emportent définitivement. Tout dépend de cela. C'est seulement après des années que les Algériens auront à dire ce qu'ils veulent. »

Tavernier échangea un regard consterné avec Delouvrier tandis que de Gaulle poursuivait sur un ton plus familier : « Que sera l'Algérie de demain ? Exactement, je n'en sais rien. Mais je sais qu'il faut que la France y reste. Sous quelle forme ? Cela dépendra de ce que les habitants de ce pays voudront. Il faut d'abord établir la paix par les armes. Je ne sais quelle formule, au juste, choisira l'Algérie mais elle choisira d'être avec la France. Voilà le bon sens. »

Le général Challe hochait la tête en signe d'approbation.

« Ferhat Abbas réclame l'indépendance de l'Algérie, continua le Général. Mais, Ferhat Abbas est un jean-foutre ! L'indépendance de l'Algérie, ce serait la clochardisation du pays. Quand les Algériens pourront choisir, je ne crois pas qu'ils choisiront cela. La France ne doit pas partir. Elle a le droit de rester en Algérie. Elle y restera. »

Des applaudissements, des « Vive de Gaulle ! » éclatèrent, les visages des officiers rayonnaient de joie : enfin, il les avait compris ! Le Général fit signe qu'il souhaitait poursuivre : « Mais, il n'y a pas que l'Algérie. Il y a l'Europe. Il y a le monde. La France est une puissance mondiale. Elle monte. Elle reprend une place digne d'elle. Ce redressement ne fait que commencer. Il n'y a donc pas que l'affaire algérienne. Je dois considérer l'ensemble, la France tout entière, au-dedans et au-dehors. Ne vous obnubilez pas sur la seule Algérie… »

Vers midi, le général de Gaulle quitta le PC du 5e REI. Tassé dans l'habitacle en Plexiglas de l'Alouette, il contemplait le paysage qui se déroulait sous un soleil éclatant. À Catinat, deuxième étape de sa visite, le président fut accueilli par la population musulmane ; les gens agitaient de petits drapeaux tricolores. Il déjeuna au PC « Languedoc ». Le vent soufflant de plus en plus fort, le voyage se poursuivit par la route, le cortège traversant champs de blé et pâturages. À Redja, le Général s'adressa aux maires musulmans : « Les Algériens choisiront leur destin à l'expiration d'un long délai : l'essentiel, aujourd'hui, c'est de poursuivre les opérations et de remporter la victoire. » Les édiles affichaient un embarras et une perplexité qui contrastaient avec l'expression satisfaite des officiers.

Au grand agacement de son entourage, le général de Gaulle se montra particulièrement aimable envers François Tavernier avec lequel il eut même quelques conversations en aparté. Lors de chacune d'elles, les observateurs purent remarquer l'air goguenard qu'affichait l'illustre visiteur ; à deux reprises, le chef de l'État éclata même de rire après une remarque de son interlocuteur. La curiosité dévorait Paul Delouvrier autant que Maurice Challe ; curiosité que se plaisait à exciter François…

Les jours suivants, le Général poursuivit sa « tournée des popotes ». À chaque étape – Batna, Ouled-Moussa, Aumale, Ménéa, Bir-Rabalou ou Azziz –, les paroles qu'il prononçait étaient interprétées au gré des intérêts de chacun. Lors de sa halte au petit poste de Birou, à vingt-cinq kilomètres au sud de Nemours, il s'exprima en ces termes : « Si, par malheur, les Algériens devaient choisir la sécession, alors il y aurait des choses à faire pour assurer le sort des Français qui habitent en Algérie et des musulmans fidèles à la France. Il n'est pas question de rétablir le système d'avant. »

Ce furent ses derniers mots avant de regagner l'aérodrome de Zénata où l'attendait la Caravelle qui devait le reconduire à Paris.

Dans l'hélicoptère qui les ramenait sur Alger, Challe et Delouvrier tentèrent d'en savoir un peu plus sur la teneur des conversations en tête-à-tête que François avait eues avec le Général ; celui-ci resta évasif. Ils ne purent en tirer qu'un constat désabusé :

– Quel drôle de bonhomme ! Je ne comprends rien à un type pareil…

« Où veut-il en venir ? se demandait François par-devers lui. Pourquoi caresse-t-il ses interlocuteurs dans le sens du poil ? On dirait qu'il cherche à se concilier l'Armée… »

– Je me demande s'il ne se fout pas de nous…, bougonna Challe en tirant sur sa pipe.

Quant à Paul Delouvrier, il songeait que, s'il s'en tenait aux propos du Général, il était en Algérie pour longtemps. En attendant, il devait recevoir son nouveau directeur de cabinet, Jean Vaujour, lequel remplaçait Michel-Jean Maffart qui rentrait en métropole. Vaujour lui sembla une excellente recrue : c'était un familier de l'Algérie ; n'avait-il pas été, en 1954, le directeur de la Sûreté d'Alger alors que Pierre Mendès France était chef du gouvernement ? Les deux hommes s'étaient rencontrés rue de Lille où ils avaient joué franc jeu :

– Que pensez-vous de l'Algérie ? Comment la prendre, après cette crise des barricades ? avait attaqué Delouvrier.

– Monsieur le délégué général, je suis convaincu que c'est une nouvelle époque qui commence pour ce pays. L'Algérie française est dépassée ; cependant, si nous avions le temps de préparer et de former les hommes qui auront plus tard à diriger une Algérie autonome, sinon indépendante, ce serait une bonne solution. Pour être tout à fait franc, je crois même que ce serait la seule solution, l'unique carte à jouer !

Si Paul Delouvrier avait été surpris par la franchise de ces propos, il n'en avait rien laissé paraître. En revanche, il n'avait pas caché sa satisfaction.

– Bien entendu, avait ajouté Vaujour, je viens avec ma femme et mes enfants ou je ne viens pas. On en conclurait que le « nouveau » vient pour aider Delouvrier à liquider.

Le délégué général s'était rendu à ses raisons.

Le général Challe, lui, ne décolérait pas : ses jours en Algérie étaient désormais comptés et il ressassait sans cesse les propos échangés avec le président de la République au moment de son départ :

– Challe, j'ai trouvé quelque chose de très bien pour vous : la plus belle place qu'on puisse donner à un général français. J'ai décidé que vous serez commandant en chef du Centre-Europe dans le cadre de l'OTAN.

– Mon général, laissez-moi finir ici…

– C'est fini.

– Non, ce n'est pas fini, vous le savez bien, mon général !

– Vous partirez en avril, j'ai besoin de vous à l'OTAN.

– Bien, mon général.

Le Premier ministre, Michel Debré, se rendit spécialement à Alger pour remettre au général Challe le grand cordon de la Légion d'honneur et le prier de regagner la métropole dans les quarante-huit heures. Fou de rage, Challe refusa le grand cordon. Entre Michel Debré et lui, les mots échangés au palais d'Été furent très durs : « Vous venez avec votre grand cordon d'une main et un ultimatum de l'autre ! Le grand cordon, je n'en veux pas ! Je ne tolère pas de partir d'Algérie à la sauvette ! lança le général. J'ai besoin de huit jours devant moi. J'ai minuté un programme d'adieux aux différentes troupes qui ont servi sous mes ordres et auxquelles je suis attaché. »

Dépité, Michel Debré repartit pour Paris, remportant plaque de vermeil et grand cordon, convaincu qu'il avait désormais affaire à un dangereux élément, voire à un révolutionnaire. Il faudrait l'intervention du délégué général auprès du chef de l'État pour que celui-ci concède : « Eh bien, qu'il fasse ses adieux, votre général ! Mais qu'il soit ici le 23 avril au plus tard. »

Ce fut le général Crépin, surnommé « Dudule », qui remplaça le général Challe au poste de commandant en chef. Challe le reçut au quartier général :

– Asseyez-vous ! l'accueillit-il brutalement. Vous prenez ma suite, Crépin. Normalement, je dois déclencher le 19 avril la dernière opération de mon plan en attaquant les Aurès-Nemencha. La rébellion ne conserve que ce bastion sur le territoire algérien. Or, vous me succédez le 24 avril. Je ne veux donc pas déclencher cette dernière phase si vous l'arrêtez cinq jours plus tard. Désormais, c'est *votre* opération. Que décidez-vous ?

Rouge, le visage en sueur, Crépin répondit :

– Je préfère que vous ne donniez pas l'ordre de déclenchement, mon général. C'est une opération difficile. J'ai d'abord besoin de m'imposer à l'Armée. Dès que cela sera fait, je reprendrai l'opération.

– Vous aurez probablement tort. Mais ce n'est plus mon affaire. »

Changeant de sujet, Challe fit un tour d'horizon des questions militaires et de la politique du général de Gaulle.

– « Oh ! moi, mon général, je n'ai pas l'intention de faire de la politique !

– Mon cher Crépin, que croyez-vous ? Quand un lieutenant SAS[1] dit à un chef algérien d'autodéfense : Prenez les armes à nos côtés ; nous vous promettons que la France restera et que nous vous protégerons, c'est de la politique. Et nous en faisons sur ordre du gouvernement. En guerre subversive, on doit conquérir la population et non des cailloux, et on ne peut éviter de dire à une population quel avenir on lui propose. Et, qu'on le veuille ou non, l'avenir politique à court terme y est inclus.

1. Section administrative spécialisée.

Crépin ne semblait pas convaincu et gardait la tête baissée. Il ne répondit pas, se leva, salua et quitta Challe qui serrait le tuyau de sa pipe entre ses dents.

– L'imbécile ! marmonna-t-il.

Jean Crépin n'était pas un imbécile, bien au contraire. Polytechnicien froid, intelligent et bourru, il était taillé comme une armoire, mesurait un mètre quatre-vingt-cinq et ses cheveux blond-roux, coupés en brosse, dégageaient son épais visage, un menton proéminent et de grandes dents. Il ne nourrissait qu'une seule passion : l'escalade. Ancien des FFL[1], il avait participé à la libération de Paris, suivi le général Leclerc en Indochine où, par la suite, il avait été nommé commissaire de la République française pour le Tonkin et le Nord-Annam. Bien qu'ayant succédé au général Massu à la tête du corps d'Armée d'Alger, il restait un inconnu pour la majeure partie des militaires.

« Crépin ? Jamais vu… Comment ça s'écrit ? » questionnaient les parachutistes.

Peu expansif, le général se moquait de plaire ou de déplaire. Sa volonté était de faire respecter l'ordre, à savoir, les ordres du général de Gaulle. Il n'y avait rien de commun entre Delouvrier et lui.

1. Forces françaises libres.

6.

« Ce n'est jamais que l'honneur qui oblige à choisir et à prendre parti… »
ROGER VAILLAND.

La guerre en Algérie durait depuis bientôt sept ans…

Le 5 septembre 1960, s'ouvrait devant le Tribunal permanent des forces Armées de Paris, tenant séance à la prison du Cherche-Midi, dans la sombre salle qui avait vu condamner Dreyfus, le procès du réseau Jeanson. Les accusés étaient au nombre de vingt-quatre : dix-huit Français dont douze femmes et six musulmans. Ils étaient défendus par vingt-six avocats : Jacques Vergès, Mourad Oussedik, Michèle Beauvillard et Abdessamad Benabdallah, entre autres, représentaient les musulmans ; pour les Français, Gisèle Halimi, Roland Dumas, André Blumel, Robert Badinter ou encore Édith Neveux devaient conjuguer leurs efforts. De nombreux intellectuels avaient apporté leur soutien aux accusés ; parmi eux, on comptait notamment Jean-Paul Sartre, Claude Roy, Vercors, Paul Teitgen, le professeur André Mandouze, Marcel Aymé ou Joseph Kessel. De son côté, le général Salan avait lancé une protestation et des groupes d'activistes avaient manifesté en nombre sur les Champs-Élysées.

Les audiences durèrent vingt-cinq jours et se déroulèrent dans un joyeux désordre.

Une insolence saine régnait, libre, allègre, avec cette gaieté dans l'intelligence que Nietzsche appelait gai savoir. Et l'on avait évoqué aussi l'irruption d'une bande de blousons noirs au milieu d'un repas de famille : le débarquement des barbares. Non sans raison : d'un Fidel Castro errant avec son sac de couchage dans les couloirs de l'ONU à un Khrouchtchev frappant son pupitre de sa chaussure, on aurait dit qu'une jeune violence, un peu partout, commençait à faire voler en éclats le rituel millénaire des cérémonies diplomatiques et des conventions de politesse. Mais ces scandales n'étaient pas gratuits. Ceux du Cherche-Midi, notamment, firent éclater les cadres dans lesquels l'accusation prétendait enserrer le procès ; et, ce faisant, ils l'avaient rendu à sa vérité : il était naturel que la contestation radicale impliquée dans l'action des accusés se traduisît, jusque sur le plan formel, par le détraquage *et la mise en pièces des rites judiciaires. Il ne s'agissait pas de convaincre un tribunal qui était dans son rôle en condamnant, et dont on n'eût pu obtenir l'indulgence qu'au prix d'un reniement essentiel, mais de forcer l'attention de l'opinion publique, de la contraindre à sortir de son indifférence. D'où la nécessité, précisément, des formes extérieures du scandale. Le temps avait joué ici un rôle capital : et cela seul suffisait à justifier la méthode choisie. Il fallait que ce procès durât, que ce scandale durât, pour soulever, jour après jour, l'indignation de la droite, maintenir le public en haleine, occuper chaque matin dans les journaux une place plus importante. Il fallait que le défi ne fût pas seulement dans les mots mais qu'il revêtît une épaisseur concrète, qu'il se matérialisât presque physiquement dans les files d'attente, les cars de police, les contre-manifestations : bref, que le Tribunal des Forces Armées devînt aux yeux de* Rivarol *ce Guignol du Cherche-Midi où tout Paris, se donnant rendez-vous, pouvait, chaque jour, aller voir rosser le commissaire. Le procès le plus noble, le plus digne, où tout eût été dit, mais qui n'eût duré que dix jours, n'eût pas donné au scandale cette réalité visible que lui avaient donnée ces vingt-cinq jours heurtés, baroques, où tout avait été déconcertant, où le délire juridique avait succédé à la violence, où un tribunal désemparé sortait, rentrait, se contredisait, se rétractait, siégeait jour et nuit ou décrétait des suspensions de quatre heures pour des séances de sept minutes, accordait brusquement, sans débat, ce qu'il venait de refuser passionnément, coupait un jour la parole à tout le monde pour, le lendemain, entendre sans réagir les discours les plus extraordinaires. Et, face à ce désordre, un seul point fixe : la défense, muée en accusation, qui, dès le début, avait mené le jeu. En cet automne du gaullisme où l'équilibre des forces adverses avait donné un moment l'impression que tout était possible, ce procès avait offert le spectacle toujours rare mais, dans cette enceinte, le plus inattendu et le plus insolite : celui de l'intelligence et de la liberté*[1].

Le 10 septembre, cent vingt et un intellectuels signèrent un manifeste proclamant : « Nous respectons et jugeons justifiés le refus de prendre les armes contre le peuple algérien ainsi que la conduite des Français qui estiment devoir apporter aide et protection aux Algériens opprimés. » Cette profession de foi, reconnaissant notamment le droit à l'insoumission, provoqua un immense scandale.

Le 14 septembre, à la demande du ministre des Armées, le gouvernement fit procéder à la saisie de deux hebdomadaires. *L'Express*, tout d'abord, en raison d'un éditorial signé par Jean-Jacques Servan-Schreiber et intitulé « Une lettre d'un non-déserteur ». Dans son article, le directeur de la publication reproduisait et commentait longuement une correspondance reçue d'un jeune soldat servant en Algérie. Dans cette lettre, le jeune homme expliquait les raisons pour lesquelles il écartait l'idée d'une désertion, par « peur du scandale ». Contrairement à ce que laissait croire le communiqué du ministère, Jean-Jacques Servan-Schreiber se

1. Marcel Péju, dans sa préface au *Procès Jeanson*, Paris, Maspero, 1961.

prononçait sans ambiguïté contre la désertion qu'il qualifiait d'« aide active au FLN », considérant encore que « la désertion, c'est l'aventure individuelle, désespérée, c'est l'impasse pour l'homme et pour la nation ». Quant au second magazine, *France-Observateur*, c'est l'interview accordée à Tunis par Ferhat Abbas à son envoyé spécial, Claude Estier, qui en avait motivé la confiscation.

Le 3 octobre, de nombreux anciens combattants manifestèrent place de l'Étoile afin de protester contre le fameux « Manifeste des 121 », par lequel cent vingt et un intellectuels français s'étaient opposés à la politique du gouvernement et avaient réclamé « le droit à l'insoumission dans la guerre d'Algérie ». Au cours de ce rassemblement, de nombreux affrontements se produisirent.

Peu après, début novembre, se tint, devant le Tribunal militaire siégeant dans la salle des assises du Palais de Justice, à Paris, ce que la presse appela improprement « le procès des barricades », « le procès du complot d'Alger » ou encore « le procès Lagaillarde ». Sur les vingt inculpés, onze se trouvaient en liberté provisoire et quatre étaient en fuite. Cinq avaient été placés en détention ; parmi eux, Pierre Lagaillarde.

Dans les sphères gouvernementales, on laissait entendre que ce procès constituerait le pendant de l'affaire Jeanson, attestant par là l'objectivité du pouvoir face à ses adversaires de gauche comme de droite. On allait ainsi démontrer que, dans l'un et l'autre cas, on avait affaire à des écervelés, des égarés, des héros perdus et, de la sorte, limiter les dégâts. Un détail pourtant déparait le bel ordonnancement du tableau : le colonel Gardes serait le seul militaire à s'asseoir sur le banc des accusés ! Cette particularité provoquait l'hilarité de tous ; de tout le monde, sauf de l'Armée…

« Ce procès est un scandale et un affront, déclara l'un des colonels proches de Gardes à Claude Krieff, journaliste à *L'Express*, qui nous est fait à tous mais, puisque le gouvernement l'a voulu, nous allons, nous, faire le procès de toute la guerre d'Algérie, de sa conduite incohérente depuis six ans, de son sens. Nous allons passer à l'attaque avec Gardes. Le pays doit savoir ce qui s'est passé, comment et pourquoi nous avons agi. Il doit comprendre pourquoi la politique du général de Gaulle nous conduit à des catastrophes. Aujourd'hui, le gouvernement ne nous pardonne pas de lui avoir fait peur d'abord, de l'avoir sauvé ensuite… Nous avons donné au général de Gaulle un répit qui a été totalement perdu dans une affaire où le temps est essentiel. Au fond, il n'a jamais rien compris au problème algérien. Par orgueil, pris dans des obstacles qu'il a suscités lui-même, il est à la fois incapable de négocier et de gagner cette guerre. Or, cette guerre, il faut que nous la gagnions, parce que c'est une guerre qu'aucun homme politique n'a su, depuis six ans, finir, qu'aucun homme politique n'a voulu gagner, de Gaulle pas davantage que les autres. Pourquoi nous avoir engagés, le premier jour ? L'Armée n'est pas faite pour accumuler les défaites. Or, que s'est-il passé depuis l'écrasement de l'Allemagne nazie par les Alliés auxquels nous n'apportions qu'un faible appoint ? Nous sommes allés de désastre en désastre. Une défaite supplémentaire ne pardonnerait pas. Nous ne pourrions pas le supporter. L'Armée veut sa victoire et elle l'aura. Nous saurons dire pourquoi à la barre... Nous avons presque tous la conviction que le destin de la France se joue en Algérie, que ce qui est en cause, c'est, au sens propre, la survie de la France ! La trahison serait, pour nous, de nous laisser aller, de... déserter à notre manière ! Nous sommes sûrs que la guerre subversive fait déjà rage sur le sol métropolitain. Si rien ne change, la France va succomber. Nous voulons, nous, arrêter la décadence de l'Occident, la marche du communisme. Là est notre devoir. Nous avons appris à voir clair en Indochine, en Algérie, nous avons appris à déceler les indices, les signes qui ne nous trompent pas. Et de Gaulle conduit la France à la ruine ! Comment rester passifs ?... L'obéissance ? Ah ! le général de Gaulle n'est-il pas celui qui, le premier, a brisé l'Armée, a introduit le ferment de la désobéissance au nom des intérêts supérieurs du pays ? N'a-t-il pas fait le procès de ceux de nos camarades qui, par *obéissance*, avaient justement choisi de rester fidèles à Vichy ? Et puis, il y a eu Oradour. Cet autre procès a prouvé qu'il y a des ordres auxquels il ne faut pas souscrire, qu'il y a des devoirs auxquels il faut rester fidèles *même contre les ordres.* Notre responsabilité actuelle est au-delà des ordres. »

Le 11 novembre, la foule massée devant le monument aux morts d'Alger scandait « De Gaulle au poteau ! », « Delouvrier assassin ! ». Sous l'insulte, le ministre résidant frémit de colère et ses mains tremblèrent quand il déposa la traditionnelle gerbe. Durant la minute de silence qui suivit, il resta raide, immobile, mâchoires crispées et visage pâle, tandis que la foule continuait de hurler sa haine.

Le 22 novembre, on apprit, à Paris comme à Alger, que Paul Delouvrier était rappelé en métropole. Le général de Gaulle nommait Louis Joxe ministre d'État chargé des Affaires algériennes. Le président de la République entendait par là diriger lui-même la politique algérienne. Jean Morin, préfet de Haute-Garonne, fut désigné comme délégué du gouvernement à Alger.

Le 1er décembre, Pierre Lagaillarde quittait Paris à bord de sa voiture, une Simca P.60, à destination du château Herrebouc, à Saint-Jean-Poutge dans le Gers, pour y rendre visite à son frère Jean ; il devait être de retour le lundi suivant pour la reprise des audiences. Le samedi 3, il en partit en direction de la frontière espagnole. Avant lui, quatre autres inculpés s'étaient déjà réfugiés en Espagne : Jean-Jacques Susini, Jean-Marie Demarquet, Marcel Ronda et Fernand Féral. Quatre mandats d'arrêt étaient lancés contre ces derniers et une demande de levée de l'immunité parlementaire de Lagaillarde était déposée. Certains journalistes bien informés laissaient entendre que le gouvernement lui-même avait facilité cette « évasion », craignant de la part de Lagaillarde, des révélations gênantes. Se trouvaient également en Espagne le général Salan, Jacques Laquière, l'un des accusés que l'on jugeait par contumace, et, supposait-on, Joseph Ortiz. Le procès reprit en leur absence.

De son côté, depuis Barcelone, le général Salan fit cette déclaration : « Nous devons rester en Algérie pour sauvegarder l'essence même de la liberté et de la religion. » Il ajouta : « Si l'Algérie ne devait plus rester française, j'irais à la bagarre, n'importe où s'il le fallait. »

Depuis environ deux ans, les autorités et les familles assistaient, impuissantes, à la formation de bandes de jeunes gens, tant à Paris qu'en province, qui refusaient de se plier aux règles de la société et s'ingéniaient à troubler l'ordre public ; la phénomène n'était pas sans rappeler les jeunes zazous qui, sous l'occupation allemande, jouaient du jazz et se livraient au marché noir. On baptisa rapidement ces nouveaux rebelles, les « blousons noirs ». Comme les zazous, ils se distinguaient par leur tenue : blousons noirs, bien sûr, en cuir ou en daim pour les jeunes bourgeois révoltés, en similicuir ou en nylon pour les fils d'ouvriers, bottes et jeans pour tous, sans oublier le ceinturon à large boucle. Les plus aisés se réunissaient dans les établissements des quartiers chic où ils se rendaient à bord de décapotables italiennes ou en chevauchant de puissantes motos. Les « pauvres » se contentaient de faire pétarader leurs vélomoteurs ou leurs scooters devant les bistrots de leurs propres quartiers et d'envahir les jardins publics, « terrorisant » les mères de famille ou pique-niquant sur les pelouses ; les gardiens qui cherchaient à les en déloger s'entendaient insulter copieusement. Dès qu'une bande faisait irruption sur le territoire d'une autre, on assistait à de véritables batailles rangées qui se terminaient le plus souvent par le saccage, à coups de chaîne de vélo ou de batte de base-ball, de tout ce qui leur tombait sous la main. Ils investissaient des rames de métro, faisant gueuler leurs transistors, bousculant les voyageurs, bloquant les portes ou soufflant la fumée de leurs cigarettes au nez de dames respectables qui voyageaient en première classe. Le grand jeu du samedi soir consistait à pénétrer de force dans un bal, sans en payer l'entrée, et à obliger les jeunes filles à danser avec eux. Cela tournait bien évidemment à la rixe au cours de laquelle on relevait souvent des blessés. On ne comptait plus les plaintes pour vol de voitures, détériorations, larcins en tout genre, coups et blessures... On recensa beaucoup de suicides aussi. « Les blousons noirs sont les petits-fils du père Combes[1] et les fils d'André Gide », s'irritait M.

1. Émile Combes, président du Conseil de 1902 à 1905, interdit l'enseignement à toutes les congrégations religieuses. Son anticléricalisme aboutit, en 1905, à la séparations des Églises et de l'État.

Trévoux, un partisan du Rassemblement national. À beaucoup de parents, la maison de correction paraissait l'unique solution.

7.

« Le sang du peuple est notre trésor le plus sacré mais il faut le dépenser pour en épargner davantage à l'avenir. »
CHE GUEVARA.

La Havane, 6 mars 1960.

Bien chère Léa,

Il n'est pas de jour où je ne pense à toi et à notre cher Camilo ; depuis sa disparition, rien n'est plus pareil. Il me semble que je suis devenu très vieux. Cependant, la vie continue, des enfants naissent… Cela me paraît étrange, à moi qui « n'ai ni foyer, ni femme, ni enfants, ni parents, ni frères. Mes amis ne sont mes amis qu'autant qu'ils pensent politiquement comme moi ».

Je t'écris de mon bureau de la Cabaña où je me sens comme emprisonné. Je reviens du cimetière de Colón où ont été inhumées les victimes de la Coubre, *ce bâtiment français chargé de soixante-dix tonnes d'armes belges et qui a explosé dans le port, pratiquement sous mes yeux. Je suis convaincu, avec Fidel, qu'il s'agit d'un attentat de la CIA comme, en 1898, celui qui, en touchant le navire nord-américain* Maine, *avait servi de prétexte aux États-Unis pour chasser les Espagnols de l'île et y établir leur protectorat. À cette occasion, Fidel a déclaré : À la terreur contre-révolutionnaire, nous répondrons par la terreur révolutionnaire. La Patrie ou la mort ! Nous vaincrons ! L'écrivain français, Jean-Paul Sartre, à la même tribune, s'est écrié : « La liberté cubaine exaspère le pays de la liberté. Guerre des nerfs, vexations, piqûres d'épingle et puis, quelquefois, une intuition brusque et sinistre, éclairant la mer jusqu'à la côte : l'explosion de la* Coubre *; on saisit au passage la vérité tragique : Cuba est mortelle. » Oui, Cuba est mortelle comme l'est la Liberté.*

Où en sont la France et l'Algérie, après la Semaine des barricades ? Je n'ai pas encore lu les journaux français de cette période mais je suis certain d'une chose : c'est que cette guerre qui ne dit pas son nom doit cesser. L'Algérie sera indépendante et le peuple algérien, libre. J'ai cru comprendre que des Français aidaient les patriotes algériens ; c'est bien. Ils sont dans la même situation que moi vis à vis de Cuba : bien qu'étrangers à l'Algérie, ces hommes luttent à ses côtés. Qu'en est-il de toi ? J'aime à penser que tu es des leurs… Et mon cher Charles ? Je ne doute pas de ses engagements. Écrivez-moi, donnez-moi de vos nouvelles, envoyez-moi des photos. Je t'en joins une de moi, prise par Albert Diaz Gutiérrez du journal Revolución *; Gutiérrez se fait appeler « Korda »*

« parce que cela fait penser à Kodak »… *Elle a été prise le jour de l'enterrement des victimes de l'explosion : j'aime bien cette photo pour ce qu'elle reflète de mon état d'esprit actuel.*

Je dois te quitter : on vient me chercher pour une inspection. Réponds-moi, je t'en prie. Prends soin de toi et de ceux qui t'aiment et n'oublie pas ton vieil

Ernesto.

Joyeuse mais les yeux brillants de larmes, Léa se dit en regardant la photo : « Il n'a pas l'air heureux ; on le dirait désabusé… »

– Puis-je savoir le pourquoi de cette mine bouleversée ? s'informa François en entrant, suivi de Paul Delouvrier.

– C'est la lettre d'Ernesto Guevara, répliqua Léa.

– Il m'énerve, celui-là, à venir te relancer jusqu'ici ! Je vais finir par me fâcher…

– Il… il s'agit vraiment d'une lettre du Che Guevara ? bredouilla le délégué général.

– Oui… Voulez-vous la lire ? répondit Léa en lui tendant le feuillet.

– Je… je peux ? bafouilla Paul Delouvrier au comble de la stupeur.

Il s'éloigna de quelques pas pour mieux savourer sa lecture.

– Quel homme ! murmura-t-il enfin, rendant la lettre comme à regret.

Peu après, il prenait congé de ses hôtes. François prit aussitôt sa femme par le bras.

– Je n'aime guère cette liaison épistolaire ! lui décocha-t-il à l'oreille.

– Tu préférerais que j'en aie une bien réelle ?

– Dis tout de suite que je ne suis pas un amant à la hauteur !

– Je n'ai jamais eu de meilleur amant que toi.

– Il est vrai que tu sais de quoi tu parles ! rétorqua-t-il avec humeur avant de la repousser.

– Mais, c'est qu'il est jaloux !... Tu ne t'es donc pas rendu compte, depuis le temps, que c'est toi que j'aime, pas un autre, et que je ne t'ai jamais vraiment été infidèle ?

– Je ne sais pas ce qu'il te faut !

– Je t'en prie, mon amour, n'en parlons plus : cela nous fait du mal.

– Tu as raison, ma chérie... Il faut reconnaître qu'il est beau, le salaud ! admit François en brandissant la photo.

– Donne-la-moi, s'écria Léa en riant.

Adrien avait rejoint Malika. La jeune fille lisait dans le jardin, à l'ombre d'un arbre. Ses sourcils froncés indiquaient que le texte devait être ardu. L'obstination enfantine que trahissait son attitude amusa l'adolescent. Le gravier crissa sous ses pieds. Malika leva la tête et, un grand sourire aux lèvres, l'accueillit en rougissant.

– M. Delouvrier est parti ? s'informa-t-elle en refermant son livre.

– Oui… Qu'est-ce que tu lisais avec tant d'application ?

– Un ouvrage de médecine… J'ai décidé de devenir médecin.

– C'est formidable !

– J'en ai parlé à Mme Martel-Rodriguez et elle m'a promis de m'aider à convaincre mon père, puis de me prêter un logement à Montpellier.

– Pourquoi Montpellier ?

– Je ne sais pas… je crois qu'elle possède des appartements là-bas.

– Ce serait mieux que tu viennes à Paris.

– À Paris ? ! Mais, je ne connais personne !

– Et à Montpellier, tu connais beaucoup de monde ?

Malika éclata de rire. Adrien la contemplait, émerveillé.

– C'est la première fois que je t'entends rire…

– Oh, Malika, ma sœur chérie, tu as ri ! claironna Béchir en débouchant d'une allée.

– C'est vrai… J'avais oublié que c'était si agréable…

Tous trois redoublèrent d'hilarité ; leurs éclats se transformèrent vite en fou rire. Alertée par le joyeux brouhaha, Jeanne Martel-Rodriguez sortit de la maison.

– Eh bien, jeunes gens, que se passe-t-il d'aussi drôle qui vous mette dans un tel état ?

– Rien, madame… C'est Malika…

– Quoi, Malika ?

– Elle rit !

– Je le vois bien mais encore ?

– Mais, c'est la première fois depuis…

Le rire s'étrangla net dans la gorge de Béchir ; Malika qui n'avait pas prêté attention aux paroles de son frère, riait toujours…

Depuis qu'il avait revu al-Alem, Béchir semblait soucieux ; tout en rêvant de venger sa sœur, il craignait que les armes, désormais entreposées dans la grotte en contrebas de la villa, ne servent aussi à tuer ses amis français. De son côté, Farida s'était engagée à l'aider dans cette mission qu'elle qualifiait de sacrée. Adrien avait déjà été frappé par l'aversion qu'elle manifestait envers sa patronne : ne se connaissaient-elles pas depuis l'enfance ?

– Justement ! avait répliqué la domestique quand le jeune homme lui en avait fait la remarque.

Que cachait une telle exécration ? Il avait essayé d'en parler à Léa qui l'avait écouté d'une oreille qui lui avait paru distraite. Il se trompait ; à plusieurs reprises, elle avait également noté ces noirs regards que l'Algérienne jetait à Mme Martel-Rodriguez. Elle avait fini par s'en inquiéter auprès de sa nouvelle amie ; Jeanne s'était amusée de ses craintes :

– C'est naturel, nos relations sont à l'image de celles qui existent, ici, entre chrétiens et musulmans. Mais, dans le fond, nous nous aimons bien et nous sommes très attachés les uns aux autres. Farida me doit tout et je ne saurais me passer d'elle. N'oubliez pas que nous avons grandi ensemble : elle est pour moi comme une sœur.

– Des sœurs et des frères se haïssent parfois…

– Pas nous.

Une telle assurance avait convaincu Léa de s'être trompée ; elle avait dû se laisser influencer par le climat de suspicion qui régnait partout à Alger. La rentrée des classes qu'il avait fallu organiser au pied levé, lui fit oublier cette mauvaise impression. Adrien entra en quatrième au lycée Bugeaud et Camille en sixième au lycée de filles Delacroix, rue Charles-Péguy. Quant à Claire, il fut décidé, à la grande satisfaction de Philomène, qu'une institutrice viendrait à la villa lui apprendre à lire.

Dans un premier temps, Léa adopta les habitudes de ces Françaises d'Algérie qui visitaient les malades dans les hôpitaux et les enfants dans les orphelinats, prenaient part aux tombolas ou aux ventes de charité… Au bout de deux semaines consacrées à ces passionnantes activités qui lui rappelaient celles des Françaises d'Indochine, elle en eut assez de perdre son temps et décida qu'elle ferait mieux de s'occuper des enfants des bidonvilles qui proliféraient dans la cité même comme aux alentours d'Alger. Ce fut d'ailleurs au cours de l'une de ces visites qu'elle rencontra Mlle Tanguy, responsable de la Croix-Rouge à Alger. Les premiers temps, Mlle Tanguy considéra avec méfiance cette Française trop belle et trop élégante, qui, ne sachant, selon elle, comment tuer le temps, s'amusait à jouer les infirmières auprès des pauvres gens. Un jour, autour d'un thé à la menthe qu'une malheureuse femme du bidonville leur avait servi dans des verres à la transparence douteuse, les deux femmes en vinrent à évoquer le rôle qu'avaient joué les ambulancières durant les récents conflits armés, tant en Allemagne qu'en Indochine. Léa parla avec émotion des missions qu'elle avait menées sur les routes défoncées de l'ancien Reich, et des enfants abandonnés qu'elle et ses compagnes d'alors y avaient recueillis. Peu de temps après, Léa signait avec la Croix-Rouge un contrat de six mois, renouvelable, pour y devenir conductrice-ambulancière. Quand elle annonça son engagement, au cours d'un dîner, Jeanne se leva et vint l'embrasser, tandis que François, Adrien et Camille la dévisageaient sans comprendre.

– C'est une plaisanterie ? fit sèchement François.

– Maman ! s'exclama Camille, tu ne peux pas faire ça : c'est trop dangereux !

– Tu ne penses qu'à toi ! renchérit Adrien. Jamais tu ne fais attention à nous, jamais tu ne cherches à savoir si nous sommes inquiets. Que nous soyons morts de peur à l'idée qu'il t'arrive quelque chose, tu t'en moques bien !

Le garçon, ne pouvant retenir ses larmes, quitta la table. Après un moment d'hésitation, Camille l'imita.

– Voilà, tu es contente de toi ? railla François en se levant à son tour.

Jeanne considérait ses hôtes avec surprise.

– Mais, qu'est-ce qui leur prend ?

– Cela fait des années que Léa met sa vie en danger sans se soucier de ses enfants ni de ceux qui l'aiment, expliqua François. Depuis toujours, j'ai tremblé pour elle. Mais, même si j'ai de l'admiration pour son courage et si j'approuve ses engagements, là, je l'avoue, je ne comprends plus...

– Je ne supporte plus l'injustice qui est faite ici à ces gens. J'ai l'impression que ce serait trahir que de ne pas tenter de leur porter secours.

– Et tes enfants, tu y penses à tes enfants ?

Comme à chaque fois qu'on lui avait reproché une attitude trop peu maternelle, Léa se sentit envahie d'une immense tristesse, doublée d'un fort sentiment de culpabilité. Elle jeta autour d'elle un regard désemparé. Jeanne, émue par sa détresse, vint s'asseoir aux côtés de sa nouvelle amie et l'entoura de ses bras.

– C'est très difficile d'être mère quand on croit être appelée à jouer d'autres rôles. Moi, ce sont mes domaines qui ont absorbé tout mon temps, tout mon amour aussi ; mes enfants n'en ont reçu que des miettes. Je voulais leur transmettre nos terres telles que mon père et mon grand-père me les avaient léguées. C'est aujourd'hui seulement que je me demande si j'ai bien fait... J'arrive à un âge où l'on réalise la futilité des biens de ce monde et je vis à présent un temps où tout est remis en question. Je sais que demain ne ressemblera ni à aujourd'hui ni à hier. L'ère des grands colons est terminée. Nous allons devoir rendre des comptes et ils seront soigneusement épluchés, croyez-moi. Je n'ai pas honte de ce que mes ancêtres et moi-même, nous avons accompli dans ce pays. Nous lui avons arraché le meilleur de lui-même, sans trop nous soucier, il est vrai, de ceux qui le peuplaient avant nous. Et c'est pour cette raison que nous allons le perdre. En le perdant, je verrai réduit à néant tout ce que j'ai patiemment construit, tout ce qui me reste aussi puisque je me suis aliéné l'amour de mes enfants ; ils ont même préféré vivre en métropole plutôt qu'en Algérie et ne permettent que rarement la venue de mes petits-enfants... Je me suis sans doute montrée égoïste, je n'ai pensé qu'à moi et à faire fructifier des richesses qui ne m'appartenaient peut-être pas tout à fait... Voyez-vous, Léa, on croit quelquefois faire le bonheur d'un grand nombre de gens, alors que nous ne témoignons pas suffisamment de considération à ceux qui se tiennent tout près de nous et qui, eux, ont vraiment besoin de nous. Si je vous dis tout cela, c'est pour vous faire comprendre que, bien que j'approuve vos engagements humanitaires, vous devez vous rappeler ces obligations plus impérieuses encore que vous avez à respecter, sous peine de vous infliger de cruels chagrins, à vous et aux vôtres. Croyez-en mon expérience. Voyez Camille : ce sera bientôt une jeune fille. Vous êtes tout pour cette enfant, elle vous aime, vous admire et tremble sans cesse pour vous. Elle a besoin d'être rassurée et vous seule pouvez le faire. Quant à Adrien, vous risquez, involontairement, François et vous, de l'inciter à se montrer plus audacieux, plus courageux encore que vous ne l'avez été vous-mêmes. C'est un garçon qui se mettra en danger pour vous plaire à tous deux, pour vous étonner, pour forcer votre admiration. Et puis il y a Claire, la merveilleuse petite Claire, qui possède votre caractère et la même violence. Je devine que sa naissance a provoqué de profonds bouleversements dans votre vie et que la sienne risque de se développer à l'image de la vôtre ; sans qu'elle jouisse pour autant, comme vous en bénéficiez, de certitudes sur ses origines. De tout cela, vous êtes responsable. Vous devez, elle aussi, la tranquilliser. Comme Camille et Adrien, elle redoute de vous perdre et se raccroche à Philomène dont les traits ressemblent aux siens…

Léa ne disait mot mais des larmes coulaient sur ses joues. Les paroles de Jeanne lui étaient comme des coups qu'elle savait avoir en partie mérités. Le visage de sa mère se superposa à celui de cette femme et un sanglot lui échappa. Jeanne la reprit dans ses bras.

– Mon petit, pardonnez-moi… Je vous aime, je voudrais tellement que la vie vous soit douce… Vous êtes jeune encore, vous êtes aimée par un homme sur lequel vous pouvez vous appuyer : posez votre tête sur son épaule et, laissez-vous guider. Et puis, lui aussi, il a besoin de vous, de vous sentir en paix et en sécurité. Or, ici, vous ne l'êtes pas. C'est, bien sûr, la mort dans l'âme que je vous conseille de retourner en France avec vos enfants. Votre place n'est pas dans ce pays où trop de passions se déchaînent et où, prochainement, elles emporteront tout…

– En France non plus, je ne serais pas en sécurité… murmura Léa d'une toute petite voix.

Installé au bar de l'hôtel Saint-George, François se saoulait consciencieusement. Combien de verres avait-il bus ? Il s'en foutait, il s'arrêterait quand il tomberait de son tabouret…

– Un double scotch ! ordonna-t-il.

Une grosse fille blonde, boudinée dans une robe de satin bleu, vint s'asseoir près de lui.

– Tu m'offres un pot ? demanda-t-elle d'une voix déjà éraillée par l'alcool et le tabac.

– La même chose pour madame, concéda-t-il la bouche pâteuse.

Le barman la servit avec un air réprobateur.

– À ta santé, mon prince !

Elle vida le verre d'un trait.

– On remet ça ?

– Une autre tournée, barman !

– Monsieur Tavernier… vous devriez peut-être rentrer chez vous…

– Mêle-toi de ce qui te regarde, toi, et remets-nous ça !

À regret, l'homme s'exécuta.

– À la bonne nôtre, joli cœur !

À l'entrée du bar, un remue-ménage se produisit et des éclats de voix fusèrent.

– Puisque je vous dis que c'est fermé, messieurs ! s'indignait un maître d'hôtel.

– On est avec des amis… Pas vrai, Lulu ?

La femme en bleu se retourna et faillit lâcher son verre.

– Ben… oui, bafouilla-t-elle.

François regarda derrière lui : ces têtes-là lui disaient vaguement quelque chose…

– Ce soir, tes amis sont mes amis, assura-t-il tout de même à la fille. Soyez les bienvenus, messieurs ! … Barman, servez nos amis et ne nous oubliez pas !

– Si vous y tenez…

Une sorte de tremblement perturbait la voix du serveur. En dépit des brumes de l'alcool qui noyaient peu à peu son cerveau, François le perçut. Aussitôt, il sentit le danger. Ces hommes n'étaient pas là par hasard. Ce fut sans doute à cet ultime accès de vigilance qu'il dut de garder la vie sauve : à peine vit-il briller une lame, à la main du plus petit des nouveaux venus, qu'il lui jeta le contenu de son verre au visage et se dégagea, bousculant l'entraîneuse. La fille hurla. Son poing partit et s'écrasa sur le nez de son agresseur.

– Messieurs ! Messieurs ! glapissait le directeur de l'hôtel que le personnel avait alerté. Monsieur Mattei, je vous en prie, pas de scandale ici !

Le plus grand des Mattei avait sorti un long poignard de commando et se le passait d'une main dans l'autre, attendant le meilleur moment pour frapper. François empoigna un tabouret et le lui lança à la tête. L'homme esquiva et avança sur lui, un méchant sourire aux lèvres.

– Il m'a cassé le nez…, gémissait le petit Mattei, le visage en sang. Plante-le, José ! Plante-le !

– Non ! ordonna un homme dont François reconnut aussitôt la voix.

– Bonsoir, Ortiz.

– Alors, Tavernier, ta dernière raclée ne t'a pas suffi[1] ?… Comment dites-vous ça, en français ?… Ah oui : On ne peut pas être au four et au moulin… C'est bien ça ?

– Tu as fait beaucoup de progrès en français, depuis l'Argentine… Comment va ta canaille de père ? Toujours nazi, le vieux[2] ?

– Je t'interdis de parler ainsi de mon père !

– Messieurs ! Messieurs ! La police arrive…

Une cavalcade vida le hall du Saint-George.

– Vous ne perdez rien pour attendre, toi et ta putain de femme ! éructa Ortiz avant de s'enfuir par les jardins.

Ses hommes et les frères Mattei lui avaient aussitôt emboîté le pas.

François décida qu'il était temps, pour lui aussi, de quitter les lieux. Il s'esquiva par une porte située au bout du lourd comptoir, parcourut un étroit couloir, gravit quelques marches et se retrouva dans le jardin qui surplombait l'hôtel. De là, il gagna celui que dominait le quartier Rignot. Une sentinelle montait la garde devant la villa de l'état-major ; de la lumière brillait à la fenêtre du bureau

1. Voir *Alger, ville blanche.*

2. Voir *Noir tango.*

du commandant en chef. « Et si j'allais saluer ce brave Crépin ? », se dit-il.

– Qu'est-ce que vous foutez là ? hurla Crépin.
– Je passais vous souhaiter une bonne nuit, mon général. On entre chez vous comme dans un moulin…
– Qu'est-ce que vous voulez ?
– Je viens d'échapper à une tentative d'assassinat… Au fait, vous n'auriez pas quelque chose à boire ?
– Vous êtes saoul !
– Oui et cela m'a sauvé la vie.

8.

« Par les foudres qui anéantissent,
Par les flots de sang pur et sans tache,
Par les drapeaux qui flottent
Sur les hauts djebels orgueilleux et fiers,
Nous affirmons nous être révoltés pour
vivre et pour mourir,
Et nous avons juré de mourir pour que
vive l'Algérie !
Témoignez ! Témoignez ! Témoignez ! »

Hymne du FLN

– Ils descendent !…

Le cri se répercutait au long des rues désertes. Devant les magasins, les rideaux de fer étaient abaissés et, aux fenêtres des appartements, les volets restaient clos. L'ordre de grève générale, lancé par le FAF[1] afin de protester contre la visite que devait effectuer en Algérie, du 9 au 13 décembre 1960, le président de la République, était strictement observé. Et malheur au boutiquier qui aurait voulu

1. Front Algérie française.

passer outre : les commandos du FAF veillaient à chaque carrefour. Seules les boulangeries demeureraient ouvertes. « La vie de la capitale doit s'arrêter. Interdiction aux voitures de circuler. Interdiction d'ouvrir les magasins sous peine de les voir saccager. Des piquets de grève seront formés dans les entreprises. Dès les premières heures de la matinée, la population doit manifester dans le centre-ville son indignation et son mépris pour la visite qu'"ose" faire le général de Gaulle en Algérie. » Depuis l'aube, gendarmes et CRS quadrillaient la cité. Sur le plateau des Glières, des automitrailleuses blindées étaient en attente. Les gardes mobiles en treillis de combat stationnaient, bardés de grenades lacrymogènes. Des gendarmes dressaient des chevaux de frise en travers des rues, y déroulaient du fil de fer barbelé. De très jeunes gens, le regard sombre, les observaient. Dans la ville européenne comme dans les quartiers musulmans, la tension montait. De Bab-el-Oued et de Belcourt, de jeunes Européens convergeaient vers le centre par petits groupes, souples et silencieux, vêtus de blue-jeans, chaussés de baskets, équipés de casques de motocycliste et de gants de cuir, les poches et des sacs remplis de boulons ou d'autres morceaux de ferraille. De leur côté, venus de la Casbah, du Clos-Salembier ou des bidonvilles, de jeunes Arabes se regroupaient ; certains avaient glissé un couteau dans leur poche ou dissimulé un drapeau algérien, vert et blanc, sous leur chemise.

Les premiers affrontements eurent lieu dans la matinée du 9 décembre ; ils opposèrent jeunes Européens et CRS. Bombardés de pierres et de boulons, ces derniers firent usage de leurs grenades. Dans la rue Michelet, des manifestants pénétrèrent dans les immeubles, grimpèrent les étages et, profitant de la déclivité du terrain, ressortirent par le rez-de-chaussée de la rue Alexandre d'où ils s'égaillèrent parmi les ruelles. Puis ils en redescendaient afin de prendre à revers les forces de l'ordre. Le 10, le FAF donna l'ordre d'attaquer le palais d'Été, souhaitant infliger par là un véritable camouflet au chef de l'État au moment même de sa visite. Une foule, armée de matraques et de barres de fer, afflua aux alentours du palais. Prévenus, des gendarmes arrivèrent en renfort : l'accrochage fut violent mais les gaz eurent vite raison des manifestants. Dans l'après-midi, les escarmouches reprirent, plus brutales encore : on releva de nombreux blessés de part et d'autre ; des ambulances, des voitures particulières les évacuèrent vers l'hôpital Maillot, l'hôpital de Mustafa ou des cliniques privées. Les musulmans n'avaient pas bougé : toujours silencieux, ils observaient.

Du haut de la chaire de Notre-Dame-d'Afrique, Mgr Duval, archevêque d'Alger, lança un appel : « Au nom de l'honneur de Dieu, tout homme qui croit et espère en Lui, doit renoncer aux actes de violence dont les résultats seraient de compromettre les meilleures causes, de diviser les fils d'une même patrie et de jeter le monde entier dans le désarroi. »

Les rumeurs les plus folles se répandaient dans Alger : Lagaillarde se préparerait à débarquer et à prendre la tête de la rébellion ; ports et aéroports seraient étroitement surveillés ; ceux du FAF s'apprêteraient pour le « Grand Coup » et tiendraient meetings dans les cafés ou les arrière-boutiques, distribuant des tracts porteurs de slogans injurieux, du style : « On lui fera la peau, au grand couillon ! » ; À Bab-el-Oued ou à Belcourt, mais aussi à Oran et Constantine, on parlait beaucoup des maquis « Algérie française » qu'auraient rejoints des dizaines de jeunes activistes ; des commandos du mouvement clandestin « Vendée », regroupant Européens, musulmans et quelques militaires, mettraient au point l'attaque et l'occupation de mairies ; les harkis n'attendraient qu'un signe pour se révolter ; les ultras faisaient courir le bruit qu'en cas de sécession, la France abandonnerait les expatriés à la vengeance du FLN et de la population musulmane ; les plasticages avaient repris contre les « tièdes » ; des armes circulaient ; la police, sur les dents, multipliait barrages, contrôles et arrestations dans les milieux activistes… Dans cette ambiance explosive, le général de Gaulle entreprit son périple algérien.

À Aïn-Témouchent, dans la matinée du 9 décembre, la foule s'était massée pour accueillir le président de la République. Encadrés par des Européens, on avait poussé au premier rang des ouvriers agricoles ; certains étaient munis de sifflets, d'autres de porte-voix. Au-dessus des têtes, se balançaient des banderoles barrées de la devise « Algérie française ». Si, des visages musulmans transpirait la peur, les Européens suaient la haine. Quand le chef de l'État parut, en grand uniforme, une immense clameur s'éleva de la foule européenne : « Vive l'Algérie française ! », rapidement suivie d'une autre : « De Gaulle au poteau ! À bas de Gaulle ! » Deux musulmans brandirent des pancartes, l'une portant un « Vive de Gaulle ! », l'autre « Vive la France ! ». Aussitôt, elles leur furent arrachées des mains. L'unique banderole proclamant « Vive de Gaulle ! » et qui avait été suspendue en travers de la rue par la municipalité, fut déchirée par de jeunes gens. Jean Morin, le délégué général, et François Tavernier, le nouveau correspondant de l'agence Reuters, encadraient le général de Gaulle. Celui-ci haussa les épaules et laissa tomber : « Les cons ! »

Rendu à l'hôtel de ville, il s'entretint avec le conseil municipal puis avec cent quarante officiers de la région ; il s'adressa à eux en ces termes : « Le chef de l'État, sans joie, veuillez le croire, a tiré les conclusions : l'Algérie sera nouvelle et il faut que nous l'aidions à ce qu'elle soit nouvelle, à ce qu'elle soit elle-même. Ou bien tout sera rompu entre elle et la France. L'Armée a un rôle capital. D'abord, d'avoir empêché, du point de vue militaire, que cela ne tourne mal ; ce qui aurait pu arriver, mais ce n'est pas arrivé : le fait est là que, sur le terrain, notre Armée l'a emporté contre la rébellion. C'est un fait sur lequel on ne reviendra pas. Vous avez joué et vous jouez un rôle considérable du point de vue de la fraternité. Il faut poursuivre cette double tâche, de la sécurité d'abord qui n'est pas finie, et de la fraternité qui ne fait que commencer. »

Un silence glacial accueillit les propos du président tandis que, de l'extérieur, la foule européenne le conspuait. Dans la salle des Corps constitués, le Général devait prononcer une seconde allocution. Cette fois, le ton changea ; d'une voix dédaigneuse, tremblante de colère, il s'écria : « Il apparaît, tous les jours un peu plus, une personnalité algérienne, une Algérie algérienne. Deux conditions sont nécessaires pour que cette Algérie se développe au profit de tous ses enfants : la première, c'est évidemment la paix et c'est pourquoi nous la proposons sans relâche à ceux qui, jusqu'à présent, n'ont pas voulu la faire. L'Algérie fraternelle doit se faire sur la coopération de ses communautés : une Algérie fraternelle où tout le monde ait ses droits et les mêmes devoirs, une fois pour toutes et définitivement. »

Pour toute réponse, montaient du dehors les éclats de la foule. Une nouvelle fois, de Gaulle haussa les épaules et déclara, sur le ton d'un souverain mépris : « Les cris, les clameurs, cela ne signifie rien… rien ! »

Le chef de l'État sortit ensuite de la mairie alors que les cris de haine redoublaient. Jean Morin, le remplaçant de Paul Delouvrier depuis une semaine, le général Crépin et François Tavernier blêmirent tandis que les gardes du corps resserraient leur protection autour du Général, l'escortant jusqu'à la voiture présidentielle. Là, le président de la République obliqua sur sa droite et pénétra dans la foule. Après un bref instant de surprise, François, bousculant les personnalités, le rejoignit. Le Général dont la haute stature dominait la cohue, écarta les Européens. Stupéfaits, ils regardaient cet homme tant haï sourire aux musulmans. Les bras se tendaient vers lui et l'on criait « Vive de Gaulle ! », on saisissait ses mains, certains portaient ses doigts à leurs lèvres, des femmes ôtèrent leur *haïk* blanc devant lui comme elles ne l'auraient fait que devant leur père. Des visages radieux se couvraient de larmes.

– Bonjour, bonjour, disait aimablement le Général, pressé par cette foule chaleureuse.

– Vive de Gaulle ! Vive l'Algérie algérienne ! lui répondait-on.

Médusés, les Européens contemplaient une scène qui devait leur en apprendre bien plus que tous les discours qu'ils avaient pu entendre jusqu'à ce jour. La haine qui émanait d'eux devenait palpable. François la perçut. Il en reçut la menace comme un coup.

– Mon général ! Mon général ! supplia-t-il en s'interposant entre le chef de l'État et un groupe d'Européens qui s'avançait.

Enfin, de Gaulle revint vers sa voiture, souriant une dernière fois à la foule enthousiaste. Des Européens tentèrent de l'approcher à nouveau.

François fit rempart de son corps, puis les gorilles les repoussèrent brutalement.

Dans la voiture qui démarrait en direction de Tlemcen, François remit son pistolet dans son étui. Le Général remarqua son geste et le moqua d'un ton bonhomme :

– Rangez votre artillerie, Tavernier, ce n'est pas encore mon heure, ma tâche n'est pas achevée.

Jean Morin, très pâle, semblait au bord du malaise.

– Remettez-vous, monsieur le délégué, ce ne sont que des braillards.

À Tlemcen, la neige qui était tombée la nuit précédente formait un tapis blanc, éblouissant sous le ciel gris. Une averse de grêle s'abattit sur la foule musulmane qui se pressait au long des trottoirs.

– Où sont les Européens ? s'étonna le Général.

À l'hôtel de ville, il fut accueilli par le maire, Sadok Mouhas, un musulman qui avait servi dans l'Armée française. « Nous mettons, déclara-t-il dans son allocution de bienvenue, tout notre espoir en vous, dans le drame qui se joue ici, afin que nous puissions vivre sur cette terre, dans la paix et toujours liés à la France. Vous nous apportez la pluie aujourd'hui, c'est un signe favorable… Peut-être aussi, bientôt, nous apporterez-vous la paix. L'avenir de l'Algérie, où est-il ? lui répondit le Général. Il est entre vos mains, à vous autres, Algériens de quelque communauté que vous soyez.

C'est à vous, c'est à vous tous, autant que vous êtes, de faire l'Algérie de demain ! »

Quand il quitta la mairie, la foule musulmane l'enveloppa. Aux cris de « Paix ! Paix ! Paix ! », les mains se tendaient à nouveau vers lui. Il rejoignit finalement la DS présidentielle qui démarra entourée de jeunes gens courant à ses côtés. Les « Vive de Gaulle ! » fusaient de toutes parts.

– Arrêtez ! ordonna-t-il au chauffeur.

Et, au grand dam de ses gardes du corps, il descendit de voiture puis remonta la rue de France à pied, François à ses côtés, escorté de jeunes musulmans qui ne se tenaient plus de joie. Cette allégresse n'était pourtant pas du goût de tous. De rues adjacentes, débouchèrent de jeunes Européens fous de rage et de haine, hurlant : « Algérie française ! À bas de Gaulle ! » Aussitôt, des musulmans répliquèrent : « Algérie algérienne ! Vive de Gaulle ! ». L'affrontement paraissait inévitable. Des CRS s'interposèrent rapidement entre les deux factions, tandis que François empoignait l'auguste visiteur et le forçait à remonter en voiture. Il nota l'air amusé du chef de l'État qui, ôtant son képi, s'enfonça voluptueusement dans son siège.

Rue de France, après de brèves échauffourées, tout rentra dans l'ordre.

Les nouvelles en provenance d'Alger et des grandes villes d'Algérie étaient mauvaises : partout et parmi les deux communautés, on relevait morts et blessés. Le général Crépin rejoignit le quartier

Rignot, à Alger. Pendant ce temps-là, le général de Gaulle poursuivait son voyage entre Tlemcen et Orléansville. À Cherchell, il fut de nouveau accueilli par la population musulmane aux cris de « Vive de Gaulle ! Algérie algérienne ! », auxquels répondirent ceux des Européens : « À bas de Gaulle ! Algérie française ! » De part et d'autre, on se toisait sans chercher à se dissimuler une mutuelle hostilité. Le Général, impassible, fendait la foule, serrait des mains musulmanes, ignorant les pieds-noirs. Paul Comiti, Roger Tessier, Raymond Sassia et Henri Djouder, ses gardes du corps, s'arrachaient les cheveux et s'agaçaient du rôle d'ange gardien de Tavernier.

« Les cris, les clameurs, cela ne signifie rien. À l'évidence, la clarté, le bon sens, voilà ce à quoi nous devons nous attacher et non à des slogans et à des formules qui sont périmés », déclara le président de la République au nouveau délégué général, Jean Morin, alors qu'il regagnait sa voiture. Quelques instants auparavant, le directeur de cabinet de ce dernier, demeuré à Alger, l'avait averti qu'une équipe de tueurs allait tenter d'abattre le chef de l'État à Orléansville.

– Mon général, le retint alors Morin, je n'ai pas l'habitude de m'affoler mais je viens de recevoir des informations sûres : on craint un attentat en entrant dans Orléansville. Je vous demande d'accepter un changement d'itinéraire et de ne pas vous lever dans la voiture pour saluer la foule.

– Vous n'avez pas à me demander, Morin. C'est vous le responsable du maintien de l'ordre, répliqua d'un ton aimable le Général. Décidez…

Le délégué, quelque peu rasséréné, épongea son large front. Le cortège entra dans Orléansville par un chemin détourné.

Au terme du dîner officiel qui avait été donné dans les salons de la préfecture, le général de Gaulle pria François de l'accompagner jusqu'à ses appartements. Dans son entourage, tous se perdaient en conjectures.

– Asseyez-vous, nous allons boire un verre en devisant, décréta le Général en prenant une bouteille de cognac parmi toutes celles qu'on avait disposées sur une table basse. Vous pouvez fumer.

François remercia et sortit son étui à cigares.

– En voulez-vous, mon général ?

De Gaulle accepta d'un signe de tête et prit un monte-cristo. François lui tendit un coupe-cigare.

– Merci, je n'en ai pas besoin, c'est le seul plaisir qu'il me reste, dit-il en enfonçant une allumette dans le cigare.

Il tourna l'allumette pour agrandir le trou tandis que François sectionnait l'extrémité du sien. Après quelques bouffées, de Gaulle dit comme se parlant à lui-même :

– Fichu voyage…

Devant le silence de François, il poursuivit :

– Quel bordel !… Que va-t-il sortir de tout ça ?… Les pieds-noirs ne veulent pas voir la réalité en face : l'Algérie sera indépendante encore plus rapidement que je ne l'aurais cru. Les événements de ces derniers jours, à Alger, Oran et Constantine, montrent que les populations musulmanes sont prêtes... Est-ce aussi votre avis, Tavernier ?

– Oui, mon général. Je crains, cependant, qu'on n'assiste à un bain de sang.

– Il faut impérativement l'éviter : il y va de l'avenir de ce pays mais aussi de celui de la France ! Nous devons renforcer notre position dans le monde et cette affaire algérienne est un boulet.

– Que n'avez-vous, mon général, annoncé plus tôt l'Algérie algérienne au lieu de laisser croire que la France avait encore un rôle à jouer dans ce pays ?...

– Mais, elle a un rôle à y jouer, Tavernier, un très grand rôle, à la mesure de sa grandeur et de son histoire ! Les liens entre les deux nations sont très forts, ils ne se dénoueront pas de sitôt. Les musulmans ont besoin de notre technologie et de nos savoir-faire. Nous, de leur pétrole et de leur gaz ; leurs ressources énergétiques nous sont indispensables. Nous sommes condamnés à nous entendre ! Pas question de laisser les Américains s'approprier le Sahara et ses richesses ! C'est aussi votre opinion ?... Pourquoi riez-vous ?

– C'est votre cynisme qui me fait rire, mon général. Votre cynisme ou votre sens des réalités, pour ne pas dire votre sens des affaires...

– Riez, riez, Tavernier ! Vous verrez que l'avenir me donnera raison. Je sais bien que cela ne se fera pas facilement, mais nous devons nous y employer de toutes nos forces. Les Européens finiront bien par réaliser que là réside aussi leur intérêt.

– Certains, oui. Mais la plupart ne le comprendront pas. C'est une histoire d'amour et de haine que vivent ici, depuis plus de cent trente ans, Européens et musulmans. Les deux communautés aiment ce pays avec passion. La passion et la raison n'ont jamais fait bon ménage.

– Il faudra cependant qu'ils s'accordent. Sinon, le million d'Européens qui vit ici se verra rejeté à la mer par les huit millions de musulmans que compte ce pays. Et cela, je ne le veux pas !

Charles de Gaulle s'était levé et marchait de long en large en tirant d'amples bouffées de son havane.

– Voyez-vous, Tavernier, j'aurais donné ma vie pour conserver l'Algérie à la France. Enfant, je ne faisais aucune différence entre les deux pays : c'était la France des deux côtés de la Méditerranée. J'aurais traité de traître celui qui m'aurait affirmé le contraire. C'est que, voyez-vous, je me suis toujours identifié à mon pays : avec mes frères, quand nous jouions à la guerre, moi, Tavernier, j'étais la France…

François observait avec émotion cet homme tant admiré. Celui qui avait sauvé l'honneur national en 1940, refusant la défaite, il l'imaginait gamin, jouant aux petits soldats, rêvant de reconquérir l'Alsace et la Lorraine, de les ramener dans le giron français. « J'étais la France… » De Gaulle l'avait cru, peut-être le croyait-il encore ; les rêves d'enfant résistent aux naufrages de l'âge.

– Mais l'Armée, mon général, que faites-vous de l'Armée ?

De Gaulle le considéra avec une ironie désabusée.

– Mettez-vous bien dans la tête, Tavernier, qu'un militaire de carrière n'est jamais intelligent.

– Pas tous, mon général, pas tous…

– Bonsoir, Tavernier. J'ai été heureux de passer ces quelques moments en votre compagnie. Bonne nuit.

– Bonne nuit, mon général. Protégez-vous.

La visite du chef de l'État se poursuivit, angoissant l'entourage d'un de Gaulle qui semblait prendre un malin plaisir à multiplier les haltes sur le bord des routes, dans le moindre des villages, serrant la main des notables musulmans et caressant la joue sale des enfants. Jean Morin n'en pouvait plus. Il regrettait déjà l'absence de François Tavernier, rentré la veille à Alger, à la demande du Général.

9.

« Notre temps est dur pour l'autorité. »
CHARLES DE GAULLE.

Tôt, à l'aube de ce dimanche 11 décembre, Béchir quitta la villa pour rejoindre al-Alem et sa bande de *yaouleds* à l'entrée de la Casbah, rue de la Porte-Neuve. Il faisait froid et les gamins, pauvrement vêtus, grelottaient. Une fillette d'une douzaine d'années apporta des beignets chauds dont le sucre blanc leur colla au menton et aux joues.

– Tu diras à ta mère qu'elle est la reine des beignets ! ânonna l'un d'eux la bouche pleine.

Les autres rirent, approuvant de la tête. Une autre gamine leur versa du thé à la menthe dans des quarts en fer-blanc. Le repas redonna des forces à la petite troupe.

– Allons-y ! lança al-Alem.

La population musulmane d'Alger quittait ses quartiers et commençait de s'éparpiller dans les rues, joyeuse, impatiente, aiguillonnée par les cris des gamins : « *Yahia FLN*[1] *! Yahia Ferhat Abbas ! Yahia de Gaulle !* » Des drapeaux verts avaient été distribués et ils furent aussitôt brandis sous le nez des CRS et des gendarmes ; les forces de l'ordre demeurèrent impassibles. Telle une marée humaine, la foule musulmane se répandit dans toute la ville. Dans les quartiers européens, la panique gagnait. Barricadés derrière leurs volets clos, souvent armés, les Européens contemplaient le spectacle, incrédules. Ici ou là, des balcons furent escaladés, des portes fracturées, des fenêtres volèrent en éclats, des meubles vinrent s'écraser sur la chaussée sous les applaudissements de la foule. De plus en plus de drapeaux vert et blanc, frappés de l'étoile et du croissant rouges, flottaient au vent. Une centaine de pieds-noirs armés s'en vint à la rencontre des musulmans. Les CRS s'interposèrent et réussirent à éviter l'affrontement. Il était dix heures trente du matin.

Sur ordre du général Crépin, le capitaine Léger se rendait à Diar-el-Mahçoul, l'immense cité construite sur les plans de Fernand Pouillon. À chaque fenêtre ou presque, voletait un drapeau vert et blanc. Léger portait sa tenue de parachutiste et son béret rouge. Sous le siège de la 203, conduite par son chauffeur, l'officier avait glissé une MAT[2]. De la gigantesque cour de Diar-el-Mahçoul, montaient des clameurs dont l'écho se propageait alentour,

1. « Vive le FLN ! »
2. Mitraillette.

jusqu'aux fenêtres closes des immeubles qu'occupaient les Européens. Derrière leur barrage, les soldats du 117e RI éprouvaient une certaine appréhension. Au passage de la voiture, ils écartèrent les chevaux de frise. Quelques mètres plus loin, le véhicule freina brusquement : en travers de la route, gisait le cadavre d'un Européen, égorgé. Léger descendit et se pencha sur l'homme dont les yeux, grands ouverts, reflétaient encore la frayeur. Des femmes et des jeunes gens qui s'étaient avisés de l'arrivée du parachutiste, approchaient. Le capitaine alla se saisir, dans la voiture, de sa mitraillette, l'arma d'un geste sec et s'écria :

– Le premier qui avance, je le descends !

La petite foule s'immobilisa ; pour peu de temps…

– Démerde-toi, fais demi-tour ! jeta-t-il à son chauffeur en remontant à bord de la 203.

Habile, le conducteur réussit la manœuvre et s'en revint vers le barrage.

– Qui commande, ici ? hurla Léger.

– Moi, mon capitaine.

– Il y a le cadavre d'un Européen à quelques mètres : allez le chercher !

– Je n'ai pas d'ordre, mon capitaine.

Écœuré, Léger serra les poings.

– Place du Gouvernement ! ordonna-t-il à l'ordonnance.

Là, la situation empirait : en dépit des barrages qui cernaient la Casbah, la population musulmane avait tout envahi et des gamins étaient même grimpés sur les automitrailleuses des gendarmes. Au-dessus d'une cacophonie de *you-you* mille fois lancés et repris, flottait partout le drapeau du FLN.

Le capitaine en eut vite assez vu et regagna le quartier Rignot. Il se présenta au commandant en chef et fit son rapport d'une voix blanche.

– Mon général, il faut donner des ordres. Cela ne peut plus durer ! trancha-t-il.

– Quels ordres voulez-vous que je donne ? explosa le général Crépin. Celui de tirer dans le tas ?

Dans la fureur, le visage déjà ingrat du commandant en chef vira au cramoisi. Il était seul : le délégué général accompagnait le président de la République dans son déplacement ; il l'avait tout de même joint, alors qu'il se trouvait à Tizi-Ouzou, pour lui déclarer :

– Je ne peux plus assurer l'ordre seul : il va peut-être falloir tirer sur la population. Il faut que vous soyez là !

Mais, pour l'heure, il ne lui était pas possible d'avouer au capitaine Léger qu'il ne désapprouvait pas la manifestation musulmane, qu'il était nécessaire de voir les Algériens réagir, montrer qu'ils soutenaient la politique du général de Gaulle. Bien sûr, il y avait le problème de ces drapeaux du FLN qui n'avait pas été prévu. Léger quitta, dépité, le quartier général.

Quand la 203 arriva rue de Lyon, les CRS et les gendarmes, submergés par la foule, prenaient toujours leur mal en patience, stoïques. Mais qu'attendaient-ils ? À l'aide de mégaphones, de jeunes gens hurlaient des slogans que la foule reprenait en chœur tout en agitant de petits chiffons vert et blanc. Léger qui était descendu de voiture, s'avança vers un colonel de CRS qui, à la vue de sa tenue « léopard », manqua de s'étrangler.

– Qu'est-ce que vous foutez là ? éructa le CRS

– Je suis en mission pour l'état-major interarmes sous les ordres du commandant en chef, monsieur !

– Votre ordre de mission ?

C'en était trop :

– Monsieur, pour venir du quartier Rignot à la rue de Lyon, il n'est pas besoin d'un ordre de mission. Vous me demandez un ordre, à moi, capitaine des paras ? Et vous tolérez cela !

Le mépris avec lequel il désignait la foule grondante, exaspéra le colonel qui hurla :

– Foutez le camp !

– Pourquoi, je vous dérange ? J'aperçois pourtant, ici, d'autres officiers dont un qui appartient au 2e bureau de l'état-major. Pourquoi pas moi ?

À cette insolence, le colonel blêmit.

– Ce n'est pas vous, c'est votre uniforme qui me dérange : il excite la foule et, moi, je suis là pour rétablir l'ordre !

– On ne s'en aperçoit pas beaucoup… Quant à mon uniforme, il vaut largement le vôtre !

Vers le début de la rue de Lyon, le crissement des pneus de véhicules militaires se fit entendre : les paras du 18e RCP débarquaient.

– Eh bien, ironisa Léger, si vous n'aimez pas mon uniforme, voici qui va vous réjouir !

Le colonel Masselot sauta de son GMC[1], rapidement suivi de ses hommes, et toisa le colonel commandant les CRS. Dans la foule, huées et *you-you* redoublèrent. Depuis les premières lignes de la multitude musulmane, une voix fusa :

– Hé, tapette !... Le para, on l'nique !... Hé, tapette ! Enculé !

Comme un seul homme, les parachutistes, colonel en tête, se ruèrent sur les braillards et distribuèrent coups de pied au cul, coups de crosse et de poing. Dans les rangs des manifestants, ce fut la débandade. Le colonel des CRS fulminait :

– Arrêtez ! Mais arrêtez donc ! Vous allez tout faire péter ! On a assez de mal comme ça à les contenir !

Rigolard, un jeune parachutiste brandissait comme un trophée trois drapeaux FLN abandonnés par la foule. Le colonel Masselot lui donna une tape amicale sur la tête, geste qui ulcéra le colonel commandant les CRS.

– Ici, je suis le seul responsable de la sécurité ! bafouilla-t-il. Tout à l'heure, ça a tiré. Ce n'est vraiment pas la peine de les exciter. Je vous donne l'ordre de déguerpir !

– Je n'ai pas d'ordres à recevoir de vous ! Je suis en régiment d'alerte et le commandement d'« Alger-

1. Véhicule transport de troupes de marque américaine, General Motors Company.

Sahel » m'envoie au carrefour Polignac. Or, ici, je ne peux pas passer : dégagez-moi ça et je file !

– Impossible !

Un gardien de la paix s'accrocha à la manche du colonel Masselot.

– Mon colonel, notre commissaire a été pris à partie par des Arabes. Ils l'ont entraîné dans la rue, là, là… Ils vont le tuer !

Un lieutenant-colonel de la CRS approchait. Masselot l'interpella :

– Ah, vous tombez bien ! Que faites-vous pour dégager ce commissaire ? Il est de la police, comme vous !

– Moi ?… Je n'ai pas d'ordres…

Masselot haussa les épaules.

– Débrouillez-vous avec les CRS, lança-t-il à l'agent de police, vous êtes de la même boutique ! Moi, je vais au carrefour Polignac…

À cet instant, un civil arrêta le parachutiste :

– Mon colonel ! Mon colonel !… Ma femme et mes enfants sont bloqués dans un immeuble du Ruisseau, les Arabes le cernent : ils vont les égorger ! J'ai pu m'échapper mais je ne trouve personne pour venir à mon aide…

Aussitôt, le colonel Masselot donna l'ordre d'aller délivrer la famille assiégée et les CRS laissèrent passer le convoi de parachutistes. Au carrefour Polignac, des coups de feu furent tirés en direction des transports de troupes. Les hommes du 18e ripostèrent, jaillirent des véhicules et foncèrent à nouveau dans la foule. Les balles sifflaient de tous côtés. Les manifestants se figèrent avant de reprendre leurs esprits et de s'enfuir.

Les paras revinrent de leur charge, poussant devant eux deux jeunes gens et tenant à la main des drapeaux FLN. Ils suspendirent leur butin sur les côtés de leurs véhicules. Les parachutistes rembarquèrent et le convoi suivit le ravin de la Femme-Sauvage, surplombant les bidonvilles : on tirait aussi depuis les hauteurs boisées…

De Belcourt à Bab-el-Oued, s'échangeaient des tirs sporadiques. Place du Gouvernement, l'Armée tirait maintenant sur les manifestants descendus de la Casbah. Le délégué général, rentré à Alger dans l'après-midi de ce 11 décembre, avait autorisé le général Crépin à faire ouvrir le feu sur la foule, qu'elle fût musulmane ou européenne. Il y ajouta l'ordre d'évacuation des parachutistes : les CRS les remplaceraient ; la fraternisation entre paras et pieds-noirs devrait prendre fin. Malgré cela, le nombre des morts et des blessés ne cessait d'augmenter. Ce dimanche, on compta cent vingt tués dont cent douze musulmans. Révolté, Jean Morin lança un appel à la radio : « Des atrocités ont été commises. Elles déshonorent leurs auteurs. Et, cependant, les forces de l'ordre se sont interposées avec un calme et une fermeté exemplaires aux heurts violents des uns et des autres… La violence a déjà fait assez de victimes. Ceux qui ne croient qu'à elle, retardent l'heure tant attendue de la paix. À vous tous qui habitez cette terre, je redis que l'union est et sera, de toute manière, indispensable à la vie de l'Algérie. Sans elle, il n'y aura qu'anarchie et chaos... »

Dans la foulée, le FAF était dissous sans que cela troublât autrement ses membres : le moment venu, ils prêteraient main-forte à l'Armée et se tiendraient à ses côtés pour « chasser le traître de Gaulle » et prendre le pouvoir.

– Ne restez pas là, lui jeta une matrone européenne. Ils descendent !

François la remercia poliment et continua à marcher vers la Casbah, très vite entouré de jeunes musulmans. Les adolescents l'observaient avec curiosité, surpris du calme que manifestait ce « Français de France » qui allait comme à la promenade. L'un des jeunes sortit de sous sa chemise le drapeau vert et blanc et le brandit sous ses yeux en braillant :

– Vive l'Algérie algérienne !

– Allah t'entende ! répondit François.

Le garçon le dévisagea sans comprendre : se moquait-il de lui, ce Français si assuré, si élégant ? Le rouge lui monta au front, il ne se laisserait pas insulter ! De sa poche, jaillit une lame. Une main menue mais forte lui saisit le poignet.

– Laisse ! c'est un ami..., l'arrêta al-Alem en arabe.

L'autre se dégagea, fixa son interlocuteur puis le Français, comme s'il voulait graver leurs traits dans sa mémoire, rangea enfin son arme, rejoignit les manifestants et lança une dernière fois :

– Vive l'Algérie algérienne !

Il disparut.

– Tu ne peux pas rester ici : tu vas te faire lyncher ! le mit en garde al-Alem.

Devant le silence de François, il ajouta :

– Je t'aurai prévenu…

Avec la dizaine de gamins dépenaillés qui l'accompagnaient, il se fondit dans la foule.

Un capitaine de gendarmerie casqué, court et rougeaud, s'approcha de Tavernier et lui posa la même question :

– Qu'est-ce que vous foutez là ? Dégagez ! S'ils vous attaquent, je serai obligé de donner l'ordre à mes gars de charger et, ça, je préférerais l'éviter : ils sont trop nombreux !

– N'êtes-vous pas là pour maintenir l'ordre ? l'interpella Tavernier, sec et dédaigneux.

Décidément, il n'était pas le bienvenu.

– Oui, quand c'est possible… Le maintien de l'ordre, c'est notre boulot. La guérilla, c'est celui des paras. Et, les paras, ils ne sont jamais là quand on a besoin d'eux. J'étais au monument aux morts, le jour des barricades : ils nous ont laissé nous faire massacrer sans intervenir. Alors, aujourd'hui… Allez, circulez ! Si vous voulez voir de la bagarre, allez à Belcourt, il paraît que c'est pas joli-joli : ils égorgent les Européens et foutent le feu aux magasins.

Poussé par la marée humaine, François gagna le boulevard Anatole-France où la foule était un peu moins dense. De là, il alla jusqu'au phare de l'amirauté que défendait un cordon de CRS. En compagnie des militaires, abrités sous l'auvent des entrepôts, il discuta des événements en grillant quelques cigarettes. Le ciel et la mer se confondaient et il tombait une pluie froide. Bientôt, il ferait nuit. François demanda au capitaine s'il pouvait utiliser son radio-téléphone sur lequel il composa le numéro de Joseph Benguigui.

– Peux-tu venir me chercher ? Je suis à l'amirauté… Désolé de te déranger, mais il n'y a ni bus ni tramway… Les manifestants sont rentrés chez eux… D'accord, je t'attends à l'angle de la place de l'Amiral-Duperré et de la rue de la 3e DIA. Merci…

Il remonta vers la place en relevant le col de sa veste. À présent, toute vie semblait avoir déserté les lieux. Le vent faisait voleter quelques papiers sur un sol rendu glissant par la bruine. L'attente lui parut longue. Un convoi militaire l'éclaboussa en se dirigeant vers la caserne Pélissier puis le silence retomba. Il était transi.

Un véhicule s'arrêta à sa hauteur : c'était bien le taxi attendu. Le chauffeur se pencha à la vitre :

– Monte !

La portière à peine claquée, Benguigui démarra en trombe et fit demi-tour avant de rejoindre le boulevard de la République.

– Tu ne sais donc pas que c'est couvre-feu ? Je me suis déjà fait arrêter deux fois… Je te ramène à la villa ?

– Non, je voudrais passer par l'hôtel Aletti, préféra François.

– Va pour l'Aletti… Tu en seras quitte pour payer l'anisette !

Le Cintra, bar de l'hôtel, était bondé de journalistes français ou étrangers, occupés à commenter les événements de la journée. L'air sentait le chien mouillé, l'anis et la fumée de cigarette.

– Le pire s'est passé à Belcourt : la rue de Lyon a été dévastée et les stations d'essence détruites, expliquait Gérald Tilly, l'envoyé spécial du *Parisien*.

– Au Clos-Salembier, poursuivit son camarade Jean Paillardin, reporter du même journal, ils foutent le feu partout. Les hommes du bataillon de Joinville font le tampon entre les manifestants et les habitants européens du quartier. C'est la pluie plutôt que l'Armée qui les a fait rentrer chez eux…

– À Oran, on compte plusieurs morts et de nombreux blessés, rapporta quelqu'un.

– Des incidents antisémites ont eu lieu dans les grandes villes, ajouta l'envoyé du *Monde*, André Passeron. À Alger même, les portes de la synagogue de la Casbah ont été forcées, le lustre arraché et les bancs brisés. Sur les murs extérieurs, j'ai vu des inscriptions du genre « France criminelle, FLN juste ! », « Mort au colonialisme sans exception ! » ou « Vive Belkacem ! ».

– Ce ne sont pas des slogans antisémites, objecta Joseph Benguigui.

– C'est vrai, reconnut le journaliste. Il n'empêche que des magasins israélites de la rue Randon et de la rue Marengo ont été pillés et que le drapeau du FLN flotte en ce moment au sommet de la synagogue.

– Je pense que tout cela a été attisé par des extrémistes européens, analysa son confrère Alain Jacob, du *Monde*. À Bab-el-Oued, bien avant que la manifestation ne commence, des musulmans ont été abattus au cours de « ratonnades ». À Belcourt, on a tiré des fenêtres sur les manifestants ; c'est en tout cas ce que m'a affirmé un médecin militaire qui s'arrachait les cheveux devant les dizaines de blessés par balles qu'on lui amenait…

– Et les Européens égorgés, qu'est-ce que vous en faites ? s'indigna un journaliste de *L'Écho d'Alger*.

Personne ne voulut poursuivre la discussion sur ce douloureux sujet… On en revint donc à la visite du président de la République.

– Alors, qu'en est-il de son « Algérie nouvelle », de l'aide que nous sommes censés lui apporter pour qu'elle soit elle-même, sous peine que « tout soit rompu entre elle et la France » ? ironisa le barman en entrant dans le débat.

– J'étais à Tlemcen, lui répondit Bernard Lefort, représentant de *Paris-Jour*, quand le Général a prononcé son discours en réponse à celui de Mouhas, le maire de la ville, qui avait parlé avec émotion de « l'avenir de l'Algérie, l'Algérie de demain, fraternelle et unie ». À mesure que de Gaulle parlait, on traduisait ses propos en arabe ; en substance, voici ce qu'il a dit : « L'avenir de l'Algérie, où est-il ? Il est entre vos mains, à vous autres Algériens de quelque communauté que vous soyez ; c'est à vous de faire l'Algérie, l'Algérie nouvelle, l'Algérie de demain ; c'est à vous, c'est à vous tous autant que vous êtes, et, puisque la communauté musulmane algérienne est dans cette Algérie, particulièrement dans cette ville de Tlemcen, la plus nombreuse, je dis à cette communauté musulmane que c'est à elle qu'il appartient de prendre des responsabilités algériennes qui correspondent à sa valeur et qui correspondent à son importance… »

– C'est ça, excite-les, mauvais con ! grogna un vieux pied-noir dans un coin de la pièce.

– Je n'aime pas que l'on m'interrompe, monsieur ! coupa Lefort avant de reprendre son récit. Le Général poursuivit donc en ces termes : « Je dis à la communauté de souche française qui est en Algérie : l'Algérie dont vous êtes, l'Algérie dont vous êtes aussi les enfants, les habitants, l'Algérie ne peut pas se faire comme il faut, c'est-à-dire fraternelle et moderne, sans votre concours éminent, sans votre participation résolue, sans votre coopération déterminée avec la communauté voisine. Il faut, vous communauté musulmane, vous communauté d'origine européenne, il faut que vous vous accordiez et que vous coopériez pour bâtir l'Algérie de demain. »

– Est-ce qu'il croit qu'on l'a attendu pour « bâtir l'Algérie » ? ! s'étrangla le vieux pied-noir. Avant notre arrivée, il n'y avait rien ici, que des pierres et du soleil ! On en a fait un pays moderne, de l'Algérie, et avec l'aide des Arabes encore ! Tout ce qu'ils veulent, les musulmans, c'est que ça continue comme avant. Ils veulent la paix, une paix française !

– Que faites-vous des milliers de manifestants qui crient, à Alger comme à Oran « Vive l'Algérie algérienne ! » ou « L'Algérie aux musulmans ! » ? s'enquit un journaliste de *France-Soir*.

– De pauvres bougres manipulés par le FLN qui les menace de représailles s'ils ne vont pas manifester… Si l'Armée avait fait son travail, ils seraient vite rentrés chez eux et, à l'heure qu'il est, les meneurs seraient enfermés à Barberousse… ou liquidés !

– Qu'en pense le nouveau représentant de l'agence Reuters ? demanda l'un d'eux à Tavernier.

Celui-ci sourit d'un air entendu sans répondre : les nouvelles allaient vite.

– Si nous rentrions ? suggéra Benguigui. J'ai eu une dure journée et ma femme va me chanter *Ramona*…

– La mienne aussi ! approuva François en riant. J'aurais tout de même aimé voir Gilda[1]… Il y a longtemps que tu ne l'as aperçue ?

1. Voir *Alger, ville blanche*.

– Je ne sais plus… Avant-hier ?… Non, au début de la semaine dernière, lundi ou mardi. Pourquoi tu me demandes ça ?

François ignora la question et fit signe au barman d'approcher.

– Avez-vous vu Gilda, ces derniers temps ? chuchota-t-il.

Le regard de l'homme balaya l'assistance puis il répondit à voix basse :

– Monsieur Tavernier, j'aime bien Gilda et je sais que vous avez toujours été convenable avec elle. C'est une bonne petite et c'est pour cette raison que je vais vous renseigner. Mais, pas ici : c'est trop dangereux.

– Où, alors ?

– J'habite pas loin de chez Joseph et je termine bientôt mon service. Alors, on dit d'ici une petite heure, chez lui ? … Voici votre addition, monsieur, compléta-t-il à voix haute.

Dehors, la pluie continuait de tomber sur la ville. Les seuls véhicules à circuler encore appartenaient à la police ou à l'Armée.

– On va chez toi, fit François.

– À cette heure-ci ? Ma femme va…

– Il est arrivé quelque chose à Gilda.

– C'est Paul, le barman, qui te l'a dit ?

– Il m'a dit que c'était trop dangereux d'en parler à l'Aletti.

– Bonne Mère ! s'écria Joseph en démarrant.

L'appartement des Benguigui se situait au premier étage d'un immeuble datant du début du siècle, à l'angle de la rue Rochambeau et de la rue de Cadix. Il planait dans l'escalier une odeur d'ail et d'huile d'olive. À l'intérieur, de la lumière brillait dans la cuisine. Quand Mme Benguigui entendit son mari, son visage rond s'éclaira.

– J'étais inquiète, dit-elle en venant à sa rencontre.

S'apercevant qu'il n'était pas seul, elle se montra plus réservée.

– Vous êtes François Tavernier ? devina-t-elle en lui tendant la main.

– Oui, bonsoir, madame… Excusez-nous de vous déranger à une heure si tardive.

– Vous ne me dérangez pas, monsieur. Je suis heureuse de vous connaître, mon mari ne cesse de me parler de vous…

– Au lieu de bavarder, Sarah, fais-nous donc du café et sers-le dans la salle à manger. Ajoute une tasse : Paul va venir nous rejoindre. Après, tu pourras aller te coucher.

Mme Benguigui acquiesça et, peu après, apporta le café. Au même moment, on sonna à la porte.

– Je vais ouvrir, c'est Paul. Maintenant, laisse-nous.

Les trois hommes s'installèrent autour de la table recouverte d'une nappe brodée. Joseph servit le café puis sortit des verres ainsi qu'une bouteille de liqueur d'orange.

– Gilda a été enlevée, annonça d'emblée le barman.

– Quand ? demanda François pour tout commentaire.

– Il y a trois jours. Ç'a eu lieu vers une heure du matin, à la sortie du Cintra. Il y avait deux hommes à bord d'une 203 Peugeot…

Benguigui et Tavernier échangèrent un regard.

– Tu connais ces hommes ? s'inquiéta Joseph.

– Il faisait sombre, mais j'ai cru reconnaître l'un d'eux pour l'avoir vu une ou deux fois au bar. C'est un gars de la Légion qui n'a pas l'air commode. Il parle avec un accent espagnol…

– Ortiz ! siffla François entre ses dents.

– Mais pourquoi s'en prendre à Gilda ? s'interrogea le chauffeur de taxi.

– Rappelle-toi ces mecs qui ont voulu pénétrer dans ma chambre, c'est elle qui m'en a averti. Ils ont dû faire le rapprochement… Comment la retrouver ? Gardes n'est plus là pour me donner un coup de main… C'est tout ce que vous pouvez nous dire ?

– Monsieur Tavernier, j'aime bien cette petite, vous le savez. Si j'avais la moindre idée de l'endroit où elle se trouve, je vous le dirais. Maintenant, je dois vous quitter, je ne voudrais pas laisser ma femme seule trop longtemps. Merci pour le café, Joseph.

Benguigui se leva pour raccompagner son ami jusqu'à la porte.

– On pourrait peut-être en parler au Dr Duforget…, suggéra-t-il, un peu las, en revenant.

– Oui, mais surtout à al-Alem ; ce gamin est au courant de tout. Bon, je m'en charge. Toi, vois du côté de Duforget.

– Tu ne vas pas repartir à cette heure : dors ici, il y a deux lits dans la pièce d'à côté.

– D'accord, mais il faut que je prévienne Léa… Où est le téléphone ?

– Dans l'entrée.

Quand François revint dans la pièce, Joseph demanda :

– Qu'est-ce que c'est que cette histoire de l'agence Reuters ?

– Je t'expliquerai demain…

Tôt le lendemain matin, Benguigui déposa François à la villa puis repartit vers l'hôpital Maillot où le Dr Duforget le reçut entre deux consultations. Non, à sa connaissance, aucune jeune femme correspondant au signalement de Gilda n'avait été admise à l'hôpital…

– Vous avez l'air fatigué, docteur.

– J'ai soigné des blessés toute la nuit.

– Ils sont nombreux ?

– Oui, surtout chez les musulmans : beaucoup de balles dans le dos… Et, chez les Européens, des blessures à l'arme blanche.

– C'est pas ça qui va rapprocher les deux communautés…, commenta Benguigui.

– Comment va Malika ? s'inquiéta le médecin.

– Chaque jour de mieux en mieux.

– Très bien. Cependant, qu'elle se montre prudente... Et Tavernier, toujours à Alger ?

– Oui, avec femme et enfants.

– Quelle folie ! souffla-t-il tout en raccompagnant le chauffeur de taxi à la porte.

– Je ne cesse de le lui dire. Mais il est têtu... Et pourtant, à côté de sa femme, ça n'est rien ! ... Au revoir, docteur.

10.

> *« Les armes remuent, au fond des cœurs, la fange des pires instincts. Elles proclament le meurtre, nourrissent la haine, déchaînent la cupidité. Elles auront écrasé les faibles, exalté les indignes, soutenu la tyrannie. Sans relâche, elles détruisent l'ordre, saccagent l'espérance, mettent les prophètes à mort. »*
>
> CHARLES DE GAULLE.

Accompagné par le chauffeur de la villa, Léa était venue chercher Béchir au commissariat de l'avenue du Général-Yuouf, non loin de l'hôpital de Mustafa. Un peu plus tôt, le jeune homme avait été arrêté en compagnie d'un groupe de manifestants alors qu'ils s'enfuyaient après avoir incendié des voitures. Comme ses compagnons, il avait été passé à tabac ; les policiers n'avaient cessé de cogner que lorsqu'il avait dit loger à la villa Martel-Rodriguez. Intrigué, le commissaire avait lui-même téléphoné à cette représentante de la haute société algéroise qui lui avait confirmé les dires du suspect. Déprimé, il avait raccroché en lâchant :

– C'est la fin... C'est la fin de l'Algérie française ! Je n'aurais jamais cru qu'une dame comme Mme Martel-Rodriguez, s'intéresserait à ces gens-là... Monsieur est, paraît-il, étudiant et s'occupe de la bibliothèque de la villa ! Voilà ce que ça donne, quand on leur apprend à lire... On a été trop bons avec eux !... Donnez-lui de l'eau pour qu'il se débarbouille : on va encore dire qu'on les torture...

– C'est pourtant ce que vous faites ! lui lança Béchir.

– Tais-toi, maudit bougnoule ! Sinon, tu risques de tomber accidentellement par la fenêtre... Ou bien tu te seras emparé d'une arme de service et on aura dû t'abattre... Alors, qu'est-ce que tu attends ?... Tiens, prends-le, mon pistolet !... Ordure ! Tu vas le prendre ?

– Monsieur le commissaire, y a trop de témoins... On ne peut tout de même pas les liquider tous ! s'interposa un policier.

Rouge, écumant de rage, le commissaire rengaina son arme et sortit du bureau. Un jeune agent apporta une cuvette d'eau et une serviette à Béchir. Son visage, même nettoyé, n'était pas beau à voir : ses lèvres et son nez avaient doublé de volume, l'un de ses yeux était fermé et ses arcades sourcilières fendues. Quand elle le découvrit, Léa poussa un cri :

– Ça n'est rien, je suis tombé dans l'escalier..., la rassura-t-il.

– Tu ne crois pas que je vais gober ça, non ? Je t'emmène à l'hôpital.

– Ce n'est pas la peine ; tu sais bien qu'il y a une infirmerie à la villa.

Appelé par Mme Martel-Rodriguez, le médecin de la famille arriva très vite, désinfecta le visage meurtri, posa des points de suture et fit une injection antitétanique. Pendant toute la durée des soins, Malika s'était tenue auprès de son frère tandis que Farida ne cessait de grommeler en arabe.

– Arrête tes malédictions ! ordonna Jeanne en pénétrant dans l'infirmerie. Comment va-t-il, docteur ?

– Rien de cassé ; d'ici quinze jours, on n'y verra plus trace. Je repasserai demain mais tard dans la soirée car nous sommes débordés à l'hôpital. Maintenant, mon garçon, repose-toi.

– Je vous raccompagne, docteur.

Après le départ de la maîtresse du domaine, Farida donna libre cours à son indignation :

– Qu'ils craignent la colère du Très-Haut, ces chiens ! Bientôt, ce sera leur tour d'être traités en esclaves, de voir leurs enfants violés, mutilés ou tués, leurs maisons incendiées ! Nous en avons trop subi, nous avons été trop battus, trop humiliés ! Maintenant, c'est fini ! L'heure de la vengeance a sonné ! Le peuple algérien les chassera ! L'Algérie algérienne se fera malgré eux ! Nous leur montrerons que nous sommes capables de vivre sans eux, de construire un pays indépendant où nos enfants grandiront en hommes libres ! Nous saurons cultiver la terre aussi bien qu'eux. D'ailleurs, n'est-ce pas nous qui labourons, semons, vendangeons, gardons les troupeaux ? Ce que nous faisons sous le joug, nous le ferons sans entraves pour notre peuple ! *Inch' Allah !*

– *Inch' Allah !* répétèrent Malika et son frère.

Le cœur serré, Léa quitta l'infirmerie : elle savait de quoi un peuple est capable pour reconquérir sa liberté. Partout dans le monde, les colonies volaient en éclats. L'Algérie, comme l'Indochine, le Maroc, la Tunisie et les autres territoires d'Afrique noire, allait recouvrer son autonomie. Rien ne saurait l'empêcher. Mais, qu'allait-il advenir du million d'Européens dont l'Algérie était aussi la terre natale ? Attristée, soucieuse, elle rejoignit François dans la bibliothèque. Lui aussi arborait une mine sombre.

– Comment va Béchir ? s'inquiéta François.

– Aussi bien que possible vu les coups qu'il a reçus.

– Je vais aller le voir.

– Non, Malika et Farida sont avec lui ; laisse-les entre eux…

– Tu as l'air préoccupé, remarqua François en la prenant dans ses bras.

– Je me fais du souci pour Jeanne.

– Et pourquoi ça ?

– Farida la déteste et je ne serais pas étonnée que les autres domestiques l'aient aussi en horreur.

– Qu'est-ce qui te permet de dire ça ?

– Ce n'est pas la première fois fois que j'entends Farida proférer des menaces à son encontre.

– Tu lui en as parlé ?

– Pas vraiment : Jeanne est persuadée que Farida est très attachée à elle, qu'elle lui est totalement dévouée. « C'est comme une sœur pour moi », ne cesse-t-elle de répéter… Il va falloir se tenir sur nos gardes.

François se mit à marcher de long en large.

– Je préférerais que vous retourniez en France, toi et les enfants.

– Ils se plaisent beaucoup ici, tu sais.

– Comme tu voudras… Mais, à la première alerte, je vous expédie ! Surtout que ton ami Jaime Ortiz a encore fait des siennes : il semblerait que lui et ses sbires aient enlevé Gilda, la jeune femme dont je t'ai déjà parlé.

En entendant le nom de cette brute, Léa avait blêmi ; Ortiz lui semblait plus dangereux qu'une centaine de rebelles arabes armés jusqu'aux dents.

– Tu es sûr ? balbutia-t-elle.

– Oui. Il nous faut redoubler de vigilance : s'ils ont enlevé Gilda, c'est sans doute parce qu'ils pensent qu'elle peut leur fournir des indications sur l'endroit où se trouve Malika. Malika est un témoin gênant pour eux. Ils vont chercher à l'éliminer par tous les moyens. Surtout, ne lui dis rien… et à Béchir non plus ! Je vais voir si le délégué général peut faire surveiller la villa. De ton côté, sois prudente : si Ortiz te trouve sur son chemin, je ne donne pas cher de ta peau. Allez, ne fais pas cette tête-là ! Ne suis-je pas là pour te protéger ?

La jeune femme se blottit contre lui.

Dans la soirée, François Tavernier monta au GG où Jean Morin le reçut avec amabilité et l'écouta attentivement.

– Ce n'est pas un problème, de surveiller la villa ; je m'en occupe. Par ailleurs, je me suis renseigné sur cet Ortiz et sur ses comparses : ses supérieurs le redoutent, c'est une forte tête qui a déjà été sanctionnée à plusieurs reprises. Mais, lui et son régiment doivent partir en opération ; vous en serez débarrassé. De toute façon, j'ai prié son colonel de le placer aux arrêts jusque-là, ainsi que ses compagnons ; il n'a pas eu l'air particulièrement surpris de ma requête…

– Je vous en remercie, monsieur le délégué, mais j'aurais une autre faveur à vous demander.

– Laquelle ?

– Je voudrais rencontrer Ortiz : il faut que je sache ce qu'ils ont pu faire de cette jeune femme.

– Cela est plutôt du ressort de la police, Tavernier !

– Vous savez bien que la police se gardera d'interroger des légionnaires et que, d'ailleurs, elle ne doit avoir reçu aucune plainte pour enlèvement.

– Il faudrait peut-être commencer par là…

– Le temps presse, monsieur le délégué. Avant votre arrivée, j'ai vu ce qu'ils ont fait à Malika, une jeune Algérienne qu'ils ont détenue quelque temps.

Je sais aussi ce qu'Ortiz a été capable de faire en Indochine…

– Très bien, Tavernier ; je vais prévenir le colonel de votre visite.

– Merci.

Le lendemain, le colonel accueillit froidement son visiteur. Ortiz faisait figure de bon soldat, un peu tête brûlée sans doute, mais courageux et excellent meneur d'hommes : l'Armée avait besoin de types comme lui. Le rencontrer ? Difficile puisqu'il se trouvait déjà en route avec son régiment, les fellaghas se montrant particulièrement audacieux, ces derniers temps. Au retour de l'unité, le colonel se ferait un plaisir d'avertir Tavernier. Il le pria encore de porter ses respects à M. le Délégué général.

François se retrouva, déconfit, sur le trottoir devant l'entrée de la caserne. Comment retrouver Gilda dans ces conditions ? Des gamins en guenilles s'attroupèrent autour de lui, piaillant et tendant leurs paumes sales. « Il faut que je remette la main sur al-Alem », pensa-t-il.

D'un pas alerte, il prit la direction de la Casbah. Dans les rues jonchées de détritus, les gens marchaient courbés contre un vent froid. Les magasins avaient rouvert leurs portes. Rue de la Lyre, il entra dans un café maure où il était déjà venu en compagnie de Béchir et d'al-Alem. Il s'assit devant une table basse et commanda un thé à la menthe. Les conversations qui s'étaient interrompues à son entrée, reprirent peu à peu, tout comme les parties de *chache-bache*[1]. Déjà, les fumeurs de narghilé repartaient dans leurs rêveries, flattant de la main les flacons d'eau parfumée aux essences de rose. La voix d'Oum Kalsoum, sortant d'un poste branché sur la station Al-Qahira, enchantait la salle.

Un jeune mendiant aux yeux sombres pénétra dans le café, le dévisagea un instant et s'en fut. François eut le temps de reconnaître l'un des « lieutenants » d'al-Alem ; nul doute qu'il allait prévenir son « chef ». Un quart d'heure plus tard, en effet, al-Alem parut. Il dit d'abord quelques mots au patron qui hocha la tête, contrarié, avant de venir s'asseoir en face de François.

– Je t'attendais, dit simplement celui-ci.

– Qu'est-ce que tu veux ? C'est imprudent de venir ici.

– Il fallait que je te voie ; j'ai besoin de toi.

– Encore quelqu'un à retrouver ?

– Exact : Gilda…

– La pute ?

– Oui, Gilda a sans doute été enlevée par ceux qui ont torturé Malika. Il faut que tu m'aides à découvrir où ils la cachent.

– Depuis combien de temps ils la détiennent ?

– Trois ou quatre jours… Tu n'as entendu parler de rien ?

1. Sorte de jeu de dames.

– Non mais je vais lancer mes gars. Je t'attendrai ce soir dans le café de la rue des Maghrébins, celui qui est situé près de l'école, du côté de Barberousse.

– Je trouverai. Merci, à ce soir.

Tavernier quitta le café. Entre-temps, la pluie avait redoublé et pas un taxi n'était en vue. Un tram bondé passa. Rabattant sur lui les pans de son imperméable, il décida de rejoindre l'Aletti et d'y attendre la fin de l'averse.

À cette heure de la matinée, le bar était presque désert. Sur un tabouret, une fille très maquillée bavardait avec le barman. Elle sursauta en voyant entrer François. C'est alors qu'il se souvint de l'avoir aperçue en compagnie de Gilda. Il choisit le tabouret voisin du sien.

– Un café, commanda-t-il. Vous buvez quelque chose ?

La fille hésita puis, avec un sourire faux, répondit :

– Oui, merci, un petit rhum… Vous auriez du feu ?

Après avoir allumé sa cigarette et bu une gorgée d'alcool, elle sembla se détendre.

– Avez-vous des nouvelles de Gilda ? murmura alors François à son oreille.

La pâleur qui envahit ses joues – en dépit de l'épaisse couche de maquillage –, son regard terrorisé, tout indiquait qu'elle connaissait la nouvelle de la disparition de sa consœur. Elle se leva brusquement, renversant son verre dans sa hâte. François lui saisit le bras et la retint fermement.

– Vous devez me dire ce que vous savez !

– Laissez-moi, fit-elle d'une faible voix. Je ne sais rien...

– Vous mentez ! Ou vous me parlez ou je vous conduis à la police pour complicité d'enlèvement.

– Non, s'il vous plaît, pas la police...

– Alors, dites-moi ce que vous savez !

– J'ai... j'ai peur : s'ils apprennent que je vous ai parlé, ils me tueront !

– Qui ?

– Je vous en prie, monsieur, ne me forcez pas !

À cet instant, deux hommes firent leur entrée dans le bar, l'un grand et brun, l'autre plus petit. À leur vue, la fille se mit à trembler. Le regard absent, le barman astiquait ses verres avec énergie. François reconnut les frères Mattei dans les nouveaux arrivants, ceux-là mêmes qui avaient tenté de le tuer au Saint-George.

– Salut, Josy ! lança le plus grand en approchant. Oh, excuse-moi, je n'avais pas remarqué que tu étais avec monsieur. On se voit plus tard, ma jolie... N'oublie pas... Deux anisettes, Germain. De la Phénix, hein, avec des olives et des cacahuètes !

– Bien, monsieur Mattei.

Tavernier jeta un billet sur le comptoir et sortit. La pègre et la Légion s'étaient donc unies pour enlever une prostituée... Depuis le hall, il appela Léa pour lui annoncer qu'il ne rentrerait pas déjeuner. Il essaya ensuite de joindre Benguigui ; sa femme lui répondit qu'il devait se trouver en course ou à la station.

Dehors, la pluie avait enfin cessé. François se dirigea vers la place d'Isly dans l'espoir d'y tomber sur Joseph Benguigui. Au passage, il acheta *L'Écho d'Alger* au kiosque de la place ; les journaux de Paris n'étaient pas encore arrivés. En dépit d'une certaine gêne qu'on décelait dans les regards, la rue semblait avoir retrouvé son ambiance habituelle. De loin, François reconnut la courte silhouette du chauffeur de taxi ; Benguigui menait une discussion animée avec l'un de ses collègues quand il l'aperçut. Quelque chose dans son attitude retint François de le héler ou de se porter à sa hauteur. Benguigui quitta bientôt son interlocuteur, traversa la place et s'engagea dans la rue de Tanger ; François le suivit. Le chauffeur de taxi grimpa l'escalier qui menait à l'église Saint-Augustin dans laquelle il pénétra ; son ami entra à sa suite. Il faisait sombre dans le sanctuaire et, à part une vieille femme occupée à nettoyer les marches de l'autel, il n'y avait personne. Dans la nef, les pas résonnaient.

– Ne fais donc pas tant de bruit, chuchota une voix.

Joseph faisait corps avec un pilier ; François se glissa à ses côtés.

– Tu as bien fait de ne pas m'aborder, tout à l'heure : tous nos faits et gestes sont épiés ; c'est ce dont m'avertissait José, mon voisin qui fait aussi le taxi. Ils savent que nous sommes à la recherche de Gilda.

– Qui ça, « ils » ? Les frères Mattei ?

– Tu es au courant ?

– Par hasard : j'étais au Cintra quand ils ont débarqué, au moment précis où une certaine Josy allait m'apprendre des choses intéressantes... Paul, lui, nous a parlé d'Ortiz et de ses complices au sein de la Légion ; il semblerait maintenant que les Mattei soient dans le coup...

– Ça fait un moment qu'ils travaillent ensemble : ils trafiquent et s'échangent des informations ; chacun y trouve son compte. Cela va compliquer notre tâche.

– J'ai pu joindre al-Alem ; je dois le retrouver ce soir dans un café, près de Barberousse.

– Si c'est celui auquel je pense, c'est un repaire de maquereaux arabes, bourré de tueurs, d'indics et d'agents du FLN. Malgré la proximité de la caserne de gendarmerie, il ne se passe pas une semaine sans qu'y éclate une bagarre et qu'on y relève des morts...

– Les gendarmes n'interviennent pas ?

– Rarement... Et puis ça les arrange. En cas de besoin, ils ont tout ce beau monde sous la main et les indics leur refilent quelques tuyaux... Je ne comprends pas pourquoi al-Alem t'a donné rendez-vous dans un pareil coupe-gorge ; ça sent le guet-apens à plein nez !

– Tu crois al-Alem capable de nous trahir ?

– C'est un Arabe... On ne sait jamais avec eux.

– Qu'est-ce qui t'arrive, Joseph ? Je ne t'ai jamais entendu parler comme ça ; tes camarades pieds-noirs finiraient-ils par déteindre sur toi ?

– C'est sans doute l'atmosphère d'ici qui empoisonne tout. Ça va mal tourner…

Accablé, Joseph Benguigui se laissa tomber sur un prie-Dieu, la tête entre les mains. François, touché par son désarroi, lui posa une main sur l'épaule.

Au bruit que fit la porte en se refermant, les deux hommes se redressèrent. Un Européen d'une trentaine d'années se tenait debout devant l'autel.

– Je le connais, chuchota Benguigui, c'est Lucien Bitterlin, un animateur de radio à la RTF ; il est, avec d'autres, à l'origine de la Fédération algérienne du mouvement pour la communauté, animée notamment, par Yves Le Tac qui a une petite entreprise de chauffage central. Le Tac est un héros de la Résistance, il est compagnon de la Libération et commandeur de la Légion d'honneur. Il est aussi le président de l'Association des anciens déportés. C'est un gaulliste de gauche.

De taille moyenne, cheveux et moustaches noirs, Lucien Bitterlin regardait autour de lui. Son visage s'éclaira quand il vit venir à lui les deux amis.

– Vous êtes François Tavernier ?

– Oui.

– Je vous cherchais : Charles Bonardi, un ami journaliste, m'a dit qu'il pouvait vous fournir des renseignements sur la disparition de la jeune femme qui vous intéresse.

– Pourquoi n'est-il pas venu lui-même ?

– On le connaît trop à Alger. Si on vous voyait ensemble, ce serait dangereux pour vous comme pour lui. Il habite rue Rochambeau et il sera chez lui ce soir, à partir de vingt heures. Que dois-je lui dire ?

– Tu crois qu'on peut lui faire confiance ? s'inquiéta François auprès de Joseph.

– Je crois… Comme tout le monde, à Alger, je connais Bonardi et ses chroniques sportives. C'est un progressiste et il était très bien avec Audin et Alleg.

– D'accord : dites à Bonardi que je viendrai ce soir.

La pluie n'avait pas repris mais le vent frisquet qui l'avait remplacée, les saisit sur le parvis de l'église.

– Je n'aime pas ça, marmonna François comme se parlant à lui-même. Trop de gens sont au courant, pour Gilda : on ne la retrouvera pas vivante…

Chacun partit de son côté.

11.

> *« On tue,*
> *D'un bout de la Terre à l'autre,*
> *On tue. »*
> ARLETTE HUMBERT-LAROCHE.

François renonça à remonter à la villa. Il déjeuna d'abord au Novelty, rue d'Isly, puis passa l'après-midi dans un cinéma, le Colisée, qui projetait un film dont Brigitte Bardot était la vedette. Il avait besoin de réfléchir à ce qui s'était passé ; la tentative d'enlèvement de la fille prouvait l'escalade en cours. Énervé par l'insupportable voix de l'actrice, il s'assoupit.

Le froid contact du canon d'un pistolet l'arracha à sa somnolence tandis qu'une voix chuchotait derrière lui :

– Ne vous retournez pas ! Un conseil d'ami : quittez l'Algérie, vous et votre famille. Vous n'êtes pas les bienvenus ici !

– Qui êtes-vous ?

– Un ami, sinon je ne vous donnerais pas ce conseil… Des compatriotes ont décidé de vous supprimer. Vous êtes, à leurs yeux, coupable d'aider le FLN.

– C'est absurde !

– C'est bien ce que je leur ai dit mais ils savent que vous hébergez, chez Mme Martel-Rodriguez, une jeune fille et son frère, soupçonnés tous deux de faire partie de l'organisation terroriste…

– Mme Martel-Rodriguez reçoit qui elle veut.

– Jusqu'à un certain point… Croyez-moi, rentrez en France !

Le claquement d'un siège indiqua à François que le « messager » s'esquivait. À son tour, il se leva et quitta la salle. Le hall d'entrée, brillamment éclairé, était désert…

La nuit était tombée, la pluie avait repris. Les rues s'étaient vidées de leurs passants et les boutiques avaient abaissé leur rideau. Pas de taxi à l'horizon. Boutonnant son imperméable jusqu'en haut, François décida de se rendre à pied au rendez-vous fixé par al-Alem. Il marcha d'un bon pas jusqu'à la place du Gouvernement, s'engagea dans la rue de Bab-el-Oued puis s'arrêta sous un porche pour allumer une cigarette. Il crut alors remarquer, renfoncée dans une encoignure, une silhouette ; il résolut de l'ignorer et poursuivit son chemin. En remontant le boulevard de Verdun, il eut cette fois la certitude d'être suivi. Il passa devant un café d'où s'échappaient des effluves d'anisette et de thé à la menthe ainsi que la mélodie d'une rengaine à la mode. Des hommes aux mines patibulaires discutaient devant l'entrée ; ils s'écartèrent à peine quand François franchit le seuil. À l'intérieur, cela sentait la crasse et le tabac froid. Derrière son comptoir, en bras de chemise et le mégot au bec, celui qui semblait être le patron le dévisagea d'un air soupçonneux. « Celui-là, il a tout d'un indic », pensa François en l'abordant.

– Un whisky, commanda-t-il.

– J'en ai pas, bougonna l'homme.

– Et de l'anisette, vous en avez ?

Des cris et des rires de femmes jaillirent du fond de la salle ; quelques prostituées, assises sur les genoux de trois ou quatre légionnaires et vêtues de couleurs vives, gloussaient en les poussant à boire. Quelqu'un tira François par la manche : c'était al-Alem.

– Viens, je vais te montrer quelque chose.

François chiffonna un billet sur le zinc et suivit le jeune garçon qui sortit, puis marcha d'un pas rapide en direction de la mer.

– Où va-t-on ? demanda François, vite essoufflé.

– On est bientôt arrivés…

Sur le boulevard de l'Amiral-Pierre, deux voitures de police et une ambulance stationnaient. Sur la voie, un corps recouvert d'un drap était étendu. Ils se dirigèrent vers le petit attroupement.

– Circulez ! ordonna un agent.

– Laissez, Dubois… Approchez, monsieur Tavernier, ordonna le commissaire Bourdieu.

François obtempéra ; cette voix lui disait quelque chose…

– Découvrez le cadavre, s'il vous plaît.

– Mais… monsieur le commissaire…

– Faites ce que je vous dis.

François pressentit ce que cachait la pièce de tissu. Néanmoins, il ne put retenir un haut-le-cœur au spectacle de ce visage, de cette poitrine qu'on avait sauvagement mutilés. Grands ouverts, les yeux de Gilda semblaient lui adresser un reproche ; il détourna la tête.

– C'est pas joli-joli, commenta le commissaire tout en faisant signe de recouvrir la dépouille. Vous connaissiez cette femme, monsieur Tavernier ?

– Oui, je l'avais rencontrée à l'Aletti…

– C'était une prostituée. Vous le saviez ?

– Oui… Une chic fille aussi.

– Ce n'était sans doute pas l'avis de ceux qui l'ont abîmée comme ça avant d'en finir… Que voulaient-ils donc apprendre, selon vous ?

– Comment le saurais-je ?

– Vous pourriez… Enfin, pour ma part, je pense que ce crime a un rapport avec la jeune Algérienne qui se trouve chez Mme Martel-Rodriguez… Vous ne croyez pas ?

– Est-ce vous qui étiez derrière moi, au Colisée ?

– Je ne vois pas de quoi vous voulez parler, monsieur Tavernier… Rentrez chez vous. Je vous convoquerai demain pour recueillir votre témoignage… Ce jeune homme est avec vous ?

– Oui, c'est un ami.

– Vous avez de curieux amis, monsieur Tavernier… Bonne nuit et à demain.

Le commissaire leur tourna le dos et donna quelques ordres aux agents. Le cadavre de Gilda fut soulevé puis déposé dans l'ambulance qui démarra aussitôt. François et al-Alem s'éloignèrent à leur tour. Pendant un long moment, ils marchèrent en silence.

– J'étais là quand ils l'ont repêchée.

– Pourquoi ne m'as-tu rien dit ?

Pour toute réponse, le jeune homme haussa les épaules. Ils allèrent jusqu'à l'hôtel Aletti sans échanger un mot de plus.

– J'ai besoin de prendre un verre, lâcha enfin François. Pas toi ?

– Si, mais je ne peux pas entrer ici ; ils me jetteraient dehors.

– Pas si tu es avec moi.

– Je ne veux pas courir le risque… Allons plutôt rue de Tanger ; il y a là un restaurant marocain qui fait un bon couscous.

– Tu as le cœur à manger ?

– Je n'ai rien pris depuis hier.

– Bon, va pour ton marocain. J'espère qu'ils ont du vin…

– Oui et du bon !

Quand ils poussèrent la porte, une délicieuse odeur d'épices les accueillit. La salle du restaurant était minuscule et toutes les tables occupées. Al-Alem se dirigea vers un rideau de perles qu'il écarta, révélant une seconde salle à manger ; à moitié vide, celle-là. Les clients semblaient tous musulmans. Une forte femme très maquillée, ses beaux yeux soulignés de khôl, vint à leur rencontre, roulant de larges hanches. Elle les salua aimablement.

– Prenez cette table près de la petite porte bleue, vous y serez tranquilles.

– Merci, Aïcha… Et apporte-nous une bouteille de ton meilleur vin ! commanda le gamin avec assurance.

Peu après, elle déposait devant eux des verres et une bouteille. Après l'avoir débouchée, elle leur versa un vin épais, presque noir.

– Vous m'en direz des nouvelles ! fit-elle avec une mine gourmande.

En effet, le vin était délicieux.

– Tu viens souvent ici ?

– Quand je trouve un pigeon pour m'y inviter…

– Et tu en trouves fréquemment ?

– Rarement… Cet endroit est aussi un lieu de rendez-vous pour les membres importants du FLN, ajouta al-Alem en baissant la voix.

– Quoi ? ! En plein centre d'Alger !… C'est un piège ?

– Non. Ici, tu es en sécurité : ni les paras ni les flics ne viendront t'y chercher. L'endroit est très surveillé et possède de nombreuses issues. Aïcha nous a justement placés près de l'une d'elles… Tu sais, avant qu'on ne découvre le corps de Gilda, je savais qu'elle était morte ; nos amis les paras s'en étaient vantés devant des *yaouleds.* Et ils riaient en racontant ce qu'ils lui avaient fait subir. L'un d'eux a même dit : « Elle ne savait rien. Sinon, avec ce qu'on lui a fait, elle aurait parlé... » Le gamin qui m'a rapporté tout ça en tremblait d'horreur.

Al-Alem s'interrompit et considéra son compagnon dont la lumière accusait les traits : comme ses poings, ses mâchoires étaient serrées. Le jeune homme alluma une Bastos et fuma jusqu'au retour d'Aïcha. Derrière elle, un vieux serveur portait un plat fumant ; son arôme ramena François à une réalité moins tragique. Contre toute attente, il mangea de très bon appétit.

– À la bonne heure ! lança Aïcha en apportant une autre bouteille. Vous faites honneur à ma cuisine... Ramène ton ami quand tu voudras, ajouta-t-elle à l'adresse du jeune musulman.

Ils finirent la seconde bouteille. Avec des pâtisseries dégoulinantes de miel, la patronne leur servit un café digne de leur excellent repas. François remarqua qu'ils étaient les derniers clients. Sur le pas de la porte, le Français se renseigna :

– Rue Rochambeau, c'est loin d'ici ?

– Ça fait une bonne trotte, on était tout près tout à l'heure... Tu veux que je t'accompagne ?

– J'aimerais bien... J'y ai rendez-vous avec un certain Bonardi qui doit me donner des renseignements au sujet de Gilda.

– C'est un peu tard... Vas-y quand même, ce Bonardi est un chic type... Tiens, un taxi... Hé ! Taxi !

Une voiture déglinguée s'arrêta à leur hauteur.

– C'est pour aller où ? aboya le chauffeur.

– Rue Rochambeau...

– Montez !

L'immeuble qu'habitait le journaliste était le dernier de la rue.

– Vous pouvez attendre ? demanda François.

– OK, mais vous payez d'abord la course. Ensuite, je patiente vingt minutes et puis je file.

François et al-Alem prirent l'escalier jusqu'au troisième étage. Sur l'une des portes du pallier, était punaisée une carte de visite. De l'appartement, provenait la rumeur d'une conversation animée. François sonna. Les voix se turent sur-le-champ puis la porte s'ouvrit.

– J'ai rendez-vous avec M. Bonardi.

– Monsieur Tavernier ?… Entrez.

Cinq ou six personnes étaient assises autour d'une table encombrée d'assiettes sales et de verres à demi remplis.

– Excusez-nous, nous finissions de dîner… Passons dans mon bureau, voulez-vous… Ah ! tu es là, toi aussi ? Entre.

La pièce dans laquelle ils pénétrèrent sentait le renfermé. Les murs disparaissaient derrière les rayons d'une bibliothèque, eux-mêmes en partie dissimulés par des piles de journaux.

– Asseyez-vous, proposa le journaliste en débarrassant un vieux divan tout avachi. Je n'ai pas de bonnes nouvelles…

– Nous savons, coupa court François. Nous avons vu le corps de la malheureuse Gilda. Connaissez-vous l'identité de ceux qui l'ont assassinée ?

– Tout me porte à croire qu'il s'agit des frères Mattei ; c'est assez dans leur manière…

– Vous pensez qu'ils auraient agi de leur propre initiative ?

– Possible… À moins qu'ils n'aient eu un commanditaire.

– J'en suis convaincu. Que sait la police à ce sujet ?

Bonardi fit signe qu'il en ignorait tout. Après un silence, il reprit :

– J'en parlerai au commissaire Bourdieu ; il connaît bien les méthodes des Mattei.

– Ce Bourdieu, n'est-ce pas un homme un peu rond, débraillé, qui porte parfois un feutre mou ?

– Vous le connaissez ?

– Non, mais c'est lui qui a été appelé pour Gilda… Il a dit qu'il me convoquerait demain.

– C'est un bon policier, honnête de surcroît. Faites-lui part de vos déductions… Ah, encore une chose, monsieur Tavernier : vous devriez quitter l'Algérie.

– Quoi ? ! Vous aussi ! Décidément, je dérange beaucoup de monde, par ici…

Quand ils sortirent de l'immeuble, le taxi attendait toujours. Al-Alem préféra s'en retourner à pied.

Quelques minutes plus tard, François faisait son entrée dans le salon où se tenaient Léa et Jeanne ; les deux femmes devisaient devant un plateau couvert de friandises. Malika feuilletait une revue. On avait déjà couché les enfants.

– Où étais-tu passé, toute cette journée ? s'inquiéta Léa.

– Je suis allé au cinéma.

– Vu l'heure à laquelle tu rentres, tu as dû voir plusieurs films…

François ne répondit pas et, un peu las, se laissa tomber dans un fauteuil.

– Vous avez l'air fatigué, remarqua Jeanne.

– En effet, je ne vais pas tarder à aller me coucher… Tu viens, Léa ?

– Oui… Au fait, tu n'as pas vu Béchir ? Il n'est pas rentré dîner…

Au nom de son frère, Malika releva la tête, soucieuse soudain.

– Lui aussi sera peut-être allé au cinéma…, plaisanta Léa. Bonsoir, Jeanne. À demain.

– Bonne nuit, ma chère.

François et Léa quittèrent la pièce.

– Quel beau couple ! soupira leur amie en les regardant s'éloigner.

Arrivés dans leur chambre, Léa se déshabilla. Nue, elle allait et venait.

– Tu es très belle, l'arrêta François.

Léa eut un petit rire et se blottit contre son mari.

– J'ai froid, murmura-t-elle.

Il la souleva et la porta jusqu'au lit ; il en écarta les couvertures.

– Attends, je vais te réchauffer…

À son tour, il ôta ses vêtements et s'allongea contre elle.

– Tu sens bon, ma chérie.

– Et toi, tu sens le vin et le tabac !

Ils firent longuement l'amour, attentifs au plaisir de l'autre.

Le lendemain, un soleil éclatant brillait sur Alger. Claire entra dans la chambre de ses parents en compagnie d'un domestique qui portait les plateaux du petit déjeuner.

– Papa ! Maman ! Il fait beau. Si on allait se promener tous les trois ?

– On verra après ta leçon, répondit Léa.

– Oh non, Maman ! Pas aujourd'hui, il fait trop beau !

– Obéis à ta mère, confirma François.

– Vous z'êtes pas gentils ! jeta la gamine avant de claquer la porte.

De nouveau seuls, ils s'installèrent pour prendre leur repas.

– Tu te souviens de Gilda, la jeune femme qui m'avait sauvé la mise, à l'Aletti ?

– Oui.

– Elle a été assassinée.

– Oh, mon Dieu !

– Vraisemblablement par ceux qui ont torturé Malika… Il va nous falloir prendre un maximum de précautions.

– Tu ne crois pas qu'ils oseraient ?…

– Ton copain Ortiz et ses petits amis sont capables de tout.

Très pâle, Léa laissa retomber la tartine qu'elle allait porter à sa bouche.

– Qu'as-tu dit ?

– Tu as très bien entendu : tu dois rentrer en France avec les enfants. Tu n'es plus en sécurité ici.

12.

Dehors, le vent soufflait et Léa ne parvenait pas à dormir.

Que pouvait bien faire François ? Depuis quelque temps, il rentrait de plus en plus tard, taciturne et le front soucieux. Seule Claire parvenait à lui arracher un sourire. Excédée, Léa ralluma la lampe de chevet et regarda l'heure à sa pendulette : trois heures ! Il lui sembla entendre un bruit de pas dans le couloir. Elle se redressa, l'oreille aux aguets. Pas le moindre son. Elle haussa les épaules, se leva et se dirigea vers la salle de bains. La main sur la poignée de la porte, elle s'immobilisa. Cette fois, elle en était sûre, on avait marché dans le couloir. Son cœur se mit à battre plus vite. Pourquoi cette peur et ses mains subitement glacées ? Elle s'empara du peignoir qu'elle avait négligemment jeté sur le dossier d'un fauteuil, la veille au soir, et l'enfila en toute hâte. « Les enfants ! » pensa-t-elle. Un haut-le-corps lui échappa. Sans plus réfléchir, elle se précipita hors de la chambre. Le couloir était faiblement éclairé par une veilleuse, posée sur une table basse près de l'escalier. Elle poussa la porte de la chambre de Claire. Philomène l'avait devancée.

– J'ai cru entendre du bruit, chuchota la Vietnamienne.

Ensemble, elles se rendirent chez Camille et Adrien ; les enfants dormaient à poings fermés.

Puis, elles entrèrent dans la chambre du jeune Algérien, il y régnait un grand désordre. Son lit n'était pas défait et il n'était pas là.

– Il est peut-être descendu à la cuisine ou chez Malika..., supposa Philomène.

– J'aimerais en avoir le cœur net.

Malika se réveilla en sursaut quand elles firent irruption dans sa chambre et poussa un léger cri.

– Tu n'as pas vu ton frère ? lui demanda tout de suite Léa.

– Non... Il doit dormir.

– Il n'est pas dans sa chambre.

À son tour, la jeune fille se leva et s'enveloppa d'un châle. Le petit groupe descendit aux cuisines dont les cuivres, soigneusement astiqués, rutilèrent dans la lumière. Tout était calme.

– J'ai faim, décréta Léa en ouvrant l'énorme réfrigérateur.

Elle en sortit un reste de gâteau et des fruits.

Debout, elles grignotèrent quelques grappes de raisin et une tranche de cake. En leur for intérieur, toutes se posaient la question : « Où peut bien être Béchir ? » Un cri puis une cavalcade les firent sursauter. Se bousculant, elles se ruèrent hors de la cuisine.

– Maman ! entendit-on.

C'était la voix stridente de Claire. Léa grimpa quatre à quatre les marches de l'escalier de marbre et se trouva face à face avec un homme cagoulé : il emportait la petite qui se débattait. Tel un fauve, Philomène qui arrivait sur les talons de Léa, bondit en avant et arracha l'enfant des bras de son ravisseur. Quelque part dans la maison, des portes claquèrent. L'homme dévala l'escalier, aussitôt poursuivi. En bas, Ali, l'un des domestiques, lui barra le passage. Une courte lutte s'ensuivit. Une lame étincela, Ali s'effondra mortellement touché. L'homme fila au jardin et s'évanouit parmi les bosquets. Réveillés à leur tour, les autres domestiques couraient en tous sens. Claire pleurait dans les bras de l'*assam.* Jeanne Martel-Rodriguez parut en haut des marches.

– Quel est ce remue-ménage ?

– On… on a essayé d'enlever Claire, bredouilla Léa.

– Quoi ? ! Dans ma maison !

– Et Ali a été poignardé.

Quelqu'un avait pensé à allumer les lanternes du jardin. Les domestiques en fouillèrent chaque recoin. En vain. Au même moment, une voiture remontait l'allée ; François en descendit.

– On a voulu enlever Claire ! hurla Léa en martelant de ses poings la poitrine de son mari.

– Tu es folle !

– C'est hélas vrai, François, confirma Jeanne. L'homme a tué Ali qui tentait de s'opposer à sa fuite… J'ai prévenu la police.

– Vous avez bien fait… Comment va la petite ?

– Bien. Philomène est auprès d'elle.

– C'est toi qui devrais y être, fit-il durement à l'adresse de sa femme.

Il se dirigea vers la maison.

Léa reçut ces mots comme une gifle ; il avait raison, elle ne se trouvait jamais là où elle aurait dû être. En courant, elle le rejoignit dans la chambre de l'enfant. Philomène leur fit signe de ne pas faire de bruit ; Claire s'était rendormie entre ses bras, suçant son pouce. Sur la pointe des pieds, les parents se retirèrent.

Entre-temps, les policiers étaient arrivés. Tout le monde se réunit dans la bibliothèque. L'inspecteur se fit raconter ce qui venait de se passer et prit quelques notes.

– Aviez-vous reçu des menaces ? demanda-t-il à Mme Martel-Rodriguez.

– Non.

– Avez-vous une idée de la raison pour laquelle on aurait pu vouloir enlever cette enfant ?

– Non, bien sûr.

– Votre demeure est bien gardée : comment ce malfaiteur a-t-il pu s'y introduire ?

– Je n'en sais strictement rien, inspecteur.

– Vous êtes sûre de votre personnel ?

– Comme de moi-même, inspecteur.

– Oh, madame, par les temps qui courent, on ne peut être sûr de personne… Et vous, monsieur Tavernier, avez-vous une idée ?

– Pas la moindre…

– C'est bien embêtant… Les enlèvements d'enfant, c'est plutôt rare. À votre avis, madame, c'était un Arabe ou un Européen ?

– Difficile à dire : il portait une cagoule et un bleu de travail… comme celui d'un ouvrier, tenta de préciser Léa.

– C'est mince, comme signalement…

– Oh, mon Dieu ! fit Léa, chancelante.

– Parlez, l'encouragea le policier. De quoi vous souvenez-vous exactement ?

– Il… il portait des chaussures de parachutiste !

– Nom de Dieu ! ne put retenir François.

L'inspecteur se montra soudain plus attentif et les dévisagea l'un après l'autre.

– Auriez-vous une bonne raison de vous méfier des paras ?

Malika, recroquevillée dans un coin de la pièce, laissa échapper un sanglot.

– Venez, intervint François. Je vais essayer de vous expliquer.

Quand les deux hommes ressortirent du petit salon où ils s'étaient isolés, l'inspecteur, très soucieux, s'épongeait le front.

– Sale affaire…, murmura-t-il avant de prendre congé.

Des policiers placèrent le cadavre d'Ali sur un brancard, le conduisirent jusqu'à une ambulance et regagnèrent leurs propres véhicules. Le convoi s'ébranla en faisant crisser les gravillons de la grande allée.

– Pauvre type, fit l'inspecteur.

Jeanne Martel-Rodriguez salua le corps de son vieux serviteur, les yeux embués par les larmes.

Peu à peu, chacun regagna sa chambre. Avant de retourner à la leur, François et Léa allèrent embrasser chacun de leurs enfants. On restait sans nouvelles de Béchir.

Le lendemain, un soleil resplendissant faisait luire les toits et les pavés d'Alger. Une douce brise descendait des collines : l'air était vif.

Dans la salle à manger où les invités de Jeanne Martel-Rodriguez prenaient leur petit déjeuner en compagnie de leur hôtesse, chacun donnait son avis sur les événements de la nuit. Léa remarqua les traits pâles et tirés de Malika. La jeune fille n'avait pas dormi de la nuit, s'inquiétant maintenant pour son frère qui n'avait toujours pas reparu. François décida de rendre une nouvelle visite à al-Alem pour savoir s'il n'avait pas des nouvelles de son ami. Il recommanda qu'on ne l'attendît pas pour le déjeuner.

Avant la fin du repas, Mme Martel-Rodriguez reçut, dans son bureau, quelques personnages aux trognes patibulaires. Elle resta enfermée avec eux un long moment puis, quand elle revint, annonça qu'elle avait engagé des gardes pour surveiller la maison et, le cas échéant, assurer la protection de ses habitants. Peu après, Adrien partit pour le lycée et Camille pour l'école. Ce matin-là, la petite Claire aborda sans rechigner sa leçon de lecture. Quant à Léa, elle prétexta des courses à faire en vue des fêtes de Noël pour quitter la villa vers onze heures.

Les rues d'Alger avaient retrouvé leur animation quotidienne. La foule s'y pressait et les voitures y circulaient nombreuses. Sur les murs, s'étalaient des affiches appelant à voter « oui » au référendum ; la plupart étaient barrées d'un « NON » peint en lettres noires. Dans les quartiers musulmans, une autre affiche frappée de la croix de Lorraine présentait un Européen et un musulman se tendant les bras, ainsi que deux gamins allant main dans la main ; un petit pied-noir et un petit Arabe. À leurs côtés, on pouvait lire : « Oui à de Gaulle. Paix. Justice. » Elle était diffusée par le Comité de coordination pour le soutien à la politique du chef de l'État. Ce comité avait été créé par Lucien Bitterlin – celui-là même que François avait rencontré à l'église Saint-Augustin en compagnie de Joseph Benguigui – en marge de la Fédération d'Algérie du mouvement pour la communauté fondée, à Paris, par Jacques Dauer et présidée par le cadi Benhoura. Bitterlin avait obtenu l'autorisation de circuler la nuit pour faire coller ses affiches en faveur du référendum. Avec des sympathisants algériens, il se rendit dans la Casbah afin de les y apposer. La population, craignant d'avoir affaire à un commando de poseurs de bombes, les reçut à coups de projectiles divers. Il fallut toute la persuasion des militants algériens pour éviter à Lucien Bitterlin de recevoir une mauvaise blessure. En dépit des consignes du Parti communiste français qui appelait à voter « non », les communistes musulmans se chargèrent de distribuer des tracts en faveur du « oui ». Le 8 janvier 1961, il fallait que le « oui » l'emportât à une écrasante majorité : de Gaulle aurait ainsi les mains libres pour régler le problème algérien.

François finit par trouver al-Alem et sa bande de *yaouleds*, assis sur les marches de la cathédrale. Il raconta les incidents de la nuit au jeune homme. L'Algérien manifesta son inquiétude. Il se leva et fit quelques pas avant de parler :

– Ta famille n'est plus en sécurité, vous devriez déménager.

– Pour aller où ?

– Dans le bled ; j'ai des parents du côté de Blida, ils pourraient vous accueillir.

– C'est très gentil à toi, mais ceux qui se sont attaqués à Claire sont particulièrement déterminés.

– Mes oncles aussi.

– On en reparlera plus tard… Béchir n'est pas rentré à la villa ; sais-tu où il se trouve ?

– Je n'en ai aucune idée. Il est bizarre depuis quelque temps…

– Que veux-tu dire ?

– On dirait qu'il a peur… Grâce à un subterfuge, il a pu voir son père à Barberousse : le bonhomme a été torturé et c'est à peine si Béchir l'a reconnu. Le vieil homme lui a dit que, maintenant que sa mère avait été relâchée, c'était à lui de la protéger ainsi que sa sœur. Il a ajouté qu'il pardonnait à Malika la honte qu'elle avait pu jeter sur la famille.

– Ça s'est passé quand ?

– Hier.

– C'est peut-être pour ça qu'il n'est pas revenu… Essaie tout de même de le retrouver.

– Au fait, il y a eu des attentats au plastic cette nuit dans la Casbah : trois enfants ont été tués. Et à Belcourt, c'est un musulman qui a été abattu dans le dos. On parle d'une nouvelle organisation pied-noir qui se serait constituée pour « casser du bougnoule »… Mais, vois-tu, ce qui m'embête, c'est qu'on se soit introduit chez quelqu'un comme Mme Martel-Rodriguez : ni des Arabes ni des pieds-noirs n'auraient osé. Ce sont certainement des étrangers qui ont fait le coup… En tout cas, je vais me renseigner chez les musulmans. De ton côté, demande à Benguigui de se rencarder chez les siens. Je donnerais ma tête à couper que ça ne vient pas de chez nous…

Al-Alem se tut tandis que François gardait le silence, absorbé par de noires pensées. D'un coup, il trancha comme pour lui même :

– Alors, ce sont bien les paras !

Son compagnon acquiesça de la tête.

Tard dans la soirée, al-Alem raccompagna Béchir à la villa. Il refusa d'y entrer et Béchir remonta seul l'allée qui menait à la maison. Ce fut Farida qui lui ouvrit.

– Par Allah ! mon fils, que t'est-il arrivé ? s'écria-t-elle en découvrant ses vêtements sales, déchirés par endroits, et les plaies de son visage rouvertes.

– Rien, je me suis battu.

– Viens te nettoyer : il ne faut pas que ta sœur te voie dans cet état.

– Comment va-t-elle ?

– Mal : elle a pleuré toute la journée. Après ce qui s'est passé cette nuit, elle veut partir d'ici ; j'ai eu toutes les peines du monde à la retenir.

– Que s'est-il passé ?

– Un homme s'est introduit dans la maison et a essayé d'enlever la petite Claire.

– Un de nos frères ?

– Je ne crois pas, mais on n'est sûr de rien… Il a tué le pauvre Ali qui tentait de s'interposer.

– Alors, Malika a raison : nous devons partir !

– Ce serait de la folie : malgré ce qui s'est passé, c'est encore ici que vous êtes le plus en sécurité. Allez, viens, passons par l'entrée de service…

Au dîner, Malika, toute à sa joie de revoir son frère, ne s'alarma pas du silence qui régnait autour de la table. Elle gronda Béchir avec douceur pour la peur qu'il lui avait causée et lui fit promettre de ne plus recommencer. Pour tenter d'égayer l'atmosphère, Adrien parla des films qu'on projetait dans les cinémas d'Alger à l'occasion des fêtes de fin d'année. Peu à peu, la conversation s'engagea. Jeanne dévoila une partie des préparatifs prévus pour le réveillon de Noël et s'inquiéta quant à la taille du sapin qu'on devait livrer le lendemain.

– Je compte sur vous pour m'aider à le décorer.

– Oui ! Oui ! se réjouirent en chœur les enfants.

Jeanne regardait avec satisfaction le sapin se parer dans le grand salon. Elle n'avait pas lésiné sur les guirlandes argentées, les glaçons et autres décorations scintillantes. Claire sautait de joie en battant des mains : l'enfant semblait avoir oublié l'agression dont elle avait été victime. Avec un arbre de cette importance, pour sûr, le Père Noël allait se montrer généreux !

Afin d'assister à la messe de minuit, toute la maisonnée se rendit à la cathédrale Saint-Philippe, mélange d'architectures arabe et romane, bâtie à l'emplacement d'une mosquée du XVIIe siècle, celle des Ketchouas. Du haut de sa chaire de marbre aux veines moirées, Mgr Duval prononça une homélie de paix. À la fin de l'office, les fidèles se dispersèrent rapidement.

Dans les jardins de la villa, des feux de Bengale et des torches illuminaient allées et bosquets. Les domestiques, vêtus de blanc, accueillaient les invités en leur proposant du chocolat chaud. Déjà toute barbouillée, Claire, ravissante dans une petite robe rose, sautillait de l'un à l'autre suivie de l'*assam* qui ne la perdait pas des yeux. Les femmes montèrent se changer en vue du réveillon tandis que les hommes passaient au salon pour y boire une coupe de champagne.

Grands et petits se retrouvèrent dans la salle à manger où était dressé le couvert des grands jours ; l'argenterie y rivalisait avec la porcelaine fine. Le repas fut digne des meilleures tables et se déroula gaiement. Après le dîner, on annonça que le Père Noël était passé. Claire fut la première à se précipiter au pied de l'arbre où, comme tout un chacun, elle avait soigneusement déposé ses souliers. Toutes les chaussures disparaissaient maintenant sous un amoncellement de paquets enrubannés. Chacun retrouva les siennes et, bientôt, on n'entendit plus que des exclamations de joie. François s'extasiait devant une montre en platine, cadeau de Léa. Léa, devant le bracelet de diamants que lui avait offert son mari. Jeanne faisait admirer un magnifique châle de cachemire brodé. Malika reçut une robe de soie bleue, Béchir des livres, Adrien une nouvelle raquette de tennis, Camille un tutu et des petits chaussons de satin rose, Farida une pièce de laine fine ainsi qu'une parure en argent martelé, Philomène une tunique chinoise du plus beau vert. En sus de ces cadeaux-là, tous trouvèrent parfums, bijoux, babioles ou friandises. Mais la plus gâtée fut sans aucun doute Claire dont les bras n'étaient pas assez grands pour contenir les poupées, peluches et autres joujoux. On se sépara heureux.

Dans leur chambre, François et Léa se laissèrent tomber sur le lit. Léa vint se nicher entre ses bras.

– C'était un beau Noël, fit-elle.

– Oui..., approuva-t-il sans conviction.

Elle se dégagea légèrement et le regarda.

– Quelque chose ne va pas ?

Il restait silencieux.

– Quelque chose ne va pas ? insista-t-elle.

– Tu ne crois pas que ce serait le moment de passer quelque temps chez nous ? Tu n'en as pas assez de vivre de cette façon-là ? Un jour ici, un jour ailleurs ?

– Je ne sais pas..., balbutia-t-elle.

Il se leva et la regarda avec agacement.

– Après tant d'années de vadrouille, tu ne ressens pas le besoin de te poser quelque part ? Tu ne penses pas que les enfants seraient heureux d'avoir une maison à eux, avec leur père et leur mère dedans ?... Pourquoi ne reprendrions-nous pas Montillac comme nous l'a proposé Alain ?

– Je croyais que tu ne voulais pas t'enterrer là-bas... C'est bien ce que tu m'as dit ?

– Oui, c'est vrai. Mais je crois qu'il y a un temps pour tout. Le temps de l'aventure est terminé. Je suis las de cette vie.

– Tu ne m'aimes plus ?

– Ce n'est pas cela... Je me sens vieux et usé... tellement usé, si tu savais !

– Attends, je vais te montrer, moi, si tu es vieux et usé, minauda-t-elle en se déshabillant.

Il la regardait se dévêtir, s'étonnant de sa capacité à nier la réalité. Qu'elle était belle ! Le temps ne semblait pas avoir prise sur elle. Nue, elle se pencha sur lui et entreprit de lui ôter ses vêtements. Il se laissa faire sans chercher à l'aider. Quand à son tour il fut nu, c'est elle qui contempla ce grand corps dont les nombreuses cicatrices attestaient une vie mouvementée. Avec douceur, elle posa ses lèvres sur chacune d'elles. Soudain, elle éclata en sanglots. Surpris, il l'attira contre lui. Mais, en dépit des mots tendres qu'il lui murmurait, son chagrin sembla redoubler. Il prit entre ses mains son visage couvert de larmes.

– Mon petit, mon petit…

13.

« Nous ferons donc, en 1961, ce que nous avons à faire. »
CHARLES DE GAULLE.

Il était vingt heures lorsque Jeanne alluma le poste de télévision du salon où s'étaient réunis ses hôtes, dans l'attente du discours que devait prononcer le général de Gaulle à la veille du référendum. L'écran resta sombre quelques instants avant que parût le visage grave du chef de l'État. Satisfaite, la maîtresse de maison prit place sur un canapé, entre Léa et Malika.

Aujourd'hui, je dois appeler votre attention sur l'étendue des conséquences qu'aura la réponse du pays et sur le fait que chacun, qu'il vote oui ou qu'il vote non ou qu'il s'abstienne, y prendra en personne une responsabilité directe. Il y a là, sans aucun doute, un des événements principaux de notre Histoire…

L'écran se couvrit de zigzags. François se leva et tapa sur le poste.

– Il faut l'éteindre et le rallumer, conseilla Adrien.

Après la manœuvre, l'image revint.

... La solution conforme au bon sens, à la justice, au génie de la France est proposée à la décision du pays. Y répondre par la négative, pour quelque raison que ce soit, c'est refuser que le problème soit jamais résolu par la France. Voter le projet, c'est vouloir que la France puisse gagner, en Algérie, pour l'Algérie, avec l'Algérie, la cause de la paix et de la raison...

Assise près de son amie, Léa remarqua les poings que Jeanne, très contractée, tenait serrés. Chacune des paroles du général de Gaulle proclamait la fin de son monde et annonçait des lendemains où elle n'aurait plus sa place. Léa retint son envie de l'enlacer. Elle connaissait sa fierté et savait que Jeanne n'apprécierait pas ce geste de compassion.

... Car, pour la nation française, voici l'occasion solennelle, soit de prouver son unité, soit d'étaler sa division. Après avoir, hélas ! payé bien cher les déchirements lamentables d'autrefois, notre pays doit savoir que si, par malheur, sur un tel sujet et en dépit de mon appel, il laissait briser la cohésion de sa masse sous les impulsions, d'ailleurs contradictoires, de plusieurs et très diverses sortes d'agitateurs ou de partisans, il courrait tout droit au chaos et à l'abaissement. Au contraire, il peut être certain que si,

dimanche prochain, devant un monde qui regarde et qui écoute, il exprime la volonté immense et positive d'un grand peuple, alors rien ne pourra prévaloir contre lui, ni au-dedans, ni au-dehors.

Une larme puis une autre coulèrent le long des joues de la vieille Algéroise. Léa posa la main sur la sienne. C'est alors qu'elle remarqua que Malika lui tenait l'autre main.

… Françaises, Français, vous le savez, c'est à moi que vous allez répondre…

– Quel culot ! gronda François.

… Depuis plus de vingt années, les événements ont voulu que je serve de guide au pays, dans les crises graves que nous avons vécues. Voici que, de nouveau, mon devoir et ma fonction m'ont amené à choisir la route. Comme la partie est vraiment dure, il me faut, pour la mener à bien, une adhésion nationale, autrement dit une majorité, qui soit en proportion de l'enjeu. Mais aussi, j'ai besoin, oui, j'ai besoin ! de savoir ce qu'il en est dans les esprits et dans les cœurs. C'est pourquoi je me tourne vers vous, par-dessus tous les intermédiaires. En vérité – qui ne le sait ? –, l'affaire est entre chacune de vous, chacun de vous et moi-même.

Françaises, Français, tout est simple et clair ! C'est un OUI franc et massif que je vous demande pour la France. Vive la République ! Vive la France ! »

– Il est fort, il est très fort…, admira François tandis qu'éclatait *La Marseillaise.*

Des domestiques qui avaient écouté la retransmission, massés dans le fond de la pièce, vinrent proposer des alcools et des rafraîchissements. Difficile de savoir ce qu'ils pensaient de ce qu'ils venaient d'entendre, de ce discours qui venait de les informer qu'ils seraient prochainement libres de choisir leur destin. Leurs yeux fuyaient le regard des Européens comme s'ils redoutaient qu'on pût y lire trop de doute ou trop de joie. Jeanne se leva, prit un verre de cognac qu'elle vida d'un trait, elle qui pourtant ne buvait jamais d'alcool.

– Dimanche, chacun de nous fera son devoir. À présent, excusez-moi, mes amis, je vous laisse, je suis lasse…

– Mais… le dîner est servi, s'inquiéta Farida.

– Je n'ai pas faim, je vais me coucher. Bon appétit et bonne nuit. À demain.

– Je vais te monter un plateau, bougonna l'Algérienne.

– Je te remercie, ce n'est pas la peine.

– Comme tu voudras !

Le malaise provoqué par son départ ne dura pas. Tous passèrent à table. Les commentaires sur l'intervention du Général allèrent tout de suite bon train.

– Papa, demanda Adrien, tu crois que le « oui » va l'emporter ?

– Sans aucun doute.

– Est-ce que tout est en ordre pour que nous votions ? s'enquit Léa.

– Oui, le nécessaire a été fait.

– Tu vas voter quoi, toi aussi ? demanda Claire à Malika.

– Je n'ai pas le droit de voter.

– Pourquoi ? Parce que tu es arabe ?

– Non, parce que je ne suis pas majeure.

– C'est quoi « majeure » ?

– C'est avoir vingt et un ans.

– Mais c'est vieux !

Tous éclatèrent de rire, ce qui eut pour effet d'agacer la fillette.

– J'ai dit une bêtise ?

– Non, ma chérie. Pour toi, vingt et un ans c'est beaucoup. Mais, Papa et moi, nous avons déjà plus de deux fois cet âge-là…

– C'est pas vrai ! Vous n'êtes pas vieux !

Alertée par les cris de la petite, Philomène entra dans la pièce et lança un regard inquiet à son « bébé ». Claire se leva et la prit à témoin :

– N'est-ce pas que Papa et Maman ne sont pas vieux ?

– Mais non, mon trésor, la rassura l'*assam* en la prenant dans ses bras.

En dépit de la campagne aussi ardente que désespérée qu'avaient menée les partis de droite, favorables à l'Algérie française, le 8 janvier 1961, à la question « Approuvez-vous le projet de loi concernant l'autodétermination des populations algériennes et l'organisation des pouvoirs publics en Algérie avant l'autodétermination ? », soixante-quinze pour cent des Français répondirent par un oui « franc et massif » au Général. En votant « oui », la France accordait un blanc-seing au chef de l'État afin qu'il recherchât une solution politique et engageât d'éventuelles négociations avec l'adversaire algérien.

Au lendemain du référendum, une terrible nouvelle arriva de Montillac : Alain Lebrun s'était suicidé en se tirant une balle de fusil dans la tête. Léa, hagarde, refusait d'y croire.

– Mais… je l'ai eu au téléphone dimanche matin… tout allait bien, il s'apprêtait même à aller voter… Pourquoi, pourquoi aurait-il fait une chose pareille ?… Mais… les enfants ? Qu'est-ce qu'ils vont devenir, les enfants ?… Et Montillac ?…

Malgré l'horreur de la situation, François éprouva une sorte de soulagement : ce triste événement allait forcer Léa et les enfants à rentrer en France et les dispositions que sa femme aurait à prendre pour le domaine les obligeraient à y séjourner plusieurs semaines.

– Vous allez devoir partir pour Montillac, observa-t-il simplement.

En dépit de l'opposition de François Coulet qui, selon les fonctionnaires du gouvernement général, avait pourtant l'oreille du président de la République, le général de Gaulle chargea François

Tavernier de préparer une rencontre de Georges Pompidou avec des représentants du GPRA[1].

– Mon général, vous n'y pensez pas ? Vous avez déjà chargé Claude Chayet de cette mission !

– Officiellement, Coulet, officiellement…

– Je ne comprends pas.

– Les Suisses, les Américains et les Arabes savent que Chayet se trouve en Suisse à la demande du gouvernement français.

– Oui et alors ?

– Alors, Coulet, il n'est pas libre de parler sans entraves.

– Je ne comprends pas…

– Vous l'avez déjà dit et, de plus, ce n'est pas nécessaire.

– Mais vous allez confier une mission de cette importance à Tavernier, un type qui n'en fait qu'à sa tête…

– Mais encore, Coulet ? Il a ma confiance : cela devrait vous suffire.

– Mon général, je…

– Essayez de comprendre, que diable ! Il faut que les Algériens ne puissent douter que mon envoyé – Tavernier en l'occurrence – exprime directement ma manière de voir.

– Cependant, mon général, je…

– C'est assez ! Vous avez obtenu la nomination de Gambiez, contre l'avis de Morin qui voulait conserver Crépin, et vous avez eu raison de mon

1. Gouvernement provisoire de la République algérienne.

hésitation alors même que je penchais en faveur de Le Pulloch.

– Le regrettez-vous, mon général ?

– Non, Coulet, votre « curé de campagne », comme vous dites, est sûrement très bien ; on verra sur le terrain…

– Je vous rappelle, mon général, que vous ne vouliez pas de lui parce que, un moment, il inclinait pour l'Algérie française. Or, moi-même, mon général, j'ai été Algérie française.

– Et moi aussi, Coulet, moi aussi j'ai été Algérie française…

14.

> *« L'amour se caractérise, avant tout, par le dépassement d'une situation, par ce qu'il parvient à faire de ce qu'on a fait de lui. »*
>
> JEAN-PAUL SOULIER.

Dès le lendemain, Léa s'était embarquée pour la métropole afin d'assister aux obsèques d'Alain Lebrun. Les enfants d'Alain, Isabelle et Pierre, se tenaient souvent prostrés devant le cercueil de leur père. L'arrivée de Léa leur procura un peu de réconfort mais le choc avait été terrible : rien dans l'attitude de leur père, ces derniers temps, ne leur avait causé la moindre inquiétude. Dans une lettre destinée à Léa, Alain Lebrun expliquait pourtant la raison de son geste : la disparition de sa femme en était la seule cause[1], la vie sans elle lui étant devenue insupportable. Il priait Léa d'élever ses enfants comme les siens et se recommandait à ses prières.

1. Voir *Alger, ville blanche.*

Dans ce Montillac tant aimé, Léa, désemparée, tentait de remettre ses esprits en ordre. Elle reprit sa place derrière le bureau de son père et reçut, un à un, les employés du domaine. Elle nomma régisseur celui qui, parmi eux, lui semblait le plus apte, en attendant de prendre une décision définitive quant à l'avenir de la propriété. Il fut aussi décidé que, sans attendre les congés de Pâques, les petits Lebrun viendraient passer quelque temps en Algérie, à l'invitation de Jeanne. Léa comptait sur la présence de leurs cousins et sur le dépaysement pour apaiser quelque peu leur chagrin. Avant de repartir pour Alger, elle se rendit sur les lieux chéris de son enfance, se recueillit sur la tombe de ses parents et sur celle de sa sœur. À l'église de Verdelais, elle pria pour le repos de l'âme de son beau-frère. À la petite sainte Exupérance, elle demanda de lui octroyer la force de faire face à cette nouvelle épreuve. La lumière, en ces jours d'hiver, était transparente et le noir des ceps ressortait sur le vignoble. Les corbeaux croassaient dans le bleu glacé du ciel ; s'y découpait la haie sombre des cyprès qu'autrefois, son père avait plantés…

Une semaine après les obsèques de son beau-frère, Léa dut se rendre à Paris à la demande du notaire de la famille. L'appartement de la rue de l'Université étant hors d'état de la recevoir, elle s'installa provisoirement à l'hôtel Lutétia. Elle restait sans nouvelles de Charles. Le lendemain de son arrivée, elle reçut un appel de Francis Jeanson qui sollicita un rendez-vous. Ils convinrent de se rencontrer le soir même, au bar de l'hôtel du Montana, rue Saint-Benoît. Quand Léa se présenta à l'hôtel, Jeanson s'impatientait déjà dans le fond d'un petit salon. Elle remarqua qu'il avait vieilli, qu'il semblait fatigué. Malgré tout, le regard noir de Jeanson s'éclaira quand il l'aperçut.

– Comment faites-vous pour demeurer si belle, si fraîche ? Le temps n'a pas prise sur vous…

– Je n'en dirai pas autant de vous !

– Vous n'avez pas changé de caractère non plus : toujours aussi aimable !

– Je ne suis à Paris que pour très peu de temps. Que me voulez-vous ?

– Vous étiez en Algérie, je crois ?

– Oui.

– Quel est le climat, là-bas ?

– Vous ne lisez pas les journaux ?

– Cela m'arrive mais je me méfie des journalistes : toujours à l'affût de sensationnel, ces gens-là !

– C'est pire que ce que vous avez pu lire.

– Mais encore ?

– Assassinats, enlèvements, attentats en tout genre… La population musulmane attend dans la peur et les Européens font comme si de rien n'était… Mais vous, comment se fait-il que vous circuliez en plein Paris alors que vous avez été condamné à dix ans de prison et que vous êtes recherché par la police ?

– J'ai de bons amis qui m'hébergent de droite ou de gauche, quand le besoin s'en fait sentir…

– Comment se portent ceux et celles de vos amis qui n'ont pas votre chance ? Certaines ne sont-elles pas incarcérées à la Petite-Roquette[1] ?

– C'est justement d'elles dont je veux vous parler… Que buvez-vous ?

Avant de répondre, Léa le dévisagea, vaguement inquiète.

– Un porto, s'il vous plaît…

– Georges ! Deux portos.

Ils allumèrent un cigarillo et attendirent que le garçon les eût servis pour reprendre leur conversation.

– Vous allez m'aider à les faire évader.

De surprise, Léa faillit laisser échapper son verre.

– J'ai dû rêver ! Qu'avez-vous dit ?

– Vous m'avez très bien compris : vous allez m'aider à les faire échapper de prison.

– Vous êtes complètement fou !

– Cela fait partie de mon charme… Écoutez-moi : vous avez demandé l'autorisation de rendre visite à votre cousine, Hélène Cuenat, et elle vient de vous être accordée.

– Mais, je n'ai rien demandé du tout !

– Bien sûr que si : d'ailleurs, dès demain, vous vous rendrez à la Petite-Roquette à l'heure des visites ; Hélène vous informera de l'état dans lequel

1. Prison pour femmes du XIe arrondissement de Paris, aujourd'hui détruite.

se trouvent les barreaux des différentes ouvertures. Vous, vous lui remettrez, discrètement, ce paquet et vous écouterez attentivement sa réponse. Il faut qu'elle et ses compagnes se tiennent prêtes dans la nuit du 24 au 25 février. Si l'on attend plus longtemps, certaines d'entre elles risquent d'être transférées vers d'autres établissements.

– Cela nous laisse une semaine.

– Bravo ! J'étais sûr que vous accepteriez.

– Mais, je n'ai rien accepté du tout !

– Ne venez-vous pas de dire : « Cela nous laisse une semaine » ?

Vaincue, Léa baissa la tête.

Le lundi suivant, Léa se présentait à la Petite-Roquette ; on la conduisit au parloir. Après avoir ostensiblement déposé un ballot de vêtements et de livres à l'intention d'Hélène Cuenat, elle parvint à lui faire subrepticement passer le paquet remis par Jeanson, sans que la sœur surveillante s'en aperçût.

– Nous avons un mal fou à scier les barreaux des toilettes et je ne sais pas si nous réussirons à le faire avant mercredi, chuchota Hélène. Dis-le à Francis… As-tu pensé aux survêtements et aux chaussures de sport ?

– Oui… j'espère que j'ai pris les bonnes tailles.

– T'inquiète pas, on fera avec.

– Mesdames ! La visite est terminée.

– Oh, ma sœur, encore un moment…

– Votre temps est déjà dépassé de cinq minutes : madame Tavernier n'aura qu'à revenir mercredi prochain...

– Quelle bonne idée, ma sœur ! C'est dit : je t'attends mercredi.

« Ouf ! Quel endroit sinistre. » Léa soupira de soulagement en se retrouvant sur le trottoir de la rue Servan. Place Voltaire, elle héla un taxi.

Dans la soirée, elle rejoignit Francis Jeanson au bar de l'*hôtel George-V*.

– Comment va Hélène ?

– Bien mais le barreau semble difficile à scier.

– Elles doivent y arriver ! Les limes que je leur ai fait parvenir sont d'excellente qualité.

– Je dois revoir Hélène mercredi.

– Très bien. On y verra plus clair à ce moment-là... Je vous emmène dîner : qu'est-ce qui vous ferait plaisir ?

– Un énorme plateau de fruits de mer !

– Bon, allons place Clichy, alors ; Chez Charlot, ça vous va ?

Après avoir quitté la brasserie, les deux noctambules d'occasion virent, chez Madame Arthur, le célèbre spectacle de travestis. Pour finir la soirée, ils prirent un dernier verre dans un bar de la rue Frochot que fréquentaient les prostituées du quartier. Il était trois heures du matin lorsque Léa regagna sa chambre d'hôtel. Comme elle en refermait la porte, la sonnerie du téléphone retentit. Elle décrocha.

– Allô !... C'est à cette heure-ci que tu rentres ? C'est du joli ! Où as-tu traîné, encore ?

– Oh, François, je suis si heureuse de t'entendre !... Ne me gronde pas : j'étais dans une boîte de travelos, à Pigalle...

– Eh bien, dès que j'ai le dos tourné, madame s'encanaille !

– On peut dire ça mais j'avais surtout besoin de me changer les idées ; à Montillac, c'était si triste...

– Où en es-tu avec le notaire ?

– Oh, celui-là, il réclame toujours un nouveau document... J'espère qu'il les aura tous, d'ici à la fin de la semaine.

– Tu me manques.

– Toi aussi, tu me manques. Pourquoi ne viendrais-tu pas me rejoindre ?

– Ce n'est pas une mauvaise idée... En attendant, va te coucher, fille perdue ! Fais de beaux rêves. Je t'aime.

– Je t'aime aussi.

Comme convenu, Léa retourna le mercredi suivant à la Petite-Roquette et remit à la détenue l'argent que lui avait donné Jeanson.

– Le barreau n'est qu'à demi entamé et sur un seul point encore, murmura Hélène. On va se risquer à y travailler jour et nuit. Pour couvrir le bruit, Micheline va présenter un spectacle de marionnettes dont le tréteau sera installé en travers du couloir, avec des draps tendus et des chaises pour les spectateurs. On mettra la musique des transistors à fond et nos amies algériennes feront le guet. Nous sommes en plein Ramadan et cela nous facilite les choses : à minuit, la sœur arrive, précédée du chariot que pousse une femme de service. Elle ouvre les cellules des Algériennes qui se réunissent, pour prendre leur repas, dans la cellule de l'une d'elles. Ça arrange aussi la sœur qui n'a plus qu'une seule porte à refermer sur trois. Elles y passent la nuit. Vers une heure trente, la religieuse et la femme de service reviennent, remballent le tout et bouclent la cellule. Il n'y a pas d'autre ronde durant la nuit… Ah, au fait, les survêtements vont très bien.

– Et les chaussures ?

– Les chaussures aussi.

– Surtout, ne vous faites pas confisquer les billets : vous risquez d'avoir besoin d'argent, à votre sortie.

– Compte sur nous !

Dans la nuit du 24 au 25 février, vers une heure trente du matin, Hélène écouta décroître le roulement du chariot puis, vers le bout du couloir, résonner les bruits d'ouverture et de fermeture des grilles. Pendant encore un quart d'heure, elle scruta le silence. On frappa contre le mur qui la séparait de la cellule voisine : le signal de Micheline Prouteau. Par le judas de sa porte, Hélène fit sortir le rétroviseur qu'elle avait bricolé à l'aide du miroir de son poudrier et surveilla le couloir. Micheline, de son côté, retirait le grillage de son propre judas et y passait le bras, tenant à la main la clé qu'elle avait fabriquée à partir d'une cuillère ; afin de ne pas la laisser échapper, elle avait pris la précaution de l'attacher à son poignet par une ficelle. Lentement, elle introduisit la clé dans la serrure, la fit tourner, la retira, ôta la barre puis poussa la porte vers l'extérieur. Une fois hors de sa cellule, Micheline ouvrit à Hélène. Sans perdre un instant, elles se dirigèrent vers les toilettes. Une fois le volet intérieur sorti de ses gonds, ce fut au tour du barreau. Un balai enveloppé de couvertures devait leur permettre d'écarter le câble électrique qui courait tout autour de la prison, afin de l'enjamber.

– Je vois déjà les gros titres des journaux de demain : « Elles s'évadent sur un manche à balai ! », pouffa Micheline.

Après avoir recouvré son sérieux, elle alla ouvrir la cellule où se trouvaient les musulmanes : les Algériennes Zina Haraigue et Fatima Hamoud ainsi que l'Égyptienne Didar Rossana. À son tour, Jacqueline Carré fut libérée. Toutes avaient revêtu les survêtements.

Jacqueline, la plus menue, passa la première par l'ouverture et descendit au long de la corde qu'avec l'aide d'autres détenues, elles avaient confectionnée au moyen de vieux bas et de chiffons noués. Au premier étage, la fenêtre des sanitaires s'ouvrait sur l'angle de la tour, à cinq mètres du sol. L'une après l'autre, les fugitives se laissèrent glisser. Elles traversèrent le potager puis se dirigèrent vers le mur d'enceinte haut de quatre mètres cinquante. Micheline lança une poignée de graviers par-dessus. En réponse, des piécettes venues de la rue atterrirent à leurs pieds. Telles des gamines, elles sautèrent de joie : les clandestins étaient au rendez-vous ! Une corde, munie d'un crochet aux pointes duquel on avait embroché un savon de Marseille afin d'en amortir le bruit, fut jetée une première fois ; sans succès. À la seconde tentative, la corde resta suspendue à plus d'un mètre du sol. Après un moment d'affolement, les évadées se ressaisirent : à l'aide d'un banc, elles grimpèrent sur un appentis accoté à l'enceinte, tirèrent une échelle sur le petit toit et entreprirent de rejoindre le filin par le haut. Les cloches de la chapelle sonnèrent les matines. À quatre pattes, elles progressaient l'une derrière l'autre sur le faîte du mur, cherchant à éviter les tessons de bouteilles dont il était hérissé. Dehors, la rue commençait à s'animer. Par chance, aucun des passants ne leva la tête. Enfin, Micheline, Hélène, Fatima et leurs compagnes atteignirent la corde. Là, elles se laissèrent glisser jusqu'à la rue Merlin.

– Mais, où sont les autres ? s'inquiéta Hélène.

Aucun complice ne se manifesta et pas une des voitures prévues ne les attendait. Un mouvement de panique s'empara des évadées. À tout moment, elles s'attendaient à entendre retentir l'alarme.

– Jacky…, gémit Micheline.

– Oh, Zina…, fit Fatima.

– Didar…, sanglotait Hélène.

Toujours pas de voitures mais, bien que rares encore, de plus en plus de passants.

– On ne peut pas rester là plus longtemps : on va se faire repérer… Tiens, des taxis… Taxi ! cria Hélène. Taxi !

Deux véhicules s'arrêtèrent à leur hauteur.

– Vous êtes libres ?

– Montez, mes p'tites dames. J'vous emmène où ? lança l'un des chauffeurs.

– Gare Montparnasse ! jeta-t-elle au hasard.

Dans un bistrot à proximité de la gare, elles burent un café-crème. Au moment où Micheline tendit au garçon un billet taché de sang pour payer leurs consommations, elles s'inquiétèrent tout à coup des indices qui pouvaient les trahir : le pantalon que Fatima avait déchiré et sali au cours de l'évasion, et la blessure que Micheline s'était faite à la main, saignait. Elles décidèrent de reprendre des taxis pour se faire conduire vers la République ; heureusement, l'argent de Jeanson que leur avait remis Léa, leur laissait encore quelques réserves.

Peu après, boulevard Voltaire, elles cherchaient au sixième étage d'un immeuble l'appartement d'un « correspondant », un certain M. Rey. Pas de noms sur les portes… Elles regardèrent l'heure à leur montre : il était six heures du matin. Du bruit se fit entendre dans l'un des logements ; elles sonnèrent.

Un homme en pyjama rayé leur ouvrit.

– Monsieur Rey ?

– J'connais pas ! lança l'inconnu en refermant brutalement.

Elles redescendirent. Dans l'entrée, l'une d'elles remarqua les panneaux vitrés derrière lesquels s'élevait l'escalier de service. Elles l'empruntèrent jusqu'au sixième. Là non plus, aucun nom n'apparaissait. Elles frappèrent au jugé ; c'était l'entrée de service du même appartement.

– Ah, ça ! Mais qu'est-ce que vous voulez, à la fin ? C'est pas une heure pour emmerder les gens ! s'emporta le bonhomme en pyjama à rayures.

La porte claqua. Au point où elles en étaient, les fugitives décidèrent de toquer à l'autre porte de l'étage. Un homme plutôt sympathique ouvrit.

– Monsieur Rey ? demanda Micheline.

– Ah, ce n'est pas ici, c'est à l'étage en dessous… Deuxième porte dans le couloir de gauche.

Après avoir remercié, elles gagnèrent l'étage inférieur. M. Rey, un vieil homme, se montra d'abord méfiant.

– Mais… On ne vous attendait plus… On nous avait dit que vous ne viendriez pas…, s'inquiéta-t-il.

– Fais-les donc entrer, l'interrompit une vieille dame en le tirant par une manche. Moi, je suis sûre que ce sont elles…

Peu après, Mme Rey servait un solide petit déjeuner aux récentes affranchies. Sur le transistor, le présentateur du journal annonça : « Six femmes se sont évadées ce matin de la Petite-Roquette. »

– Hourra ! vous avez réussi ! se réjouit le vieil homme.

– Qui a dit que les femmes ne s'évadaient jamais ? triompha son épouse.

Léa ne revit Francis Jeanson que la veille de son départ pour Bordeaux.

– Merci de votre aide. Les filles me chargent de vous dire leur reconnaissance. N'hésitez pas à faire appel à elles, en cas de besoin.

– C'est gentil mais j'espère ne jamais…

– Belle amie, ne dites jamais « jamais ». Nous ne savons, ni vous ni moi, de quoi l'avenir sera fait. Il est bien évident que, leur proposition, je vous la fais aussi.

– Qu'allez-vous faire, maintenant ?

– Retourner quelque temps en Suisse, d'où je rendrai visite à mon ami Roger Vailland… Au fait, vous saviez qu'il en pinçait pour vous[1] ?

– Pas plus que pour n'importe quelle autre femme…

– Détrompez-vous : Élisabeth vous craignait beaucoup.

– Elle avait bien tort : son mari n'était pas du tout mon genre… Transmettez-leur mes amitiés quand vous les verrez…

– Vous allez repartir pour Alger ?

– Oui, mon mari me manque.

1. Voir *Alger, ville blanche.*

– Il a bien de la chance d'avoir une femme comme vous…

– Dites-le-lui ! s'amusa Léa. Il n'en est pas toujours convaincu.

– Soyez prudente, là-bas. S'il vous arrivait quelque chose, je… Ah, que voulez-vous, Roger et moi, nous avons toujours eu les mêmes goûts, en ce qui concerne les femmes…

15.

« Nous avons agi illégalement par patriotisme. »

ANDRÉ ZELLER.

– Ils ont assassiné maître Popie !

Malika venait de faire irruption dans la bibliothèque où se tenaient Jeanne, François et Adrien.

– Mon Dieu ! Qui a pu faire ça ? s'indigna Jeanne.

– Les gens du FAF. Ils étaient deux, semble-t-il, des spécialistes du close-combat. Il a été poignardé à son cabinet, rue de l'Abreuvoir.

– Qui était maître Popie ? s'enquit François.

– Un avocat libéral, partisan de l'Algérie algérienne ; c'est en tout cas ce qu'il avait déclaré à la télévision, dans un numéro de *Cinq Colonnes à la une.* Depuis, paraît-il, il se sentait menacé, l'informa Malika.

– Le règne des règlements de comptes a commencé. La guerre civile n'est pas loin…, soupira Jeanne.

– En tout cas, à l'université, les commentaires vont bon train, déclara Adrien. On prétend que Lagaillarde aurait assuré, au général Salan, qu'il fallait constituer, en Algérie, un véritable appareil de lutte révolutionnaire, essentiellement civil. Jean-Jacques Susini l'aurait soutenu avec énergie, emportant l'adhésion de Salan. Les étudiants se montrent enthousiastes et cherchent à rallier cette nouvelle structure dont le nom serait OAS, pour *Organisation Armée secrète.* Dominique Zattara, le chef du FAF, accepterait volontiers les conseils de Pierrot[1] mais refuserait d'être placé sous son commandement. J'ai réussi à subtiliser l'un des tracts qui devraient être distribués dans les jours prochains ; je vous le lis :

L'union sacrée est faite !
Le front de résistance est uni !

Français de toutes origines,

La dernière heure de la France en Algérie est la dernière heure de la France dans le monde, la dernière heure de l'Occident !

Aujourd'hui, tout est près d'être perdu ou sauvé. Tout dépend de nos volontés. Tout dépend de l'Armée nationale. Nous savons que l'ultime combat approche. Nous savons que ce combat, pour être victorieux, exige l'unité la plus totale, la discipline la plus absolue. Aussi, les mouvements clandestins et leur organisation

1. Surnom donné à Lagaillarde.

de résistance ont-ils décidé de joindre unanimement leurs forces et leurs efforts dans un seul mouvement de combat :

L'Organisation Armée secrète
OAS

Algériens de toutes origines,

En luttant pour l'Algérie française, vous luttez pour votre vie et votre honneur, pour l'avenir de vos enfants, vous participez ainsi au grand mouvement de rénovation nationale. Dans cette lutte, vous suivrez désormais et exclusivement les mots d'ordre de l'OAS. Soyez certains que nous nous dresserons tous ensemble, les armes à la main, contre l'abandon de l'Algérie et que la victoire est assurée si nous savons la mériter. Dans le calme et la confiance, tous debout, tous prêts, tous unis !

Vive la France !

L'Organisation Armée secrète.

Adrien reposa le feuillet ronéotypé. Tous trois restèrent un long moment perdus dans leurs pensées. François, le premier, rompit le silence :

– Comment as-tu obtenu ce document ?

Le jeune garçon se troubla.

– Je l'ai dérobé à un copain…

– Il faut avertir Morin.

– Je ne pense pas que cela serve à grand-chose…, fit Jeanne avec une moue désabusée.

– Peut-être, mais le gouvernement ne pourra pas dire qu'il n'a pas été prévenu. Je suis convaincu qu'il faut prendre au sérieux la profession de foi de cette OAS. Unis, les activistes de tout crin peuvent faire bien du dégât… Je vais demander un rendez-vous à Morin et faire un tour du côté du Cintra, histoire de prendre un peu le pouls des journalistes. À cette heure-ci, ils ne devraient pas encore être trop imbibés…

En cette fin de matinée, le bar de l'hôtel Aletti restait pratiquement vide. À une table, François reconnut Alain Jacob, l'envoyé du *Monde*, engagé dans une conversation animée avec deux autres hommes. Il s'approcha.

– Tavernier ! s'écria Jacob. Vous allez pouvoir nous départager. Mais d'abord, connaissez-vous mes amis ?

– Je n'ai pas ce plaisir…

– Alors, je vous présente Jean-Pierre Farkas, de Radio-Luxembourg, et Julien Besançon, d'Europe n° 1 ; concurrents mais néanmoins amis… Et voici François Tavernier qui a souvent servi d'émissaire au général de Gaulle et qui, maintenant, est le représentant de l'agence Reuters. À vrai dire, je ne sais pas très bien ce qu'il en est…

Les trois hommes se serrèrent la main.

– Voici de quoi il s'agit, poursuivit Jacob : Farkas est convaincu qu'il se prépare quelque chose du côté de Madrid et que les activistes mettent sur pied un mouvement clandestin. Besançon, lui, affirme que ce ne sont que des rêveurs qui n'arriveront jamais à s'entendre. Quant à moi, je pencherais plutôt pour l'avis de Farkas. Avez-vous entendu parler de quelque chose ?

Les nouvelles allaient vite. François connaissait la réputation des trois journalistes : s'il leur abandonnait le moindre bout de piste, ils se lanceraient, tels des chiens de chasse, à la poursuite du gibier. Devait-il leur lâcher le morceau ?

– À l'université, on parle en effet de Lagaillarde et d'une organisation secrète qui se bâtirait avec la bénédiction du général Salan.

Les yeux des trois hommes brillèrent de curiosité. D'un même mouvement, ils rapprochèrent leurs chaises.

– C'est sérieux comme information ? s'inquiéta Besançon.

– Vous êtes certain de la nouvelle ? tint à s'assurer Jacob.

– Je vous l'avais bien dit qu'il se tramait quelque chose ! triompha Farkas.

– Tenez, ajouta François, voici le tract que l'OAS s'apprête à faire distribuer.

– L'OAS ? ! s'étonnèrent-ils en chœur.

– L'Organisation Armée secrète.

– OAS… c'est un bon sigle, approuva Farkas.

À tour de rôle, ils lurent l'acte de naissance du nouveau groupuscule.

– Ça s'arrose ! s'exclama Besançon. Whisky pour tout le monde ?… Barman ! quatre whiskies, s'il vous plaît.

Ils se turent jusqu'à l'arrivée du serveur.

– Il convient d'agir avec prudence et de ne rien publier là-dessus sans avoir réuni de preuves. D'ailleurs, je n'ai aucune indication en provenance de Madrid où nous disposons pourtant d'un correspondant permanent..., les modéra le reporter du *Monde*.

– S'il fallait toujours en posséder la preuve avant de lancer une information, nous n'aurions pas grand-chose à dire ou à écrire..., ironisa Besançon.

– Je ne suis pas d'accord, le contredit Farkas. Cette information est suffisamment grave pour que nous la manipulions avec circonspection. Je vais faire un tour du côté de nos confrères algérois. S'il y a un fond de vérité dans tout cela, il y en aura bien un pour être au courant.

– Voilà qui me paraît une sage décision, reconnut Alain Jacob.

La conversation s'engagea alors sur l'assassinat du Premier ministre du Congo, Patrice Lumumba, et sur la conférence qui devait, un jour ou l'autre, réunir à Évian les représentants du gouvernement français et ceux du FLN.

Le 20 février 1961, Georges Pompidou, directeur de la banque Rothschild, Bruno de Leusse, directeur des affaires politiques au ministère des Affaires algériennes, et François Tavernier rencontraient, à Lucerne, deux envoyés du GPRA : Ahmed Boumendjel et Tayeb Boulharouf. Fatigué, Georges Pompidou laissait paraître sa mauvaise humeur ; ses interlocuteurs, quant à eux, demeuraient sur la défensive :

– Nous craignons une mise en scène comparable à celle qui entoure, d'habitude, les élections en Algérie.

– Les intentions du Général sont formelles : la consultation du peuple algérien sera d'une sincérité totale. La France réalisera l'autodétermination avec le FLN, si elle le peut, ou sans lui. Mes instructions consistent essentiellement à préparer les voies d'une négociation secrète portant exclusivement sur le cessez-le-feu. L'accord conclu serait annoncé et mis en œuvre et, simultanément, les pourparlers politiques s'engageraient alors, à ciel ouvert. Ainsi, personne ne perdrait la face : le FLN pourrait consentir sans risques à discuter d'un arrêt des combats puisqu'il demeurerait subordonné, pour son application, à l'ouverture des négociations politiques qu'il réclamait ; de son côté, le général de Gaulle pourrait, ainsi qu'il l'a toujours dit, conclure un cessez-le-feu avec l'« organisation extérieure », à charge pour celle-ci de faire la preuve, en l'appliquant, qu'elle est vraiment représentative, avant que ne s'engage la discussion sur l'autodétermination et l'avenir de l'Algérie.

– Monsieur, nos dirigeants ne croient pas que le général de Gaulle soit disposé à admettre l'indépendance de l'Algérie…

– Messieurs, mettez-vous en doute la parole du président de la République française qui s'est engagé, devant la France et devant le monde, à ce que le peuple algérien choisisse lui-même son avenir ?

Ces paroles mirent Boumendjel et Boulharouf profondément mal à l'aise.

– Non, mais… il ne peut y avoir de trêve ni de cessez-le-feu avant la conclusion d'un accord politique d'ensemble et les combats continueront donc pendant les pourparlers ; le sort du Sahara est indissociable de celui de l'Algérie ; la France devra remettre, à l'Algérie indépendante, ses bases militaires dans un délai à convenir qui sera court, et, en particulier, la base de Mers-el-Kébir. En gage de bonne volonté, les Algériens se déclarent prêts à envisager des dispositions qui comportent des garanties pour la communauté européenne.

On se sépara froidement et Georges Pompidou se montra pessimiste :

– Nous avons soixante chances sur cent d'aboutir.

– Ce n'est pas si mal, releva Tavernier.

– Nous sommes très loin du climat de Melun. Certes, Boumendjel – qui m'a fait une très bonne impression et s'est montré très empressé auprès de moi – se refuse à répondre à presque toutes mes questions. Mais, il apparaît clairement que les deux grands problèmes sont le cessez-le-feu et le Sahara. Nous voulons une trêve, une suspension des activités militaires pendant les pourparlers. Ils n'en veulent à aucun prix. Nous allons devoir nous accommoder de leur refus… S'agissant du Sahara, le problème est territorial. Nous sommes d'accord pour une exploitation commune, mais pas sur la nationalité du territoire. Je leur ai proposé une autodétermination du Sahara, après la proclamation de l'indépendance. Ils sont intraitables. Pour eux, le Sahara, c'est l'Algérie ; c'est ce qu'ils ont appris à l'école française, ne cessent-ils de répéter… S'agissant du statut de la minorité européenne, notre position est bien meilleure. Quant à Mers-el-Kébir, il restera français.

À l'arrivée à Alger des enfants d'Alain Lebrun, un soleil printanier illuminait la ville ; sa blancheur irradiait. Les cousins se retrouvèrent avec joie. Jeanne accueillit les nouveaux venus avec sa chaleur habituelle, leur témoignant une tendresse à laquelle ils furent tout de suite sensibles. Léa se réjouit secrètement de l'absence de François qu'elle s'était bien gardée de consulter à propos de son retour rapide et du séjour prolongé des enfants ; sans parler de l'arrivée des petits Lebrun…

En cette année 1961, Pâques tombait le 2 avril. On était convenu que tout le monde se retrouverait dans la propriété de Tipaza. Adrien et Camille entraînèrent vite leurs cousins dans la visite des ruines romaines et du Tombeau de la Chrétienne. Les enfants parlaient avec émerveillement de l'exploit du Russe Youri Gagarine qui, à bord de la cabine *Vostok 1*, avait accompli le tour de la Terre dans l'espace. Effectivement dépaysés, Pierre et Isabelle oubliaient un peu de leur peine parmi les senteurs du thym en fleur.

De retour de Suisse, François effectua un bref séjour à Paris, au cours duquel il fut longuement reçu par le général de Gaulle. Le président le félicita d'abord pour la bonne organisation des rencontres et lui demanda, ironique, si son travail à l'agence Reuters lui plaisait. Il l'engagea ensuite à rentrer rapidement à Alger : des bruits de soulèvement militaire couraient dans la Ville blanche.

À sa descente d'avion, quels ne furent pas sa surprise et son mécontentement lorsqu'il vit Léa venir au-devant de lui, souriante, ravissante.

– Je te croyais à Montillac ! Comment est-ce que tu as pu régler tes affaires en si peu de temps ?

– Je m'ennuyais de toi et des enfants aussi…

– Mon oncle ! Mon oncle !

– Que… qu'est-ce que c'est ?

Isabelle et Pierre se pendirent à son cou.

– On est si contents d'être avec vous !

Interloqué, bouillant de rage, François ne sut que dire. Enfin, le coup de grâce lui fut assené par Jeanne :

– Quelle joie, n'est-ce pas, d'avoir tous ces charmants enfants parmi nous ? Vos neveux, malgré ces tristes circonstances, sont fous de bonheur. Et puis cela met une telle gaieté dans la maison ! Farida elle-même, malgré son mauvais caractère, s'en réjouit… Quelle belle famille vous avez là, mon cher François !

– Tu me le paieras ! murmura-t-il à l'oreille de Léa.

Afin de se tenir informée du débarquement, à Cuba, d'anticastristes soutenus par les États-Unis, Léa gardait en permanence une oreille collée à son transistor. Tout avait commencé, le 15 avril 1961, par le bombardement, à l'aide de B-26, de deux bases aériennes de La Havane et d'une autre à Santiago. Pour faire croire qu'il s'agissait de pilotes cubains insurgés contre Castro, la CIA avait maquillé les appareils américains aux couleurs de la flotte cubaine. L'objectif était de détruire la petite escadrille insulaire ; but qui ne fut que partiellement atteint, Castro ayant eu l'idée de disperser huit de ses appareils à travers tout le pays et de les y dissimuler. Depuis l'élection de John Fitzgerald Kennedy à la Maison-Blanche, le 9 novembre 1960, les relations entre les deux pays s'étaient considérablement dégradées. Dès le début de l'année, des indiscrétions annonçaient l'imminence d'un débarquement américain. Par précaution, le gouvernement cubain fit arrêter et emprisonner, dans les premiers jours d'avril, plus de cent mille personnes soupçonnées de menées contre-révolutionnaires, afin que les éventuels « envahisseurs » ne pussent trouver d'aide dans le pays. « Ce sera la lutte de tout un peuple contre une infime partie de ce peuple qui ne se résigne pas à perdre ses privilèges », devait en conclure Guevara. À la suite du bombardement américain, on déplora sept morts à La

Havane ; ils furent enterrés en grande pompe au cimetière Colón. Dans le discours qu'il prononça lors des obsèques, le Premier ministre cubain laissa éclater sa colère, comparant l'attaque nord-américaine à celle des Japonais sur Pearl Harbor, en août 1941, traitant aussi les États-Unis de menteurs pour avoir prétendu que les bombardements étaient le fait de Cubains passés à l'ennemi. « Ce que les impérialistes ne peuvent nous pardonner, c'est d'avoir fait une révolution socialiste, juste sous le nez des États-Unis. Une révolution socialiste que nous défendrons avec ces fusils ! », tonna-t-il. Dans la nuit du 17 avril, des mercenaires de la brigade 2506 débarquèrent sur la Playa Girón de la baie des Cochons, dans la province de Cienfuegos. Les miliciens ouvrirent le feu et prévinrent aussitôt l'Armée. Alerté, Fidel Castro désigna Ernesto Guevara, nouveau ministre de l'Industrie, pour prendre la direction des opérations. « Certes, les États-Unis n'interviennent pas au sens littéral du mot et la troupe qui débarque est composée presque exclusivement de Cubains. Mais la fiction ne va pas au-delà. Ce sont les États-Unis qui ont organisé, au Guatemala, l'entraînement de mille cinq cents hommes de la brigade d'invasion. Ce sont eux qui les ont équipés, transportés, escortés de leurs destroyers, ont fourni les armes et tout l'appui logistique. Ce sont encore eux qui ont versé à chacun une allocation en dollars, à des tarifs divers selon les charges de famille, justifiant de la sorte le qualificatif de "mercenaires" qui ne les quittera pas. La responsabilité de Washington est totale et, après avoir hésité, Kennedy aura le courage d'assumer devant l'opinion la responsabilité de l'échec[1]. » Castro donna ensuite l'ordre, aux responsables de son aviation, de faire sortir de leur cachette les huit appareils hérités de Batista, l'ancien dictateur. Trois avions d'entraînement à réaction, de type T-33, furent transformés en avions de combat rapides et équipés de mitrailleuses de calibre 50. Ils reçurent mission d'éliminer les lourds B-26, peu maniables, qui faisaient la navette entre le Nicaragua et la baie des Cochons. Ils devaient en outre couvrir l'action des deux Sea-Fury, des monoplaces armés de lance-roquettes, chargés de harceler sans merci les bâtiments de la flottille d'invasion. Il fallait à tout prix éviter que les mercenaires ne s'emparent d'une portion du territoire urbain où viendrait immanquablement s'installer un « gouvernement provisoire ». Washington s'empresserait de le reconnaître et, répondant à la « sollicitation pressante » qu'il ne manquerait pas d'émettre, pourrait alors agir au grand jour et débarquer en force. Dans la journée du 17 avril, les roquettes des Sea-Fury attaquèrent deux navires : le *Houston* qui s'échoua avec, à son bord, un bataillon de près de deux cents hommes, et le *Rio-Escondido*, chargé de munitions et du matériel de communication, qui explosa. Les autres vaisseaux américains se retirèrent, abandonnant à leur sort les combattants déjà débarqués. Le même

1. Pierre Kalfon, *Che*, Paris, Seuil, 1997.

jour, les T-33 abattirent quatre B-26. Deux des bombardiers étaient pilotés par des Américains. Kennedy refusant d'engager plus avant l'US Air Force, la bataille de la baie des Cochons était d'ores et déjà gagnée pour les castristes. Les émigrés anticastristes se rendirent le 19 avril. Mille cent quatre-vingt-trois assaillants furent faits prisonniers ; l'on releva cent quatorze morts dans leurs rangs et deux ou trois fois plus chez les « loyalistes ». La population cubaine fit un triomphe à Fidel Castro. *« Fidel campeón ! Te comiste el tiburon*[1] *! »* lui criait-on.

Léa applaudit à la victoire de ses amis cubains.

1. « Fidel champion ! Tu as mangé le requin ! »

16.

> *« Dans un pays où les militaires feraient la loi,*
> *on ne peut guère douter que les ressorts du pouvoir, tendus à l'excès, finiraient par se briser. »*
>
> CHARLES DE GAULLE.

Le samedi 22 avril, en entendant la voix du général Challe à la radio, les Algériens comprirent que quelque chose d'inhabituel se passait :

Officiers, sous-officiers, gendarmes, marins, soldats et aviateurs, je suis à Alger avec les généraux Zeller et Jouhaud et en liaison avec le général Salan pour tenir notre serment : garder l'Algérie ! Un gouvernement d'abandon s'apprête à livrer le département d'Algérie à la rébellion. Voulez-vous que Mers-el-Kébir et Alger soient, demain, des bases soviétiques ? Je sais quels sont votre courage, votre fierté, votre discipline. L'Armée ne faillira pas à sa mission et les ordres que je vous donnerai n'auront d'autre but !

L'allocution du général Challe se termina sur *Le Chant des Africains.* L'ordre du commandement militaire instaurant l'état de siège suivit, décliné en sept articles et signé par les généraux Challe, Jouhaud, Salan et Zeller. L'article sept stipulait : « Le commandement est décidé à atteindre intégralement les objectifs qu'il s'est fixés, pour le salut du pays. Toute résistance sera brisée d'où qu'elle vienne. » Après lecture de ce communiqué, un speaker de *Radio-Alger*, rebaptisée *Radio-France*, déclara : « L'Algérie française n'est pas morte ! Il n'y a pas, il n'y aura jamais d'Algérie indépendante ! »

Le ciel était clair et la journée s'annonçait belle. Dans tous les secteurs d'Alger, les habitants découvrirent, en allant chercher le pain ou les croissants du petit-déjeuner, des parachutistes et des commandos de la Légion, en tenue de combat, postés à chaque carrefour. Dans les quartiers européens, les drapeaux français fleurirent aux fenêtres et le sigle de l'OAS s'étala sur les murs. Dès les premières heures de la matinée, l'Organisation installa son PC square Laferrière, dans les locaux de l'Action sociale. On libéra les activistes et l'on distribua des armes.

Au cours de la nuit précédente, les généraux Challe, Zeller et Jouhaud avaient débarqué à Alger et, avec l'aide de la Légion, le capitaine Sergent du 1er REP s'était emparé du bâtiment de la caserne Pélissier. Jean Morin, le délégué général du gouvernement, fut arrêté ainsi que le général

Gambiez, commandant en chef en Algérie depuis le 1er février. Robert Buron, le ministre des Travaux publics qui se trouvait en visite dans le pays, subit le même sort. L'Armée était au pouvoir et la population européenne laissa éclater sa joie ! Dans l'après-midi, le général Salan arriva au quartier Rignot, flanqué de Jean-Jacques Susini et de son aide de camp, le capitaine Ferrandi.

À Paris, le Premier ministre, Michel Debré, réveilla le chef de l'État pour l'informer du putsch. Dans la nuit, une réunion se tint à l'Élysée : Michel Debré, Louis Joxe, Jacques Foccart et Roger Frey, le ministre de l'Intérieur, y assistèrent. Le général Olié, chef d'état-major de la Défense nationale, et Louis Joxe reçurent l'ordre de se rendre à Alger. Joxe, ministre des Affaires algériennes, fut investi par décret présidentiel de tous les pouvoirs de la République.

« Cette affaire n'est pas sérieuse », estima le général de Gaulle auprès de Michel Debré. « C'est une question de trois jours », confia-t-il encore à Jacques Foccart.

À treize heures vingt, le Premier ministre fit une déclaration radio-télédiffusée :

Dans le courant de la nuit, et obéissant aux ordres d'un ancien commandant en chef des forces d'Algérie, des unités de la Légion étrangère se sont emparées des édifices officiels à Alger et ont fait prisonnières les autorités civiles et militaires. Un ultimatum, peu après, était adressé aux généraux commandant les corps d'Armée de Constantine et d'Oran. Cet ultimatum, l'un et l'autre l'ont écarté. Mais Alger est aux mains des chefs insurgés et des troupes qu'ils ont dévoyées. Des hommes irresponsables imposent ainsi une nouvelle épreuve à la France. La volonté de la nation est cependant claire : par le référendum du 8 janvier, elle a été manifestée sans ambages. La nation fait confiance au général de Gaulle sur la voie de la paix et de l'association de la France avec une Algérie nouvelle. La politique était tracée et approuvée. Le gouvernement est décidé à faire respecter la volonté de la nation. Il rappelle à tous les chefs qui exercent un commandement en Algérie qu'ils ont un devoir et un seul : au service de la nation par la discipline et l'obéissance au chef de la nation, le général de Gaulle. En dehors de ce devoir, il n'y a que désordre, anarchie, déboires et, en fin de compte, défaite de la patrie. Le ministre d'État chargé des Affaires algériennes est parti pour l'Algérie avec les pleins pouvoirs du gouvernement. Il est accompagné du général Olié, nommé commandant en chef des forces en Algérie. En l'absence des autorités locales, c'est à eux qu'officiers et fonctionnaires doivent obéir. J'adjure tous ceux qui ont une responsabilité, d'ordre politique, d'ordre militaire, d'ordre administratif, d'ordre religieux ou social, de ne pas s'engager dans une aventure qui ne peut avoir pour la nation que de tragiques lendemains. Ce n'est pas seulement à la fidélité et au devoir que je fais appel, c'est aussi, c'est d'abord, c'est avant tout au respect des intérêts fondamentaux de la nation. De leur fermeté dépend le rapide redressement d'une situation insensée.

Le gouvernement fait appel à la discipline de tous. La France fait confiance à leur sens du devoir.

À Paris et à Lyon, la police procéda à des arrestations dans les milieux activistes. À dix-sept heures, le Conseil des ministres décrétait l'état d'urgence, à compter du dimanche 23 avril à zéro heure. Ce jour-là, précisément, des charges de plastic explosèrent en région parisienne. Une bombe faisait un mort à l'aéroport d'Orly, tandis qu'une autre déflagration blessait de nombreuses personnes à la gare de Lyon.

Le même jour à vingt heures, le général de Gaulle, en grand uniforme, s'adressait au pays à la radio et à la télévision. En France et en Algérie, des millions d'auditeurs prêtèrent une oreille particulièrement attentive à l'allocution du chef de l'État :

Un pouvoir insurrectionnel s'est établi en Algérie sur la base d'un pronunciamiento *militaire. Les coupables de l'usurpation ont exploité la passion des cadres de certaines unités spécialisées, l'adhésion enflammée d'une partie de la population de souche européenne qu'égarent les craintes et les mythes, l'impuissance des responsables submergés par la conjuration militaire. Ce pouvoir a une apparence : un quarteron de généraux à la retraite. Il a une réalité : un groupe d'officiers partisans ambitieux et fanatiques. Ce groupe et ce quarteron possèdent un savoir-faire expéditif et limité. Mais ils ne voient et ne comprennent la nation et le monde que déformés à travers leur frénésie. Leur entreprise conduit tout droit à un désastre national… Voici l'État bafoué, la nation défiée, notre puissance ébranlée, notre prestige international abaissé, notre place et notre rôle en Afrique compromis. Et par qui ? Hélas ! hélas ! par des hommes dont c'était le devoir, l'honneur, la raison d'être, de servir et d'obéir. Au nom de la France, j'ordonne que tous les moyens, je dis* tous les moyens, *soient employés pour barrer la route à ces hommes-là, en attendant de les réduire. J'interdis à tout Français et, d'abord, à tout soldat d'exécuter aucun de leurs ordres. L'argument suivant lequel il pourrait être localement nécessaire d'accepter leur commandement, sous prétexte d'obligations opérationnelles ou administratives, ne saurait tromper personne. Les seuls chefs, civils et militaires, qui aient le droit d'assumer les responsabilités sont ceux qui ont été régulièrement nommés pour cela et que, précisément, les insurgés empêchent de le faire. L'avenir des usurpateurs ne doit être que celui que leur destine la rigueur des lois. Devant le malheur qui plane sur la patrie et la menace qui pèse sur la République, ayant pris l'avis officiel du Conseil constitutionnel, du Premier ministre, du président du Sénat, du président de l'Assemblée nationale, j'ai décidé de mettre en œuvre l'article seize de notre Constitution. À partir d'aujourd'hui, je prendrai, au besoin directement, les mesures qui me paraîtront exigées par les circonstances. Par là même, je m'affirme, pour aujourd'hui et pour demain, en la légitimité française et républicaine que la nation m'a conférée, que je maintiendrai, quoi qu'il arrive, jusqu'au terme de mon mandat ou jusqu'à ce que me manquent, soit les forces, soit la vie, et dont je prendrai les moyens d'assurer qu'elle demeure après moi. Françaises, Français ! Voyez où risque d'aller la France, par rapport à ce qu'elle était en train de redevenir. Françaises, Français ! Aidez-moi !*

Dans leurs casernes, les soldats du contingent applaudirent avant d'éteindre leurs transistors. Challe et Zeller, réunis au quartier Rignot, se regardèrent, inquiets.

– Il a une façon extraordinaire de retourner les gens, nota Zeller. Et ses arguments, ses termes pourraient toucher nos militaires qui ont une fâcheuse tendance à se mettre facilement au garde-à-vous…

– On a eu tort de ne pas brouiller la diffusion de son allocution, se reprocha Challe en tirant sur sa pipe.

En métropole, le discours donna satisfaction à une partie de l'opinion tandis qu'une autre continuait de croire aux bruits prédisant un prochain débarquement des parachutistes. Autour de l'Élysée, des ministères et des principaux bâtiments publics, des chars prirent position. Un lourd climat pesait sur la capitale. À vingt-trois heures quarante-cinq, Michel Debré, pâle, mal rasé, lançait à la radio et à la télévision un nouvel appel à la population :

Des renseignements nombreux, précis et concordants permettent au gouvernement de penser que les auteurs du coup d'État à Alger envisagent à très brève échéance une action de surprise et de force sur la métropole et, en particulier, sur la région parisienne. Des avions sont prêts à lancer ou à déposer des parachutistes sur divers aérodromes afin de préparer une prise du pouvoir. Je tiens à dire aux Français et, notamment, aux habitants de la région parisienne, que le gouvernement a pris des mesures pour s'opposer à cette entreprise. Des ordres ont été donnés aux unités de repousser, par tous les moyens, cette folle entreprise. Le gouvernement est certain que la population tout entière qui fait confiance au général de Gaulle, non seulement réprouvera de tout son cœur cette aventure, mais aidera de toutes ses forces à la défense de la nation. Les vols et les atterrissages sont interdits sur tous les aérodromes de la région parisienne à partir de minuit. Dès que les sirènes retentiront, allez-y à pied ou en voiture, convaincre ces soldats trompés de leur lourde erreur. Il faut que le bon sens vienne de l'âme populaire et que chacun se sente une part de la nation.

Les Parisiens regardaient consternés, apeurés, leur Premier ministre ; son angoisse était communicative. « Allez-y à pied ou en voiture », avait-il dit… « Il nous faut des armes ! », paradèrent certains, bombant le torse sous les regards admiratifs de leur famille…

Les communiqués se succédèrent ; ainsi, d'abord, celui des communistes :

Contre le péril qui menace la nation, travailleurs, démocrates, levez-vous en masse, restez mobilisés en permanence. Rassemblez-vous, manifestez dans les localités, les entreprises. Organisez-vous en vue de la lutte. Exigez tous les moyens de mettre hors d'état de nuire les factions militaires et civiles. Soldats, marins et aviateurs, fils d'ouvriers et de paysans de France, sous-officiers et officiers, refusez d'obéir aux généraux du coup d'État et agissez de façon résolue pour les écraser.

Puis, celui des socialistes :

Seule la constitution immédiate et massive de milices populaires, sous le contrôle des syndicats et des organisations démocratiques, peut créer la force écrasante contre laquelle quelques unités de troupes spéciales ne pourront rien. Le PSU[1] *dont les effectifs ne demandent qu'à affronter les factieux, a réclamé des armes au ministère de l'Intérieur. Le gouvernement aurait de lourdes responsabilités s'il ne donnait pas à toutes les forces démocratiques les moyens de contribuer de manière décisive à la défaite de la rébellion.*

1. Parti socialiste unifié.

17.

« Ce qui est grave en cette affaire,
messieurs, c'est qu'elle n'est pas sérieuse. »
CHARLES DE GAULLE.

François Tavernier descendait la rue Michelet d'un pas rapide. Des camions de parachutistes y stationnaient tous les cent mètres. Peu de monde dans les rues, à cette heure matinale, à l'exception de balayeurs et de femmes de ménage algériennes qui se rendaient à leur travail enveloppées dans leur *haïk.* Le rideau des magasins restait baissé ; l'ordre de grève générale n'avait pas encore été levé. Au pied de l'escalier de l'université, des jeunes gens en armes, arborant un brassard marqué à l'encre noir du sigle OAS, bavardaient en fumant. Au passage de François, ils se turent et le dévisagèrent. L'organisation de Lagaillarde et de Susini avait suscité de rapides adhésions… François acheta les journaux du jour au kiosque de la rue et s'installa à la terrasse de l'Otomatic, le café du Forum que fréquentaient de nombreux étudiants. Il y commanda un café feignant d'ignorer les regards curieux, voire hostiles, que lui lançaient certains parmi les consommateurs. « L'Armée assume tous les pouvoirs en Algérie », titraient à l'unisson les quotidiens algérois, en se félicitant qu'aucun coup de feu n'ait été tiré.

De l'intérieur du café, une voix s'écria :

– C'est Susini ! C'est Susini !

Se bousculant, les clients sortirent sur le trottoir et encadrèrent un mince jeune homme, traits tirés et le teint pâle, qu'accompagnait un officier. François reconnut en celui-ci le colonel Gardes. Gardes, de son côté, venant de l'apercevoir, se dirigea vers lui, main tendue.

– Tavernier ! Que faites-vous ici ?

– Je suis correspondant de Reuters et je pourrais vous poser la même question, mon colonel. Je vous croyais, ainsi que Susini, à Madrid...

– Les temps changent, Tavernier... On a besoin de nous ici.

– Pas pour très longtemps, sans doute...

– Que voulez-vous dire ? intervint Jean-Jacques Susini qui s'était, jusque-là, tenu à l'écart.

– Que l'aventure des Quatre est terminée avant d'avoir commencé et que, d'ici à la fin de la semaine, ils dormiront en prison...

– Vous vous trompez, monsieur : nous avons le peuple et l'Armée avec nous !

– Quelle Armée ? Celle des colonels, peut-être, mais certainement pas les gars du contingent...

Le jeune homme blêmit un peu plus. D'une voix aiguë, il s'insurgea :

– C'est faux !

– Vous savez bien que non…, fit François allumant négligemment une cigarette.

Il en souffla la fumée en direction de son interlocuteur.

– Ceux du 1er REP sont à nos côtés : ils combattront jusqu'au dernier pour conserver l'Algérie à la France !

– Vous rêvez, mon jeune ami : je ne leur donne pas quarante-huit heures pour se retirer…

– Je ne suis pas votre ami, monsieur !

– Auriez-vous des informations que nous ne connaîtrions pas ? menaça Gardes.

– Non… Comme vous, j'ai écouté l'appel du chef de l'État et celui, grand-guignolesque mais tout de même efficace, du Premier ministre. La France ne veut plus se battre pour conserver l'Algérie : elle veut la paix.

– Alors, nous continuerons la lutte dans la clandestinité, nous créerons les organismes nécessaires à instaurer notre légitimité politique, bref, nous donnerons l'impulsion révolutionnaire ! aboya Jean-Jacques Susini.

– On ne fait pas la révolution avec des généraux à la retraite, bedonnants et hésitants. Ce sont des hommes jeunes et déterminés qu'il y faudrait…

– Et eux, ils ne sont pas jeunes et déterminés ? lança Susini en décrivant un large geste.

Il désignait les étudiants qui, attirés par la querelle, s'étaient peu à peu rapprochés du groupe.

– N'est-ce pas, mes amis, que nous nous battrons jusqu'à la mort pour que l'Algérie demeure française ?

– Oui !... Oui !... Vive l'Algérie française !... À bas de Gaulle !... Vivent les Africains !...

Et d'entonner *Le Chant des Africains.* Bientôt, tout au long des trottoirs de la rue Michelet, le chant se propagea. Relayé par les parachutistes et les légionnaires, il gagna les ruelles, s'y faufila, pénétra jusqu'au fin fond des appartements. François éprouvait de la compassion pour ces hommes et ces femmes qui se refusaient à admettre les réalités changeantes du monde. Il laissa quelques pièces de monnaie sur le guéridon et quitta la terrasse de l'Otomatic. Au bout de quelques pas, il fut rattrapé par Jean-Jacques Susini dont les joues s'étaient colorées de plaques rouges. D'un geste brusque celui-ci lui saisit le bras et, haletant, lui débita :

– Ce printemps de la Mitidja sera peut-être son dernier printemps français. Les musulmans ne demandaient pas la liberté pour l'Algérie, ils réclamaient à la France leur liberté et leur dignité humaines. La révolution pouvait être française. Elle déplacerait la propriété, populariserait l'État, élèverait dans un gigantesque travail la conscience d'une masse affranchie...

Susini croyait en ce qu'il disait, François ne pouvait en douter. Cependant, il l'interrompit avec une ironie volontaire :

– Et voilà que, maintenant, vous prêchez la révolution sans même vous rendre compte qu'il est trop tard ! Vous parlez de dignité pour les musulmans mais qu'en avez-vous fait, vous et les vôtres, depuis bientôt deux cents ans ? Chaque jour, vous l'avez bafouée et, aujourd'hui, vous venez me parler de « révolution française » alors que c'est d'une « révolution algérienne » qu'il s'agit ! Les musulmans recouvreront seuls liberté et dignité, sans l'aide, *surtout* sans l'aide, de la communauté européenne. Si vous n'avez pas compris ça, vous n'avez rien compris et le temps qu'il vous reste à vivre sur cette terre est compté. Ce putsch de quatre vieux généraux sonne, en fait, le crépuscule de l'Algérie française. Je m'étonne qu'un jeune homme intelligent, tel que vous, ne l'ait pas compris !

Livide, hors de lui, Susini éprouvait toutes les difficultés du monde à se contenir.

– Allez au diable ! s'étrangla-t-il.

– Comme le chantent vos amis légionnaires et comme le chantaient, avant eux, les soldats nazis : « Le Diable en rit encore… »

Plantant là son interlocuteur dépité, François remonta jusqu'à la Grande Poste puis, se ravisant, se dirigea vers le gouvernement général. Des fils de fer barbelé et des sacs de sable cernaient le bâtiment devant lequel des parachutistes montaient la garde.

François s'approcha d'un capitaine en tendant sa carte de presse et lui déclara qu'il souhaitait rencontrer le délégué général. L'autre éclata de rire.

– Pas de journalistes ici !... Le délégué ? Il est avec Challe et Jouhaud, en train de signer sa reddition.

– C'est important, je *dois* lui parler !

– J'ai des ordres : il n'en est pas question !

– Encore vous, Tavernier ! Que foutez-vous ici ?

Blafard et barbe naissante, le colonel Gardes se tenait devant lui.

– Vous avez lâché votre révolutionnaire ? À votre place, je le surveillerais : ce jeune homme peut être dangereux... Pour répondre à votre question, je désire voir Morin.

Gardes le considéra longuement puis, haussant les épaules, laissa tomber :

– Suivez-moi. Laissez-nous passer, capitaine.

– À vos ordres, mon colonel.

À la suite de Gardes, François pénétra dans le vaste hall qu'encombraient des militaires en uniformes bariolés. Beaucoup avaient la mise débraillée, certains se vautraient dans les fauteuils. Quelques-uns se levèrent pour saluer le colonel, mais le plus grand nombre demeura indifférent.

Le spacieux bureau de Jean Morin avait perdu de son calme et empestait maintenant la fumée de cigarette. Autour d'une large table, se tenaient les généraux et les proches collaborateurs du délégué. Celui-ci se leva et vint à la rencontre de ses visiteurs.

– Tavernier, je suis content de vous voir ici…

Jean Morin, les vêtements froissés, lui parut épuisé. Les deux hommes se serrèrent la main. À son tour, Challe se dirigea vers eux, son éternelle pipe entre les dents.

– En quel honneur, cette visite ? questionna-t-il sans tendre la main.

– Mon général, selon mon habitude, je viens aux informations, mais cette fois pour mon travail.

– Je n'ai rien à vous dire et, comme vous le voyez, nous sommes occupés : vous pourrez rapporter cela à votre patron…

– Je n'y manquerai pas, mon général.

– Les nouvelles de la métropole ne sont pas bonnes ; c'est la pagaille là-bas. Debré s'est couvert de ridicule et les chars qui stationnent devant la Chambre des députés ne sont que des tas de ferraille.

– Les chars, peut-être, mais le peuple de Paris semble bien décidé à faire barrage à la rébellion. Vous devriez vous rendre, mon général, avant que le sang ne coule…

– Qui vous parle de faire couler le sang ? Vous lisez trop de romans d'espionnage, Tavernier ! À votre âge, ce n'est pas sérieux. Maintenant, si vous n'avez rien de plus à me dire, vous pouvez vous retirer, j'ai du travail.

Le général Challe lui tourna le dos et revint à la table sur laquelle s'étalaient des cartes d'état-major et un vaste plan d'Alger.

– Venez, dit Gardes.

François obtempéra et suivit le colonel.

– Au fait, qu'est devenue la jeune Algérienne que nous avions tirée des griffes des légionnaires ? demanda Gardes, une fois dans le couloir.

Surpris par la question, François resta coi quelques instants.

– Elle va bien… Ma femme et son frère se trouvent auprès d'elle.

– Votre femme est à Alger ?… Ce n'est guère prudent. Nos « amis » légionnaires n'ont certainement pas digéré notre intervention. Ils risquent de chercher à se venger. Qu'elle rentre en France au plus vite !

– Je vois que Susini a fait état de notre conversation. Je vous remercie de votre sollicitude, mon colonel, j'en ferai part à ma femme.

– Quant à la jeune fille en question, vous m'avez menti : elle et son jeune frère sont bien des sympathisants du FLN.

– Comme la plupart des musulmans, non ?

Le colonel ne répondit pas. Ils descendirent les escaliers extérieurs puis, arrivés à proximité du monument aux morts, Gardes s'arrêta. D'une voix tremblante et néanmoins empreinte de conviction, il souffla :

– Notre cause est juste !

– Tout comme celle des Arabes…

– Oui, sans doute…

François regarda le colonel s'éloigner ; il lui sembla que ses étroites épaules s'étaient voûtées.

Songeur, François marchait droit devant lui. Ses pas le conduisirent sur les quais, jusqu'à la remise que Joseph Benguigui y possédait[1]. La porte en était ouverte. D'un transistor posé sur une étagère, s'échappait une chansonnette en vogue. Le taxi était là, capot levé ; un homme penché farfouillait dans le moteur. François lui posa la main sur l'épaule. L'autre se redressa brusquement et, de la tête, heurta le capot.

– Merde !… Tu m'as fait peur.

– Tu ne travailles pas, aujourd'hui ?

– Tu n'as pas entendu parler de leur saleté de grève ?

– Je croyais qu'elle était terminée… De toute façon, j'ai besoin de ton avis. D'un conseil.

– Oh là là ! Ça doit être grave pour que tu en sois à demander conseil à un pauvre chauffeur de taxi…

– Arrête tes conneries, Joseph. Je suis inquiet.

– Toi aussi ? ironisa l'Algérois. Bon, si c'est sérieux, allons boire un verre chez Ali. Lui, au moins, il ne fait pas grève…

Benguigui essuya ses mains tachées de cambouis, remit sa veste et ferma la porte de sa remise à double tour.

Au bistrot, deux musulmans jouaient aux dames. Derrière son comptoir, le patron affichait sa mine des mauvais jours. La main qu'il leur tendit était molle.

1. Voir *Alger, ville blanche.*

– Qu'est-ce que je vous sers ?

– Deux anisettes… Ça ne va pas ? Tu n'as pas l'air dans ton assiette…

– Parce que toi, tu l'es, dans ton assiette ? Les quatre retraités sont en train de foutre la merde dans cette putain de ville ! Cette nuit, un commando de leur nouvelle organisation secrète est venu me menacer parce que hier, je n'avais pas fermé boutique. Ils ont dit qu'ils reviendraient ce soir et foutraient le feu à la baraque s'ils la trouvaient ouverte… Mais, je les attends, ces p'tits cons ! Et pas avec des fleurs : tiens, regarde un peu…

De dessous son zinc, il extirpa une mitraillette et la brandit sous le nez des deux amis.

– Oh là ! se protégea Benguigui en faisant un bond en arrière. Calme-toi, c'est dangereux, ces engins-là !

– « OAS » qu'ils ont dit… J'vous jure qu'ils m'ont filé la trouille, ces p'tits cons. Paraît qu'ils ont froidement abattu le copain de Mohamed : dans le dos qu'ils ont tiré ! C'est pour ça qu'il est là, il les attend, lui aussi… Je vous le dis : il faut que les quatre généraux foutent le camp ! Pendant qu'ils font les guignols, le FLN rigole et attend patiemment son heure…

– Elle viendra…, fit froidement le second musulman qui jouait aux dames avec le dénommé Mohamed.

François et Joseph prirent leurs verres et allèrent s'asseoir à une table près de la porte.

– À ta santé !… Allez, déballe ton histoire.

– Je pense que Béchir a rejoint le FLN et qu'il est sur le point de faire une grosse bêtise.

– Ce ne serait pas surprenant…

– C'est tout ce que tu trouves à dire ?

– Mets-toi à sa place… On aurait torturé et violé ta femme ou ta fille, tu chercherais à te venger, non ? C'est naturel…

– Mais ça ne résoudra rien !

– Je le sais bien et je suis sûr que, lui aussi le sait, il en a conscience. Mais il n'a pas le choix, c'est une question d'honneur. Ici, pieds-noirs et musulmans, on ne badine pas avec l'honneur… Tu nous remets ça, Ali ?

Ils attendirent que le patron les eût servis pour reprendre leur discussion.

– Qu'est-ce que t'a dit le Grand, quand tu l'as vu à Paris ?

– Je ne peux pas en parler, pas même à toi…

– Il t'a chargé d'une mission ?

– Arrête tes questions, je ne te dirai rien. Si on te parle de moi, dis que je suis le nouveau représentant de Reuters.

– Bon, ça va… Quel conseil es-tu venu chercher ?

– Que ferais-tu à ma place, pour Béchir ?

– Je l'embarquerais avec sa sœur et ma famille pour la métropole. Là-bas, peut-être qu'il renoncerait à se venger… Ici, il est à la merci de n'importe quel idéologue, fou d'Allah assoiffé de martyre. Les imams font un vrai travail, du côté des jeunes, tout en les instruisant dans la religion du

Prophète. On a tort de les négliger : chaque jour, ils gagnent de nouveaux adeptes, séduits par l'islam, sa rigueur, sa pureté. Ce qu'on ne sait pas, c'est qu'ils n'enseignent pas seulement les versets du Coran, mais aussi le maniement des armes et des explosifs : ce sont des fous de Dieu ! Ils n'ont pas peur de la mort puisqu'elle doit leur permettre de gagner le Paradis où les martyrs seront accueillis par d'aimables *houris*[1]. Cela fait des années, maintenant, qu'ils ont fait leur nid au sein de la population qui les cache et qui les aide. Malins, ils ont su se faire aimer des pauvres qu'ils écoutent, instruisent, soignent, auxquels ils procurent du travail… etc. Pour les démunis, ce sont de saints hommes, des marabouts vénérés. Ce qui est terrible, c'est le fanatisme de ces gens-là. Je crains que ce ne soit le commencement d'un immense bouleversement du monde musulman ; et pas seulement en Algérie ! Si Béchir est tombé entre leurs mains, il est devenu dangereux pour vous comme pour lui-même. Il faut que tu te renseignes, que tu l'interroges. Peut-être n'est-il pas trop tard…

– Tu parais bien informé sur le sujet…

– Et pour cause : je suis juif et, à ce titre, menacé. Il y a eu de nombreux incidents dans les quartiers juifs de la ville. Des synagogues ont été souillées, des religieux insultés, voire molestés. La

1. Beautés célestes que le Coran promet aux musulmans fidèles.

presse locale n'en parle pas et, pour une fois, je lui donne raison : trop l'ébruiter donnerait sûrement des idées à d'autres abrutis. Pendant des siècles, mes ancêtres ont vécu tranquilles sur cette terre. Les communautés juive et musulmane ne se mélangeaient certes pas mais se respectaient : n'étions-nous pas tous des enfants du Livre ? C'est par ce foutu décret Crémieux que tout a commencé : nous, nous sommes devenus français mais pas les musulmans. Comment peut-on avoir voté une loi aussi imbécile, inique ? Nous, juifs d'Algérie, nous avons mangé notre pain blanc…

François détourna pudiquement le regard pour ne pas voir les yeux de son ami s'embuer.

Quand ils sortirent, un vent marin chargé d'embruns leur fouetta le visage.

18.

> *« J'ai de la sympathie pour le Barbaresque mais de la fureur chronique envers mon pays pour ce qu'il m'a fait faire. »*
>
> CERVANTÈS, cité par HÉLIE DE SAINT-MARC.

« Envers et contre tous, l'Algérie restera française !...

« Ça commence bien », pensa François en dépliant un tract trouvé dans son courrier. Il alluma une cigarette et poursuivit sa lecture :

Désormais, les jours du régime sont comptés !

Il tombera prochainement sous la pression des forces nationales de la contre-révolution !

La phase finale de la guerre d'Algérie est commencée.

Tous les traîtres, ceux qui sont au pouvoir, et ceux qui en profitent, vont disparaître : l'Histoire n'a pas toujours le sens que les maîtres de l'heure voudraient lui donner !

Les perquisitions, les arrestations, les emprisonnements ne serviront à rien ! On ne nous brisera pas !

La chasse aux traîtres est ouverte !

CECI EST UN DEUXIÈME AVERTISSEMENT !

Que ceux qui le recevront nommément sachent qu'ils seront pris, jugés, condamnés.

La France réelle va balayer la France légale.

Nous avons une certitude : CELLE DE LA VICTOIRE, SAUVER L'ALGÉRIE C'EST SAUVER LA FRANCE ET LA CHRÉTIENTÉ !

Dans un geste de lassitude, François froissa le papier.

– Qu'est-ce que c'est ? demanda Jeanne qui venait d'entrer.

– Des menaces de l'OAS.

– C'est sérieux ?

– Avec des malades comme Susini, tout est possible... Quel est le climat ce matin dans Alger ?

– À l'université, selon les bruits qui courent, c'est l'euphorie : les étudiants sont persuadés de la réussite du coup d'État. Un certain Sauge a succédé à Lagaillarde à la présidence de l'Association des étudiants... De votre côté, avez-vous reçu des nouvelles de Paris ?

– L'état d'urgence a été décrété. Ici, on a annoncé l'arrivée de Salan et de sa femme accompagnés du capitaine Ferrandi, l'aide de camp du général. Le Convair de Salan s'est posé à Maison-Blanche. Il s'est aussitôt rendu à sa villa pour revêtir un uniforme, puis il a rejoint le quartier Rignot où l'ont accueilli Jouhaud, Zeller et Challe ; ce dernier n'aurait d'ailleurs pas manifesté une grande joie en le revoyant. Il paraît que mon ami Coulet a été arrêté. Quant à André Rosfelder dont les éditoriaux virulents ont maintenu la pression au moment du 13 mai, il aurait pris le contrôle des émissions de la radio ; au passage, ils auraient rebaptisée la station « Radio-France ». La fine fleur des ultras se presserait à la Maison de la radio, dans l'immeuble flambant neuf du boulevard Bru. Georges Ras, un ancien journaliste de *La Voix du Nord*, en serait aussi. Lacheroy, Gardes et Broizat, quant à eux, se seraient spécialisés dans l'action psychologique. Sur le port, les CRS empêcheraient les navires d'appareiller et le 1er REP serait chargé d'assurer la sécurité d'Alger. Le discours du général de Gaulle a produit, sur ces gens-là, l'effet d'une douche froide. Et ce, d'autant plus que le contingent l'a accueilli avec enthousiasme. Pour les appelés, tout est clair : pas question de se joindre au soulèvement ! Et c'est la même chose à Oran, à Blida ou à Constantine. L'appel de Michel Debré a semé la panique dans les casernes où des pillages d'armes se sont produits afin d'empêcher les paras de débarquer en métropole.

– Tout paraît calme, pourtant : à la radio, on dit que les généraux reçoivent les journalistes et leur affirment qu'ils ont le peuple d'Algérie et l'Armée avec eux…

– C'est un mensonge ! Mais les colonels font tout pour en persuader le plus de monde possible et, à ce jeu-là, Gardes se montre le plus acharné.

– Il est fou !

– Il n'est pas le seul…

Ils restèrent silencieux quelques instants, l'air préoccupé.

– Non… Vous ne trouvez pas Malika bizarre depuis quelque temps, demanda François ?

– Que voulez-vous dire ? Je ne l'ai pas remarqué…

– Béchir et elle m'inquiètent. J'ai l'impression qu'ils nous cachent quelque chose.

– Vous en avez parlé à Léa ?

– Oui, elle aussi les trouve étranges…

– Je vais voir avec eux… Ont-ils des nouvelles de leur père ?

– Je crois : il est toujours détenu à Barberousse. Quant à leur mère, elle se serait réfugiée chez une sœur, dans le bled. Bon, moi, je vais faire un tour au quartier Rignot.

Là, régnait la plus grande pagaille. Dans les couloirs, des soldats chargés de dossiers se bousculaient. Lorsque François entra dans le bureau, le général Challe y marchait de long en large, pipe éteinte entre les dents, vêtu d'un pantalon et d'une chemise kaki, ne portant aucune décoration. Sur ses pattes d'épaulettes, brillaient faiblement ses cinq étoiles… Le général Zeller, les colonels de Boissieu et Cousteaux, présents dans la pièce, gardaient tête baissée.

– Ah, voilà le nouveau correspondant de Reuters ! s'exclama Challe à l'adresse de Tavernier.

Vous tombez bien : l'affaire est cuite ! Je ne vois plus d'issue et je ne veux pas que quelqu'un d'autre que moi porte la responsabilité de notre révolte. Je vais suivre vos conseils. Je me rends et me désigne comme premier coupable : prévenez le Général !

– Ah, non alors ! se récria Zeller. On n'est pas venus ici pour quatre jours ! Il va falloir se battre. L'affaire est plus grave qu'on ne l'a pensé, mais on va mettre sur pied une organisation militaire de résistance. J'en avais parlé, à Paris, avec le général Faure et…

– Ça suffit, Zeller ! Ma décision est prise. Tavernier, dites à l'Élysée que je me livre. Je suis le seul responsable de l'affaire. Je ne pose qu'une condition : qu'il n'y ait ni journalistes ni photographes à mon arrivée en métropole… Faites entrer les chefs de corps, je veux leur annoncer moi-même ma reddition.

Le commandant Hélie de Saint-Marc entra, suivi de La Chapelle et de Robin.

– Messieurs, rentrez dans vos garnisons avec vos unités. L'affaire est finie. Nous avons échoué. Il faut maintenant en tirer les conséquences. Je ne vous laisserai pas payer seuls, rassurez-vous, ce n'est pas mon genre !

– Mon général, tenta le commandant Robin en s'avançant, vous avez déclenché un coup, il faut aller jusqu'au bout. Nous y sommes prêts.

– Non, Robin, ce n'est pas possible.

– Dans ce cas, c'est criminel de l'avoir si mal préparé.

– Le putsch était parfaitement préparé pour ce que je voulais faire et j'avais reçu des assurances. Je n'ai commis qu'une seule erreur d'estimation : jamais je n'aurais cru qu'il y avait autant de salauds dans l'Armée française !

Le général Salan, flanqué du colonel Godard, entra à son tour. D'un rapide coup d'œil, il embrassa la scène. Brièvement, Challe lui fit part de sa décision.

– Vous êtes fou ! Nous devons poursuivre.

Sans répondre, le général Challe quitta la pièce.

Dans les escaliers, François croisa des officiers qui détournaient la tête afin de dissimuler leur désespoir. Un peu plus bas, le capitaine Léger, patron des « Bleus », était aux prises avec le capitaine Sergent :

– Léger, c'est une véritable trahison ! Maintenant, c'en est fini de l'Algérie française, nos derniers espoirs s'évanouissent. Nous, les jeunes officiers, c'est avec confiance que nous nous sommes lancés derrière ce chef-là !

– Calmez-vous, sergent, nous n'y pouvons rien…

– Je peux encore aller lui flanquer une balle dans la tête, à ce salaud !

– Cela ne changerait rien, croyez-moi… Rangez ce revolver.

Quittant le quartier Rignot, François croisa Jean-Jacques Susini qui arrivait, souffle court. Le jeune homme se planta devant lui.

– Je vais lui faire changer d'avis ! lança-t-il avec défi.

Tavernier ne dit mot et poursuivit son chemin.

La forte pente de la rue Michelet guidait ses pas. « Quel gâchis ! Quel désespoir pour en arriver là ! Comment un républicain, un soldat tel que Challe, a-t-il pu se laisser entraîner dans cette lamentable aventure ? », pensait-il. Mais, lui-même, ne s'était-il pas fait piéger ?... Tout à ses réflexions, François ne prêtait pas attention à ce qui l'entourait. Au croisement de la rue Charles-Vallin et de la rue Michelet, il ne remarqua pas une Aronde bleue qui démarrait. À mesure qu'il approchait du centre, la rue, jusque-là déserte, s'animait : en dépit de l'ordre de grève, les rideaux des magasins avaient été relevés. Un objet roula sur le trottoir, une voiture accéléra, une femme cria, un homme le plaqua au sol. Une explosion secoua les vitrines, certaines s'effondrèrent, des gens se mirent à courir. Le silence, puis des gémissements.

François se dégagea du corps qui l'immobilisait.

– Béchir !

Le visage du jeune cireur était couvert de sang. Ses yeux s'ouvrirent et un pauvre sourire éclaira ses traits. Le cœur serré, François lui rendit son sourire et, à l'aide de son mouchoir, essuya le sang qui coulait de son cuir chevelu.

– Je crois que ce n'est pas grave... des éclats de verre... Merci : sans toi, j'y serais resté... Tu crois que tu peux marcher ?

– Oui… Aide-moi !

Autour d'eux, plusieurs personnes avaient été blessées, d'autres tournaient sur elles-mêmes, hébétées… Bientôt, on entendit monter en puissance la sirène des ambulances et des voitures de police.

– Allons-nous-en ! souffla Béchir. Je ne veux pas avoir affaire à la police.

– Mais, il faut te soigner. Je vais te ramener à la villa.

– Non ! Je ne veux pas inquiéter Malika.

Ils firent quelques pas mais le jeune Algérien dut s'arrêter.

– Montez ! lança Benguigui en stoppant son taxi à leur hauteur.

– Tu tombes à pic ! se félicita François en aidant Béchir à s'installer.

– Fais attention à ne pas saloper les sièges… Bon, je vous emmène à l'hôpital Maillot… Maintenant, vous allez me dire ce qui s'est passé.

– Une grenade a explosé, répondit François.

– Et d'où elle venait, cette grenade ?

– Des Européens l'ont lancée d'une voiture, expliqua Béchir. Ils te suivaient depuis un moment.

– Et toi, qu'est-ce que tu faisais là ?

– Je te suivais aussi.

– On peut savoir pourquoi ?

– Ils ont décidé de te tuer.

– Qui ?

– Les légionnaires, les truands, l'OAS…

– Comment sais-tu cela ?

– J'ai mes informateurs…

– Il a raison, confirma Benguigui. J'allais te prévenir quand j'ai entendu l'explosion, puis je vous ai vus… Je ne pensais pas qu'ils passeraient si vite à l'acte.

– Ce matin, j'ai reçu une lettre de menaces de l'OAS.

– Et tu te balades dans les rues comme si de rien n'était ! Tu es inconscient ou quoi ? Tu cherches à te faire flinguer ?

– Dis pas de conneries. Je sortais du quartier Rignot : c'est terminé, Challe se retire.

– Enfin, une bonne nouvelle ! Ça va, petit ?… Merde ! il est dans les pommes.

Le Dr Duforget finissait de poser des points de suture sur le crâne de Béchir.

– Ce n'est pas grave mais tu ferais mieux de rester ici un jour ou deux, jugea le médecin.

– Non, docteur, merci : c'est impossible !

– Comme tu voudras…

– Avez-vous vu mon père ?

– Il va bien.

– C'est vrai ? Vous ne dites pas ça pour me rassurer ?

– Non, mon garçon, il est juste un peu fatigué.

Le médecin laissa le jeune homme aux mains d'une infirmière et rejoignit Tavernier et Benguigui dans la salle d'attente.

– Comment se porte notre blessé ? demanda aussitôt François.

– Aussi bien que possible. Il a la tête dure... En revanche, il y a quelque chose que je n'ai pas osé lui avouer...

– Quoi ? firent ensemble les deux hommes.

– Son père est mort.

François et Joseph se regardèrent consternés.

– Il n'a pas survécu aux coups et à la gégène : le cœur a lâché...

– Merde ! s'écria le chauffeur de taxi.

– Quand cela est-il arrivé ? questionna François.

– Il y a deux ou trois jours. Je l'ai appris hier par un gardien de Barberousse qui se fait soigner ici. Sa sœur et lui, il faut les faire partir pour la France le plus vite possible. Qu'en pensez-vous, monsieur Tavernier ?

– C'est aussi mon avis. Mais ça ne va pas être facile de les décider.

– Dites-leur que leur père a été transféré dans un camp où les visites sont interdites...

– J'essaierai, docteur.

Les trois hommes se séparèrent, soucieux. Lorsque Joseph et François voulurent récupérer Béchir, le jeune homme avait disparu de la salle de soins. Ils l'attendirent un moment avant de remonter en voiture puis Benguigui raccompagna François à la villa. Durant le trajet, les deux amis n'échangèrent pas une parole.

– Je ne partirai pas sans mon frère ! s'insurgeait Malika. Ça fait maintenant deux jours qu'il n'est pas rentré... Il lui est arrivé quelque chose !

– Mon enfant, je vous promets qu'il ira vous rejoindre, tenta de la raisonner Jeanne Martel-Rodriguez.

– Je ne vous crois pas !

– Malika, reprenez-vous ! lui enjoignit François. Vous ne pouvez pas rester ici, vous êtes en danger. Al-Alem m'a fait avertir que les légionnaires connaissaient maintenant votre cachette...

– Ça m'est égal ! Ils ne pourront pas me faire plus de mal qu'ils ne m'en ont déjà fait !

– Vous voulez mourir ?

– Ça aussi, ça m'est égal ! La vie n'a plus de sens, pour moi : mon père est dans un camp, mon frère a disparu... Que peut-il m'arriver de pire ?

– Malika, pourquoi tu pleures ? s'inquiéta Claire qui entrait, alertée par les cris.

– Ce n'est rien, ma petite chérie, se radoucit la jeune fille en prenant l'enfant dans ses bras.

Le soir même, Malika quittait discrètement la villa sans informer personne de sa destination. François lança aussitôt al-Alem et ses *yaouleds* à sa recherche. Personne, dans la Casbah, ne l'avait vue. Béchir restait également introuvable.

– Nous devons prévenir la police, avança Jeanne.

– Tu crois que la police s'intéressera à deux bougnoules en vadrouille ? gronda Farida.

– Tais-toi, vieille folle !

– C'est toi qui es folle et qui refuses de voir la réalité en face ! Tu te crois toujours au temps de ta splendeur quand, sur un mot de toi, tous s'inclinaient ? Ah, ah, ah, il est bien fini, ce temps-là !

– Mais tais-toi donc et retourne à ta cuisine !

L'Algérienne se retira, les yeux brûlant de ses rancœurs.

– Elle devient chaque jour de plus en plus insupportable…, constata, lasse, la maîtresse du domaine.

Le lendemain, Léa se rendit dans un bidonville situé du côté du cimetière d'El-Kettar ; la Croix-Rouge lui avait signalé une famille en grande détresse. L'endroit était sinistre, coincé entre l'hôpital et le cimetière musulman. Des gamins à demi nus couraient entre les tombes tandis que leurs mères puisaient de l'eau à l'unique fontaine de la nécropole. Les femmes suspendirent leur besogne et dévisagèrent cette insolite Européenne, vêtue d'un blue-jean, d'une chemise blanche et chaussée de tennis. Léa se dirigea vers elles.

– Bonjour, je cherche Yasmina.

– Des Yasmina, y'en a beaucoup, par ici…, répondit une femme d'une quarantaine d'années, d'abord méfiante.

Elle portait un beau visage, des tatouages aux mains et paraissait jouir d'une certaine autorité sur ses compagnes.

– Celle que je cherche a sept enfants et son dernier est actuellement malade.

– Ça doit être la Yasmina de Belcourt, celle qui est arrivée y'a une semaine… Qu'est-ce que tu lui veux ?

– J'apporte des médicaments… des vêtements aussi.

Après un moment d'hésitation, la femme tatouée dit simplement :

– Viens, suis-moi.

Léa sortit de sa voiture un ballot frappé d'une croix rouge. L'Algérienne s'en saisit et le posa sur sa tête. Elles marchèrent quelques instants sur un chemin défoncé où des chiens faméliques se disputaient les immondices. Des cabanes de tôle ondulée et de carton se dressaient de part et d'autre. Sur leur seuil, de vieilles femmes fabriquaient des galettes ou lavaient du linge, de plus jeunes donnaient le sein à leur nourrisson. Peu d'hommes, seulement des vieillards, tassés, immobiles sur des pierres. La femme s'arrêta devant une bicoque menaçant ruine.

– C'est ici, annonça-t-elle en écartant une guenille qui pendait à l'entrée.

Léa dut se courber pour en franchir le seuil. La puanteur des lieux la saisit à la gorge et il lui fallut quelques instants pour s'accommoder à la pénombre. Une femme, étendue sur des couvertures colorées, tenait un bébé entre ses bras ; le nourrisson offrait déjà un pauvre visage de vieillard. Des marmots maigres et sales l'entouraient. Le cœur serré, Léa s'approcha de l'enfant. La mère eut un geste de recul.

– N'aie pas peur, Yasmina, elle t'apporte des remèdes et des vêtements pour les petits, dit l'Algérienne.

– Trop tard : il est mort… Partez !

Celle qui avait guidé Léa déposa le paquet et approcha à son tour.

– Pauvre enfant…, soupira-t-elle.

Puis, se reprenant, elle décréta :

– Viens, ne restons pas ici.

Bouleversée, Léa obéit.

– Tu es toute pâle… Tu n'as jamais vu d'enfants morts de faim ? La mère n'avait plus de lait. Ici, c'est tous les jours qu'il en meurt… Tu ne vas pas te trouver mal, non ? Bon, viens chez moi, je vais te faire du thé.

Elles grimpèrent le long d'un étroit sentier. De là, elles dominaient toute la baie d'Alger.

– C'est beau, n'est-ce pas ? Tant de beauté, c'est un don d'Allah !

La masure de la femme possédait une porte ; elle l'ouvrit à l'aide d'une clé.

– Entre.

L'intérieur était propre, bien tenu, presque coquet.

– Assieds-toi.

Elle s'affaira tout de suite autour d'un réchaud rempli de braises sur lequel elle posa une théière en fer-blanc. Elle prit deux verres qu'elle essuya à l'aide de son foulard et les plaça sur un plateau de cuivre. Très vite, la pièce s'emplit du parfum de la menthe. Quand le thé fut servi, elles burent en silence, assises devant l'habitation, contemplant la mer. Une larme coula sur la joue de Léa.

– Ne pleure pas, c'est la volonté d'Allah.

– Comment peux-tu dire cela ? Allah – ou peu importe comment tu l'appelles – n'est pour rien dans la mort de ce bébé. C'est de la bêtise et de la méchanceté des hommes qu'il est mort !

L'Algérienne lui jeta un regard étonné. En contrebas, dans le chemin, des gamins se bousculaient, des femmes se lamentaient en agitant les bras.

– Que se passe-t-il ? cria l'Algérienne dans leur direction.

– Y a une jeune fille morte dans le cimetière ! lui répondit-on.

– Quoi ?

– Une fille assassinée près de la tombe du marabout !

Léa et son hôtesse se levèrent et coururent vers le groupe. Les pierres roulaient sous leurs pas, soulevant de légers nuages de poussière.

– C'est par là qu'on l'a trouvée ! déclara un garçonnet d'une dizaine d'années.

La petite troupe, bientôt grossie par d'autres habitants du bidonville, suivait le guide improvisé. Un attroupement leur désigna l'endroit où avait eu lieu la macabre découverte. Les deux femmes approchèrent. Le corps, à demi nu, gisait entre deux tombes et des mouches bourdonnaient autour de son abondante chevelure noire. La femme se pencha et retourna le cadavre. Une exclamation d'horreur, des lamentations aussi montèrent de la foule : le torse de la malheureuse n'était qu'une plaie ; la pointe des seins avait été arrachée. Quant au visage qui avait dû être beau, il était troué de brûlures de cigarettes. Les yeux, grands ouverts, reflétaient encore tous les tourments que la pauvre victime avait dû endurer. Le bleu de sa robe, lacérée et souillée, était insupportable à voir. Léa reconnut la soie qu'elle avait choisie à Noël.

– Malika ! hurla-t-elle, tombant sur ses genoux.

Elle se traîna jusqu'au corps, l'enlaça, essaya de lui fermer les yeux, y renonça et couvrit le malheureux visage de baisers. Le visage de la jeune violoniste vietnamienne quelle avait tuée à sa demande[1], vint se superposer à celui de l'Algérienne.

– Malika… ma petite chérie…, sanglotait-elle en la berçant.

D'abord, la foule s'était tue. Mais, bientôt, un grondement de colère monta. Toute à son désespoir, Léa n'y prêta guère attention. Une première pierre l'atteignit à l'épaule. Surprise, elle releva la tête. Une deuxième lui déchira le front, une troisième tomba, puis une quatrième. À la cinquième, elle perdit connaissance.

– Arrêtez !… Arrêtez !…

Al-Alem et ses *yaouleds* s'interposèrent.

– Elle a tué une Algérienne ! glapit une adolescente.

1. Voir *Rue de la Soie.*

– Elle n'a tué personne et cette fille était son amie ! Je réponds d'elle ! hurlait al-Alem. Dispersez-vous, la police va rappliquer ! Et pas un mot sur la Française : il y va de vos vies !... Quelqu'un pour m'aider, vite !

– Moi, fit la femme tatouée. Que faut-il faire ?

– Peux-tu la cacher ? lui dit-il en désignant Léa.

– Combien de temps ?

– Disons, jusqu'à ce que la nuit soit tombée.

– C'est possible… Mon nom est Djamila. Toi, je te connais mais, elle, comment s'appelle-t-elle ?

– Léa.

– Elle revient à elle !

Al-Alem se pencha et lui souleva la tête.

– Tu vas suivre Djamila : elle va te cacher jusqu'à la nuit.

– Et Malika ?

– On ne peut plus rien pour elle… Dépêche-toi, la police ne va plus tarder !

19.

> *« J'ai peur du Français, du Kabyle, du soldat, du fellagha. Il y a en moi le Français, il y a en moi le Kabyle. Mais j'ai horreur de ceux qui tirent, non parce qu'ils peuvent me tuer, mais parce qu'ils ont le courage de tuer. »*
>
> MOULOUD FERAOUN.

Le commissaire Bourdieu s'était rapidement rendu sur les lieux du drame. Il interrogea d'abord les gamins qui avaient découvert le corps puis quelques femmes : évidemment, personne n'avait rien à signaler de particulier... Bien qu'habitué aux violences et aux assassinats, le policier éprouva quelques difficultés à dissimuler l'émotion qui l'étreignait. Parmi la petite foule, il reconnut al-Alem qui n'avait toujours pas quitté le bidonville ; il l'interpella :

– Hé toi, tu la connaissais, cette fille ?

– Oui, elle demeurait chez les Martel-Rodriguez.

– C'est la jeune Algérienne qui...

– Oui. Elle avait disparu de la villa depuis deux jours et, avec des amis, on s'était lancés à sa recherche.

– Pourquoi ne pas avoir prévenu la police ?

– Depuis quand la disparition d'une musulmane intéresse-t-elle les flics d'Alger ? !

– Hum… Avait-elle de la famille ?

– Un frère qui, lui aussi, reste introuvable. Sa mère s'est réfugiée au bled, chez des parents, et son père a été assassiné à Barberousse…

– Je vois… Viens, ordonna-t-il à al-Alem. Allons prévenir ceux qui l'hébergeaient.

Quand ils arrivèrent à la villa, François en était absent ; Jeanne s'y trouvait seule avec les enfants. À l'annonce de la mort de Malika, elle éclata en sanglots. Bientôt, Camille et Adrien joignirent leurs larmes aux siennes. Blême, Mme Martel-Rodriguez interrogea le commissaire sur les circonstances du décès.

– Elle a été torturée puis sans doute violée ; nous en saurons plus après l'autopsie… Qui, selon vous, aurait eu intérêt à commettre un tel acte ? Le moindre soupçon peut nous aider dans notre enquête, vous savez…

Jeanne resta silencieuse.

– Vous devez bien avoir une idée… Pensez-vous que ceux qui s'en étaient déjà pris à elle auraient pu revenir à la charge ?… Souhaitait-elle porter plainte contre eux ?… Qu'ils passent en jugement ?… C'était un témoin gênant, n'est-ce pas ?

– Je n'en sais rien mais c'est probable…

– On m'a dit que son frère avait également disparu…

– Ça fait trois jours que nous ne l'avons pas vu.

– Et ça ne vous a pas inquiétés ?

– Non, ils étaient libres d'aller et venir.

– M. et Mme Tavernier sont-ils ici ?

– Non. M. Tavernier doit se trouver au GG. Quant à sa épouse, elle devait porter médicaments et vêtements dans un bidonville du nord-ouest d'Alger, El-Kettar, je crois.

– Quoi ? !…, s'étrangla le commissaire.

– Eh bien, oui, de temps à autre elle contribue aux actions de la Croix-Rouge…

– Il faut absolument prévenir son mari !

– Mais enfin, que se passe-t-il ?

– Le corps de Malika a, précisément, été découvert dans le cimetière d'El-Kettar !

– Oh, mon Dieu ! s'effondra Jeanne.

– Maman ! soupira Camille.

– Allô ! Allô ! Passez-moi le bureau de M. Morin, c'est urgent !… De la part de la résidence Martel-Rodriguez… Merci… Allô ! Je voudrais parler à M. Tavernier… Quoi ? Parti !… Il y a une heure… Vous ne savez pas où ?… Merci.

Jeanne raccrocha rageusement.

– Il faut immédiatement retourner là-bas, décida al-Alem après le départ des policiers.

– Je viens avec toi, annonça Adrien.

– Si tu veux... Madame, soyez prudente. Si François revient pendant notre absence, dites-lui où nous sommes dit al-Alem.

– Mon chauffeur va vous conduire.

La foule avait déserté le cimetière. Seuls deux sergents de ville montaient la garde à l'endroit où l'on avait découvert le corps supplicié. Al-Alem renvoya la voiture. Une grande femme tatouée qui se tenait sur le bord du chemin, poings sur les hanches, les dévisagea.

– Débarrasse-nous des flics, recommanda al-Alem au jeune Tavernier.

– Messieurs, je vous remercie de votre aide, dit Adrien. Nous allons rester ici un moment pour nous recueillir.

– Ce n'est guère prudent, jeune homme...

– Rassurez-vous, nous ne risquons rien... Et remerciez bien le commissaire !

L'heure du déjeuner approchait et les deux hommes ne se firent pas prier plus longtemps. Dès qu'ils eurent regagné leur voiture et que celle-ci eut disparu dans un nuage de poussière, al-Alem aborda la femme.

– Allons chez toi, dit-il.

Quand ils entrèrent dans la masure, les narines d'Adrien frémirent.

– Maman était ici il n'y a pas longtemps, affirma le garçon.

Al-Alem renifla à son tour.

– À part le thé à la menthe, je ne sens rien...

– Ça sent Shalimar, son parfum !

Comme elle l'avait fait pour Léa, l'Algérienne s'affaira autour de son réchaud et leur présenta rapidement des verres fumants.

L'Algérien discuta quelques instants à voix basse avec la femme puis se tourna vers Adrien.

– Léa est en sécurité : là où elle se trouve, ils ne la découvriront pas. Maintenant, c'est de Béchir qu'il faut se préoccuper.

– Que sais-tu au sujet de Malika ?

– Peu de chose : hier, Béchir est venu me trouver ; il venait de croiser, place des Trois-Horloges, un légionnaire qui, en le bousculant, lui a lancé : « On a ta sœur. Cette fois, elle ne parlera plus. La prochaine sur la liste, c'est la belle Française ! » Béchir, qui croyait Malika à la villa, en est resté comme paralysé. Le temps qu'il reprenne ses esprits, l'autre avait filé. Depuis, je n'ai pas revu Béchir mais, avec mes *yaouleds,* on est partis aux renseignements. On a appris qu'on avait entendu des cris de femme non loin de la caserne d'Orléans : les grands bâtiments que tu vois en contrebas, sont ceux de la caserne. Les gens du coin n'y ont pas vraiment prêté attention ; c'est assez fréquent que les militaires y amènent des filles plus ou moins consentantes… Les assassins de Malika ont dû l'enlever quelques minutes après son départ de la villa ; ils devaient surveiller la propriété… Ils l'ont torturée et tuée peu de temps après mais ce n'est que tôt, ce matin, qu'ils ont déposé le corps au cimetière d'El-Kettar qui n'est qu'à deux pas des casernements. Sans doute cherchaient-ils à se débarrasser d'un cadavre encombrant... À moins qu'ils ne l'aient fait que par une sorte de défi...

– Comment cela ?

– Sous la torture, Malika leur a peut-être appris que Léa devait se rendre au bidonville... À présent, il faut absolument retrouver Béchir.

– Attention ! les alerta Djamila. Une voiture monte la côte... Un taxi !

– C'est Papa ! s'écria Adrien en se précipitant au-devant du véhicule.

Lorsque François descendit de voiture, il se jeta dans les bras de son père.

– Maman va bien !

– Cet endroit a tout d'un coupe-gorge..., grogna Benguigui en regardant autour de lui.

– Racontez-moi ce qui s'est passé, ordonna François, un bras passé autour des épaules de son fils.

Tour à tour, al-Alem et Djamila l'informèrent de ce qu'ils savaient. À mesure qu'avançait leur récit, le visage de François se contractait.

– Tu es sûr de l'endroit où elle se trouve ? s'inquiéta-t-il auprès d'al-Alem.

– Tout à fait sûr !

– Bien. Maintenant, il faut retrouver ces salauds et les mettre hors d'état de nuire. Celui que nous devons prendre en premier, c'est leur chef, Jaime Ortiz. Mais, pour une raison que j'ignore, son colonel le protège... Al-Alem, sais-tu où l'on pourrait le trouver ?

– Je sais qu'il fréquente un café de Bab-el-Oued qui fait un peu bordel. Il y passe presque toutes ses nuits : depuis quelque temps, ils ont une nouvelle pensionnaire qui, dit-on, viendrait du même pays que lui… Le café sert aussi de lieu de rendez-vous aux frères Mattei, aux ultras ou à ceux de la nouvelle organisation, l'OAS. L'endroit est bien sûr sous la surveillance de la police mais certains flics, d'origine espagnole comme la patronne, la préviennent quand une descente doit se produire. Jusqu'à présent, hormis le tapage nocturne, la police n'a rien pu prouver contre eux.

– Et toi, tu peux y entrer facilement ?

– Quand la patronne est là, la belle Carmen, ça va : elle m'a à la bonne depuis qu'on a couché ensemble… Elle aime les très jeunes gens et tout particulièrement les bicots ; bien entendu, elle préfère que ça ne se sache pas : ce serait mauvais pour son commerce ! Il paraît que je suis le meilleur coup qu'elle ait connu ! Ça fait une semaine qu'on ne s'est vus et je dois commencer à lui manquer… Je vais aller y faire un tour.

– N'oublie pas que certains légionnaires te connaissent…

– Je ne l'oublie pas mais, rassure-toi, quand je vais là-bas, je suis méconnaissable.

Benguigui paraissait soucieux. François s'en aperçut.

– Parle, Joseph, qu'est-ce qui ne va pas ?

– Je connais l'endroit dont parle le gamin, c'est un vrai traquenard.

– Il a raison, mais je connais les lieux comme ma poche : il y a plusieurs issues, une à la cave, une autre derrière le comptoir, une enfin dans la chambre de la belle Carmen. Et elles débouchent sur trois rues différentes. Je vous indiquerai lesquelles, vous n'aurez qu'à m'y attendre.

– Ça ne me dit rien de bon qui vaille… En tout cas, sur ce coup-là, ne comptez pas sur moi ! décréta Benguigui.

Il revint finalement au Dr Duforget d'annoncer à Béchir, venu faire renouveler ses pansements, l'assassinat de sa sœur. Le jeune homme accueillit la nouvelle avec un calme surprenant.

– Mon père est mort aussi, n'est-ce pas, docteur ?

Le médecin inclina la tête en signe d'assentiment.

– Je suppose qu'ils se sont débarrassés de son corps… Mais, est-ce que je pourrais voir celui de ma sœur ?

– Ne fais pas ça, petit, ça te ferait du mal…

Béchir eut un rire qui fit frissonner Duforget.

– Plus rien ne peut me faire du mal !

– Ne crois pas ça.

– Docteur, je veux voir ma sœur !

– Elle est à la morgue de l'hôpital d'El-Kettar… Tu veux qu'on t'accompagne ?

– Non. Merci, docteur.

Le jeune homme quitta l'hôpital Maillot par le rue du Cardinal-Verdier, au coin du cimetière européen. Une pluie fine s'était mise à tomber. Il marchait lentement. Pris d'un étourdissement, il s'arrêta à l'angle de l'avenue de Bouzarea : depuis trois jours, il n'avait presque rien mangé. Il regretta d'avoir refusé la nourriture qu'on lui avait proposée à l'hôpital. Il fit encore quelques pas avant d'entrer dans une gargote de la rue Fourchault. Le patron lui servit de la semoule arrosée de jus de viande. À la première bouchée, Béchir fut pris de nausées ; il sortit précipitamment dans la rue. Le cafetier, qui l'avait suivi sur le pas de sa porte, s'inquiéta :

– C'est pas ma cuisine qui te fait dégueuler, quand même ?

Béchir le rassura.

– Non, excusez-moi… Vous n'auriez pas un thé bien fort, plutôt ?

Très sucrée, la boisson lui redonna quelque force. Il paya et repartit vers l'hôpital d'El-Kettar.

Alerté par le Dr Duforget, le préposé à la morgue l'accueillit avec égard.

– C'est là, dit enfin l'employé en poussant une porte.

Dès l'entrée, un froid glacial saisissait le visiteur. La vaste pièce était éclairée par des néons qui diffusaient une lumière blafarde. Le préposé se dirigea vers le fond et écarta un rideau de toile blanche. Sur une table, reposait le corps, recouvert d'un drap, de Malika. Béchir s'avança, contempla longuement le visage martyrisé, puis approcha ses lèvres du front pâli, y déposa un baiser. En se redressant, il découvrit qu'al-Alem et François se tenaient là, silencieux, en retrait. Ils firent quelques pas vers lui et, lorsque leurs bras s'étreignirent, le jeune homme eut un bref sanglot avant de se dégager de leur étreinte.

Les trois hommes quittèrent la pièce en silence et parcoururent de longs couloirs sombres dont le sol avait été rendu glissant par l'incessant passage des chariots. Ils montèrent dans la voiture qui attendait, garée dans la cour de l'hôpital.

– Ce soir, nous réglerons son compte à l'assassin de Malika, déclara sobrement al-Alem.

– Ne dis pas « nous » : c'est moi qui égorgerai ce chien !

20.

« L'injustice, à la fin, produit l'indépendance. »

VOLTAIRE.

Installés à la terrasse d'un café de Bab-el-Oued, à proximité de la place des Trois-Horloges, François et Joseph Benguigui semblaient siroter une anisette. Autour d'eux, les pieds-noirs discutaient du départ des généraux et de l'avenir de l'Algérie. On percevait chez eux un profond désenchantement et la crainte du futur les tenaillait. François considérait ces gens qui, pour la plupart, ne connaissaient rien de la métropole et devraient sans doute, dans peu de temps, quitter ce pays où ils étaient nés. Il s'agissait de gens simples, exerçant de petits métiers dans le quartier même où ils avaient grandi. Jusqu'à présent, leur labeur quotidien mis à part, tout leur avait semblé facile ; ils vivaient sans trop de souci du lendemain avec le sentiment que rien, de leur monde, ne changerait jamais. Longtemps, ils avaient voulu croire que les musulmans étaient, eux aussi, heureux de leur sort, que la France leur avait apporté écoles, hôpitaux et travail… Qu'avaient-ils besoin d'indépendance ? La liberté, ce n'était pas fait pour eux. Sans la France, que deviendraient-ils ? Les Arabes « retomberaient » dans leur misère et leur ignorance. Pourtant, chacun sentait confusément que les Européens se mentaient, que la vie faite aux musulmans était une vie d'esclavage et de mépris. Même si beaucoup de pieds-noirs avaient grandi parmi les musulmans, ils vivaient côte à côte mais ne partageaient rien.

Un jeune homme élégant s'approcha de leur table.

– Puis-je m'asseoir ? demanda-t-il.

François et Joseph mirent quelques secondes à reconnaître al-Alem.

– Appelez-moi Marius, chuchota-t-il.

– Je vous sers quoi ? interrogea le garçon.

– Une anisette bien tassée. Et remettrez la même chose à mes amis !

– Bien, monsieur.

– Béchir et mes *yaouleds* sont planqués non loin d'ici. Dans vingt minutes, nous irons chez la belle Carmen : elle m'attend…

Quand ils entrèrent dans le café, deux légionnaires déjà saouls se cramponnaient au bar. Aucun des deux ne semblait appartenir à la bande d'Ortiz. Les trois amis s'attablèrent près de l'entrée. La patronne elle-même vint prendre leur commande. Le regard qu'elle lança à « Marius » était lourd de promesses. Le jeune homme frôla ses seins ; telle une chatte, Carmen se frotta à lui.

– Tu as envie, toi aussi…, susurra-t-elle.

La porte s'ouvrit avec fracas : Ortiz venait de faire son entrée, suivi de ses comparses habituels. Sans un mot, ils se dirigèrent vers une arrière-salle que dissimulait une portière de perles. Elle cliqueta longuement après leur passage.

– Ils sont dans le piège, dit al-Alem à voix basse.

Bientôt, des bruits de chaises renversées, des jurons et des cris leur parvinrent. Les légionnaires qui consommaient au bar se levèrent. À peine furent-ils debout que François et Benguigui les assommèrent à l'aide des matraques qu'ils avaient tenues dissimulées sous leurs vestes. La patronne poussa un cri.

– Montez chez vous, madame : cette affaire ne vous concerne pas !

– Mais il faut appeler la police…

– Obéis, ordonna « Marius. » Je te rejoins.

À leur tour, quatre *yaouleds* firent leur entrée.

À reculons, la femme monta l'escalier en colimaçon qui s'élevait derrière son comptoir. Quand elle eut disparu, Benguigui se posta devant l'entrée. Al-Alem et ses jeunes compagnons écartèrent le rideau de perles : Jaime Ortiz et ses acolytes considéraient, incrédules, ces gamins loqueteux qui les tenaient maintenant en respect après les avoir désarmés. Lorsque Ortiz vit entrer Tavernier, il comprit qu'il ne sortirait pas vivant de la pièce.

– Tu peux me descendre, cracha-t-il, mais les copains me vengeront : ils feront la peau à ta putain !

Le poing de François lui écrasa le nez. Sur un signe d'al-Alem, les *yaouleds* se précipitèrent sur les deux autres légionnaires. Les deux hommes tombèrent tout de suite sous les coups de couteau des jeunes mendiants.

– Ne le tuez pas ! hurla Béchir. Il est à moi !

Le frère de Malika se planta devant l'assassin de sa sœur et, d'un geste brusque, lui coupa une oreille. Le hurlement d'Ortiz sembla celui d'un porc. L'autre oreille rejoignit la première sur le carrelage sale.

– Pitié ! glapissait l'Argentin à genoux.

– Est-ce que tu as eu pitié de ma sœur ?

– Tu ne vas pas le laisser me tuer ? suppliait-il en agrippant la veste de Tavernier.

François se dégagea avec dégoût.

– Finissons-en, commanda-t-il à l'adresse de Béchir. Il ne mérite pas que tu t'abaisses à son niveau.

L'Algérien hésita ; la haine et le désespoir lui dévoraient le cœur. Son bras armé se détendit et, de la gorge ouverte de l'Argentin, s'échappèrent des flots de sang. Pendant quelques instants, on n'entendit plus qu'un sinistre gargouillis.

– Partez, vous autres, vous connaissez le chemin… Soyez prudents, recommanda encore al-Alem d'une voix douce à ses compagnons.

Quand ils rejoignirent Benguigui dans la salle du café, celui-ci était blême et tremblait de tout son corps : les deux légionnaires n'avaient pas encore repris connaissance.

– Rentrez à la villa, conclut al-Alem, je vais m'occuper de Carmen. Demain, nous irons chercher Léa.

Béchir partit de son côté. Benguigui retrouva son taxi dans une rue adjacente et raccompagna François, conduisant tel un somnambule.

Dans la nuit, une charge de plastic explosa dans la Casbah, détruisant plusieurs habitations, tuant cinq personnes, en blessant une dizaine d'autres. Plus tard, l'attentat fut revendiqué par l'OAS.

Le lendemain, le commissaire Bourdieu demanda à voir François. Celui-ci se présenta quelques minutes plus tard, les traits tirés, le visage mal rasé. Le policier lui demanda où il se trouvait la veille au soir, aux alentours de vingt et une heures.

– Je travaillais dans ma chambre. Pourquoi ?

– Il y a eu un règlement de comptes, cette nuit, dans un café de Bab-el-Oued que fréquentent légionnaires et ultras. Trois d'entre eux ont été tués à l'arme blanche. L'un d'eux était un certain Ortiz, Jaime Ortiz. Quelqu'un de votre connaissance, je crois ?…

– En effet mais je ne vous dirai pas, monsieur le commissaire, que sa mort m'afflige. Au contraire, je m'en réjouis.

– Ce n'est guère chrétien, monsieur Tavernier…

– Certes, mais cet homme était le Mal incarné.

– Était-ce une raison suffisante pour l'assassiner de cette façon ?

François ne répondit pas.

– Cela ne vous surprendra certainement pas, monsieur Tavernier, si je vous dis que je ne crois pas à votre présence ici, hier au soir.

– Pour tout vous dire, monsieur le commissaire, le contraire m'eût étonné. C'est cependant la vérité... Interrogez Mme Martel-Rodriguez ou les domestiques : ils vous le confirmeront.

– Je n'en doute pas : comme vous, ils mentiront... Au fait, avez-vous retrouvé votre épouse ?

– Je l'attends d'un moment à l'autre.

– Bien, voilà au moins une bonne nouvelle...

Farida qui avait assisté sans rien dire à l'entretien, raccompagna le policier. Elle revint se planter devant François.

– Vous n'étiez pas ici, hier soir, monsieur, et je sais comment l'assassin de Malika est mort. C'est bien. Vous avez aidé nos frères à la venger et je vous en remercie. Maintenant, il faut sauver Béchir. Vous pouvez y contribuer.

– Je ne demande pas mieux, Farida, vous le savez.

– Oui, je le sais. Vous ne ressemblez pas aux autres Blancs. Vous n'avez pas de mépris pour nous. Béchir, lui, il vous aime, il a confiance en vous.

– Je l'aime aussi, mais sa haine et sa souffrance sont telles qu'il ne peut plus entendre les paroles de sympathie. Il est seul avec sa peine et désire, pour l'instant, le rester.

Un domestique fit irruption en criant :

– Mme Léa est là !

François se rua au jardin. Léa et al-Alem venaient tranquillement vers lui. Il descendit à leur rencontre et prit sa femme dans ses bras.

– Ma chérie !

– François, oh, François ! balbutia-t-elle.

Prévenus par les domestiques, les enfants accouraient au-devant de leur mère. Leurs cousins, Jeanne et Philomène les suivirent bientôt.

– Maman !… Maman !…

À tour de rôle, Adrien et Camille l'embrassèrent.

– Comme tu as l'air fatigué, Maman, remarqua Camille.

– C'est vrai, ma chérie, observa à son tour François. Tu sembles épuisée.

– Venez donc vous mettre au lit, chère amie, proposa Jeanne en l'embrassant.

– Avant, j'aimerais bien prendre un bain…

Les journaux d'Alger publiaient des récits émouvants du départ des légionnaires du 1er REP de Zéralda.

François avait connu, dans la cuvette de Diên Biên Phu, la plupart des officiers de ce régiment formé, en 1955, avec les survivants du 1er bataillon de parachutistes. Ensemble, ils avaient fait l'expérience des camps viêtminh. En ce matin du 28 avril 1961, des tanks encerclaient la base de

Zéralda. À l'intérieur, les hommes du 1er REP se mirent au garde-à-vous. Tandis que le clairon sonnait, on amena les couleurs puis on replia le drapeau. À l'extérieur, massés sur les bas-côtés, les Européens se manifestèrent lors de la sortie des camions à bord desquels avaient pris place les légionnaires. « Vive la Légion ! », « Vive l'Algérie française ! », entendit-on. Des femmes jetaient des bouquets, d'autres envoyaient des baisers aux militaires sur le départ. « Au revoir ! » leur criaient les hommes. Soudain, une voix monta d'un véhicule, puis une autre... Bientôt, un chant grossit, lent comme la marche de la Légion : « Non, rien de rien, non, je ne regrette rien... » La fameuse chanson d'Édith Piaf tint lieu, à ces hommes, d'hymne d'adieu.

Le 1er REP fut dissous le 30 avril 1961 et ne fut jamais reconstitué.

Le corps de Béchir fut retrouvé près de l'amirauté ; le jeune homme avait été égorgé. François apprit par al-Alem que le meurtre avait été commandité par le FLN auprès de qui Béchir passait pour un agent double.

Peu après l'enterrement, François, Léa et tous les enfants embarquèrent sans plus tarder à destination de Marseille. À leur arrivée, deux voitures les conduisirent à Montillac. Les grandes vacances approchant, les enfants ne retournèrent pas en classe.

Au lendemain de ces événements, le général de Gaulle, à l'occasion du seizième anniversaire de ce qu'il appela « une victoire que la France atteignit à travers un océan de douleurs, mais qui lui rouvrit l'avenir », s'adressa aux Français « d'un cœur ferme et confiant ». Depuis le palais de l'Élysée, le chef de l'État poursuivit en ces termes son allocution radio et télédiffusée :

Non que je ne ressente amèrement, comme vous tous, ce qu'eut d'odieux et de stupide le pronunciamiento *perpétré en Algérie [...]. Mais, si indispensables que soient les sanctions prises ou à prendre à la suite de l'insurrection, si pressant qu'apparaisse l'affermissement de l'État vis-à-vis de ses propres services, si importante que puisse être la solution du problème algérien, la condition qui domine tout l'avenir de la France, c'est que ses enfants se rassemblent pour une grande tâche nationale. Aujourd'hui, comme il en fut toujours, c'est par l'ambition collective que nous vaincrons nos divisions et trouverons l'espoir et la foi. Quelle tâche ? Quelle ambition ? Celles que nous dictent, tout à la fois, le caractère du temps et du monde où nous sommes, les nécessités de la vie de notre peuple, l'impulsion profonde qui, déjà, s'y fait jour et que va multiplier l'entrée en ligne d'une nombreuse jeunesse. Le développement de la France ! Telle est l'immense entreprise que nous offrent la puissance, la fraternité, la grandeur.*

Le 31 mai, le commissaire Robert Gavoury fut assassiné chez lui, en plein centre d'Alger, par Bobby Dovecar, un ex-légionnaire yougoslave. Le tueur s'était procuré les clefs de l'appartement et l'attendait à l'intérieur. Aucun voisin, entendant ses appels à l'aide, n'avait bougé…

Depuis son retour à Montillac, Léa errait comme une âme en peine sur le domaine. Oubliant les moments heureux vécus jadis à Montillac, assaillie par de dramatiques souvenirs, harcelée par ses fantômes, la jeune femme sombrait dans une noire tristesse. Rien ne semblait l'intéresser ; ni les pitreries de Claire ni la joie de vivre des autres enfants ne parvenaient à l'égayer. Elle passait de longs moments au cimetière de Verdelais, sur la tombe de ses parents, les suppliant de lui venir en aide. Mais, sans cesse revenaient les horribles images de la guerre, du corps mutilé de Malika. François s'inquiétait.

À Paris, les généraux Challe et Zeller avaient été condamnés à quinze ans de forteresse et les officiers qui les avaient suivis, à de lourdes peine de prison. Au mois de juillet, Salan et Jouhaud, en fuite ainsi que le général Gardy, les colonels Argoud, Broizat, Gardes, Godard et Lacheroy, furent condamnés à mort par contumace par le Haut Tribunal militaire. Les attentats perpétrés par le FLN et par l'OAS se multipliaient en France comme en Algérie. À Évian, se poursuivaient les pourparlers entre la France et le GPRA. Après huit jours de discussion, les négociations furent suspendues entre les délégués français et algériens, les premiers refusant de reconnaître l'appartenance du Sahara au futur État algérien. À Paris, presque quotidiennement, des cadavres de Nord-Africains étaient repêchés dans la Seine ; certains avaient subi d'affreuses mutilations. Au même moment, les relations diplomatiques entre la France et la Tunisie furent rompues à cause de la controverse sur la rétrocession de la base militaire de Bizerte. À la veille de la conférence qui devait réunir gouvernement français et représentants du FLN, le maire d'Évian, Camille Blanc, fut assassiné par l'OAS.

À Berlin, se développa tout au long de ce mois d'août une grave crise internationale : chaque jour, plus de cinquante mille Berlinois de l'Est passaient la frontière pour aller travailler à l'Ouest. Chaque jour, nombreux étaient ceux qui ne rentraient pas chez eux, le soir venu. Un mur fut dressé entre les deux zones et seuls douze points de passage interzones, sur quatre-vingt-dix, restèrent ouverts. Les habitants de la RDA ne pouvaient les franchir sans autorisation expresse.

Marilyn Monroe se suicidait, puis Ernest Hemingway. Louis-Ferdinand Céline disparaissait.

À la hauteur de Pont-sur-Seine, le général de Gaulle et son épouse, en route pour Colombey-les-Deux-Églises, échappèrent à un attentat fomenté par l'OAS. Après s'être inquiété de l'état de santé des passagers du convoi présidentiel, le Général s'écria : « Ces messieurs de l'OAS tirent comme des cochons ! »

À Montillac, l'automne était splendide. On s'y préparait aux vendanges et à la rentrée des classes. Léa semblait avoir recouvré un peu de sa sérénité et reprenait progressivement en main la gestion du domaine. Il fut d'abord décidé que les petits Tavernier, tout comme leurs cousins, entreraient en pension à Bordeaux. Seule Claire resterait à Montillac et se rendrait chaque jour à l'école de Verdelais. Les poursuites contre Charles ayant été abandonnées et son sursis prolongé, il avait résolu de reprendre ses études de droit à la faculté de Paris. Il fut convenu qu'il logerait dans l'appartement de la rue de l'Université. Marie-France Duhamel poursuivait, elle aussi, ses études de droit. Ils s'y retrouvèrent.

– Que devient ton frère ? lui demanda-t-il, un jour qu'ils prenaient un verre aux Deux Magots.

– Je n'en sais rien. Il n'a pas repris ses études : il milite pour l'Algérie française.

– Comment ? Il n'a pas compris que tout cela était terminé et que l'Algérie allait accéder à l'indépendance ?

– Non. Il considère que cette terre est française et qu'elle le restera, fût-ce au prix de sa vie…

– Il est fou !

– C'est ce que je lui ai dit mais il a rencontré un ancien officier, venu en France recruter pour cette nouvelle organisation dirigée par le général Salan…

– L'OAS ?

– Oui.

– Et comment s'appelle cet officier ?

– Je ne sais pas. Il a été reçu à la maison où il a séduit mon père comme ma mère par ses bonnes manières et ses beaux yeux bleus. Je crois même que mon père lui a remis de l'argent…

– Mais… c'est de la folie ! C'est l'OAS qui a organisé l'attentat contre de Gaulle !

La jeune fille eut un geste d'impuissance avant de demander :

– Demain, tu iras à la manifestation de soutien aux musulmans qui protestent contre le couvre-feu ?

– Oui mais, quant à toi, je préférerais que tu n'y ailles pas : il risque d'y avoir des débordements…

– Ne sois pas idiot, c'est une manifestation pacifique et les musulmans doivent y venir avec femmes et enfants…

21.

« Si j'étais dans leur peau à tous, je passerais dans les rangs du FLN. »

Un lieutenant.

Ce 17 octobre, Charles et Marie-France s'étaient donné rendez-vous à la station de métro « Saint-Michel ». De nombreux Algériens, en habit du dimanche, accompagnés de leurs femmes et de leurs enfants, s'étaient regroupés quai des Grands-Augustins. Un jeune Français de dix-huit ans, Daniel Mermet, se trouvait parmi eux. À un bout du pont Saint-Michel, du côté de la préfecture de police, se dressait un barrage. Soudain, les forces de l'ordre qui avaient été regroupées derrière chargèrent. Tentant d'échapper à l'offensive, l'un des manifestants sauta par-dessus la rambarde du pont contre laquelle il se dissimula. Un policier revint sur ses pas, se pencha et frappa l'Algérien, réfugié sur la margelle, à coups de crosse de fusil. D'autres agents le rejoignirent et cognèrent à leur tour. L'homme lâcha prise et tomba dans le fleuve où il disparut. Une Française tenta, en vain, d'empêcher d'autres agents de précipiter à la Seine de jeunes gens qui s'agrippaient à la rambarde. Elle dévala l'escalier qui menait à la berge, se déshabilla sommairement, se jeta à l'eau et parvint à sauver deux des malheureux. Dans tout le quartier Latin, la chasse à l'homme était ouverte. Des personnes tombées à terre furent piétinées par des gardiens de la paix à la course ou des manifestants en fuite. Rue Saint-Séverin, rue de la Huchette, rue du Chat-qui-Pêche, les gens tentaient de se réfugier dans les immeubles. À l'aide de leurs matraques, des membres des forces de l'ordre assommaient à tour de bras, liaient les mains de leurs victimes avant de les précipiter à la Seine. « Un bougnoule de moins ! », se réjouit un jeune agent. Boulevard Saint-Michel, une Algérienne fut jetée au sol, son bébé dans les bras. Une femme tenta de se saisir de la matraque qui continuait de frapper un jeune homme qui gisait, inanimé et la tête en sang. « Arrêtez ! Arrêtez ! », hurlait-elle…

Toute une partie de la nuit, la ratonnade perdura.

Le lendemain, des dizaines de corps furent repêchés dans la Seine. La préfecture de police évalua le nombre des manifestants à trente mille. Onze mille cinq cent trente-huit personnes furent appréhendées et conduites dans les centres de détention ouverts au palais des Sports ou au stade de Coubertin. La police ne fit état que de trois morts et d'une soixantaine de blessés. En fait – et bien que ce chiffre soit sans doute très inférieur à la réalité –, on dénombra trois cent vingt-cinq victimes.

Charles n'avait pensé qu'à protéger Marie-France des bousculades. Il l'entraîna dans la brasserie qui faisait l'angle du quai des Grands-Augustins et de la place Saint-Michel. De là, ils assistèrent, impuissants, aux matraquages et virent, horrifiés, des policiers précipiter des manifestants à l'eau.

Vers deux heures du matin, le quartier recouvra son calme et ils regagnèrent la rue de l'Université en passant par les petites rues. Au carrefour de Buci, des jeunes gens portant le brassard de la Croix-Rouge donnaient les premiers soins à des rescapés. La rue Jacob était sombre et déserte. Il pleuvait.

Dans la semaine qui suivit, des rafles furent opérées à Paris et dans les grandes villes de province, parmi la communauté musulmane et les milieux d'extrême droite. Là encore, de nouvelles exactions se produisirent et nombreux furent les Arabes à subir humiliations et mauvais traitements. Les hôpitaux eurent à soigner de multiples traumatismes crâniens et à réduire nombre de fractures.

Pendant ce temps-là, les attentats de l'OAS se multipliaient tant en France qu'en Algérie. À Alger, on parlait à voix basse de certains commandos « Delta » qu'aurait dirigés le lieutenant Degueldre, à qui l'on attribuait aussi meurtres et attentats. Le général Salan, chef de l'OAS, envoya à Paris Victor Canal – dit « le Monocle » en raison de l'énucléation de son œil gauche qui l'obligeait à en porter un – afin de développer l'Organisation en métropole, sous le nom de « Mission France-III ». Ingénieur, Canal avait fondé à Alger, après guerre, la Société algérienne d'études et de constructions industrielles pour la vente de métaux, articles sanitaires, robinetteries et chaudières ; c'était un homme d'affaires important. À son arrivée à Paris, il s'installa rue des Archives, sous le nom de René Duprat, et commença à constituer son propre groupe. Pierre Sergent, le réel responsable de l'Organisation en métropole, le reçut fort mal et s'irrita encore davantage lorsque Canal lui donna à lire la « décision 14 » en date du 2 décembre 1961, rédigée de la main même de Salan :

1. Je charge le détenteur de cette décision établie en un exemplaire unique d'être mon représentant en Métropole du réseau Action-Finances.

2. Sa mission est dénommée : France-III.

3. À ce titre, il coordonnera tous les réseaux actuellement existant sous le titre de l'O.A.S. Ceux qui ne voudront pas se placer sous son autorité, donc sous la mienne, se placent de ce fait en dehors de l'O.A.S.

Le général d'Armée Raoul Salan,
Chef suprême de l'OAS.
Signé : Salan.

Après lecture de cette résolution, Sergent refusa la tutelle du Monocle, avant de s'ingénier à lui mettre des bâtons dans les roues et à le discréditer auprès des membres de l'Organisation.

Le général de Gaulle convoqua François Tavernier à l'Élysée et lui confia la constitution d'une cellule de lutte contre l'OAS.

– J'ai besoin de vous pour une sale besogne, Tavernier : il faut éliminer les chefs de l'OAS.

François rencontra Alexandre Sanguinetti à qui le chef de l'État avait donné des instructions dans ce sens. Cette mission ultrasecrète ne devait pas le rester très longtemps. En effet, en novembre 1961, Lucien Bodard titrait, dans *France-Soir*, un long article : « Les barbouzes arrivent ! » L'appellation devait leur rester.

Sous les ordres de Roger Frey, ministre de l'Intérieur, la petite équipe se mit en place ; elle comptait Alexandre Sanguinetti, Lucien Bitterlin, Pierre Lemarchand, André Goulay, Dominique Ponchardier et François Tavernier. Le syndicaliste Denis Forestier définit ainsi ce qu'il fallait entendre par « Comité national pour la paix négociée et contre l'OAS » : « Ce Comité doit être composé d'hommes résolus et énergiques, n'émanant pas forcément des organisations représentées. Il doit avoir des fonds propres, un siège à lui, des objectifs précis mais limités dans le temps : organiser et protéger des manifestations de masse anti-OAS, fournir des renseignements sur les activités des activistes, assurer la sécurité des personnes menacées. »

François fut chargé de prendre contact avec le général Salan, avec le colonel Gardes soupçonné lui aussi d'exercer de larges responsabilités au sein de l'OAS, avec le capitaine Pierre Sergent croisé au quartier Rignot d'Alger au moment du putsch, ainsi qu'avec André Canal. Il devait se rendre à nouveau à Alger et entrer rapidement en rapport avec le colonel Debrosse, celui-là même qui, au moment des barricades, avait vu ses hommes tomber sous les balles des activistes. Debrosse y était devenu le maître d'œuvre de la répression anti-OAS.

En outre, la Ville blanche attendait l'arrivée des réseaux de police parallèle, chargés de la lutte contre l'Organisation.

Au moment où François débarquait à Alger, le colonel Debrosse fut pourtant rappelé en France. Son remplaçant, le colonel Pierre, en provenance de Dakar, y était attendu. Sans plus tarder, François, par l'entremise de Benguigui, joignit le capitaine Jean Ferrandi, aide de camp du général Salan. Rendez-vous fut pris au bar du Cintra. Après une solide poignée de main, les deux hommes trinquèrent à leurs retrouvailles. François alla directement au but :

– J'aimerais rencontrer Salan.

– Mais…

– Ne dites rien et écoutez-moi. Je sais que le général est à Alger, qu'il demeure dans un appartement appartenant à André Canal et que vous le voyez tous les jours. Voulez-vous lui faire part de mon désir de m'entretenir avec lui ?

– Je vais essayer.

– Demain, c'est vendredi : Comme chaque week-end, il se rendra, avec Mme Salan et sa fille Dominique, dans la villa que possède Canal à Kouba. Je pourrais lui rendre visite…

– Je vais voir ce que je peux faire. À quel hôtel êtes-vous descendu ?

– Au Saint-George.

– Je vous y donnerai une réponse dans la soirée.

Le lendemain soir, François se présenta à la villa de Kouba où il était attendu pour le dîner. Mme Salan le reçut fort aimablement. Quant au « Mandarin », c'est tout juste s'il ne tomba pas dans les bras de son invité.

– Quel plaisir de vous revoir, Tavernier ! Le temps passe si vite : il me semble que c'était hier que vous veniez me demander de l'aide pour retrouver Mme Tavernier…

François ne fut pas la dupe de cet accueil ni de la chaleur des propos : habilement, le général venait de lui rappeler combien il restait son débiteur.

– Je n'ai rien oublié, mon général, et je vous en suis toujours extrêmement reconnaissant.

Un domestique apporta un plateau chargé de bouteilles et de verres.

– Que buvez-vous, Tavernier ?

– La même chose que vous, mon général.

– Très bien. Alors, ce sera deux whiskies… Comment se porte votre ravissante épouse ?

– Très bien, mon général, je vous en remercie.

– À votre santé !… Venons-en au fait, Tavernier. Vous êtes ici pour entraver l'action de l'OAS, n'est-ce pas ?

– On ne peut rien vous cacher, mon général…

Salan parut surpris par cette franchise.

– Vous êtes donc l'une de ces « barbouzes » annoncées ?

– On peut présenter les choses de cette façon… Me permettez-vous, mon général, d'aller jusqu'au bout de ma pensée ?

– Allez, Tavernier. Je ne vois pas très bien comment je pourrais vous en empêcher…

– Rendez-vous, mon général.

Salan eut un haut-le-corps puis se leva, livide.

– C'est le général de Gaulle qui parle par votre bouche ?

– Non, je ne fais que vous suggérer la solution qui me semble la plus honorable pour vous.

– Laissez mon honneur tranquille, s'il vous plaît ; il est sans doute plus en paix que celui de De Gaulle : je n'ai pas renié ma parole, moi ! Je sais ce que j'ai à faire. Vous ne me convaincrez pas comme Challes.

– Il se serait rendu sans mon intervention. Mon général, que vous le vouliez ou non, l'Algérie sera indépendante et vous serez jugé pour haute trahison. Vous allez envoyer des dizaines de pauvres types à la mort pour une cause perdue et...

– Foutez-moi la paix, Tavernier ! Les hommes de l'OAS sont déterminés à se battre jusqu'au bout et feront tout pour empêcher que la France ne perde l'Algérie.

– Mais, elle est déjà perdue !

– L'Algérie n'est pas l'Indochine : nous ne laisserons pas une terre française entre les mains du FLN ! Dans toute l'Algérie, des commandos se tiennent prêts à passer à l'action. Nous montrerons à la métropole comment des hommes de cœur savent mourir.

– Ils mourront sans aucun doute, tandis que vous resterez en vie ! Ce n'est pas une fin digne d'un soldat comme vous.

Le général Salan se tut un moment, vida son verre d'un trait.

– Lorsque vous avez eu besoin de moi, en Indochine, j'ai été là. Aujourd'hui, j'ai besoin de vous... Le rôle que vous vous apprêtez à jouer contre moi est indigne de vous. L'OAS est puissante, vos barbouzes ne seront pas à la hauteur : vous devez les convaincre d'abandonner la partie. Sinon... elles seront éliminées !

– Mon général, ce sont des menaces et je ne puis les accepter. Je sais ce que je vous dois. Cependant, ma mission est d'empêcher l'OAS de commettre de nouveaux crimes et je ne m'y déroberai pas. Ce n'est pas en faisant sauter des boutiques, en plaçant des bombes dans les quartiers arabes, en tuant des femmes et des gosses que vous rendrez populaire votre cause !

– Nous avons tout le peuple pied-noir derrière nous.

– À table ! les interrompit Mme Salan en entrant.

Le dîner se révéla plutôt agréable en dépit de la morosité qu'affichait le général.

– Vous ne semblez pas dans votre assiette, mon ami ? remarqua celle que le général appelait « Biche ».

« Le Chinois » jeta un regard éteint à son épouse.

– Ce n'est rien, un peu de fatigue…

Après le repas, les hommes fumèrent le cigare en buvant du café.

– Merci de votre visite, Tavernier. Je ne vous retiens pas…

François monta dans la voiture qu'il avait louée pour l'occasion et reprit la direction d'Alger. En ville, les Européens étaient de sortie, s'apprêtant à dîner au restaurant ou à voir un film. Les rues grouillaient de monde, les Vespa pétaradaient. Les jeunes filles portaient leur plus belle robe et les garçons, à la terrasse des cafés, plaisantaient en les regardant passer. Une belle soirée s'annonçait. Soudain, une Peugeot grise s'arrêta dans un crissement de freins. Trois hommes armés de fusils en descendirent et, placidement, ouvrirent le feu sur un groupe de musulmans qui attendait le passage du tramway. Deux femmes tombèrent, leur *haïk* taché de sang, tandis que d'autres s'enfuyaient à toutes jambes. Des tracts furent lancés de la voiture qui, sous les applaudissements des Européens, repartit en trombe. François se baissa pour ramasser l'un des petits carrés de papier et lut : « L'OAS frappe où elle veut, quand elle veut. »

Indifférente, la foule regardait les corps. Les sirènes des ambulances déchiraient l'air.

– Les cons ! murmura-t-il en froissant le feuillet.

Un homme en uniforme de parachutiste, coiffé d'une casquette à carreaux, se dressa devant François et le dévisagea. Très grand, les traits chevalins, les yeux verts, il portait ses cheveux châtains coupés en brosse. Ce visage ne lui était pas inconnu. Où diable l'avait-il déjà rencontré ? Comme s'il avait lu dans ses pensées, le para l'éclaira :

– Diên Biên Phu… C'est à Diên Biên Phu que nous nous sommes croisés : vous vous souvenez ? j'étais sergent, j'ai été blessé au combat et l'on m'a promu adjudant. Je suis maintenant lieutenant et… déserteur. Le premier officier déserteur de l'Armée française ! Mon nom est Roger Degueldre. Quand nos colonels nous ont intéressés à l'Algérie, je me suis senti repris par une pensée que j'avais oubliée. Je leur ai dit, après la Semaine des barricades : « Faites bien attention. Vous affirmez que rien ne nous empêchera de garder l'Algérie à la France. J'ai prêté serment tout comme vous. Mais, sachez bien qu'en ce qui me concerne, il sera respecté. J'irai jusqu'au bout. » Je sais pourquoi vous êtes à Alger,

Tavernier. Soyez sûr que je vous combattrai par tous les moyens. J'ai sous mes ordres des hommes déterminés, d'anciens contre-terroristes. Je leur ai dit : « Nous ferons d'Alger un nouveau Budapest ! »

– Pourquoi me dites-vous tout cela ?

– Pour que vous sachiez à qui vous avez affaire, qui va vous combattre, vous et les sbires que Paris nous envoie. Je n'aime pas les confidences mais vous êtes un type bien.

– Vous avez du cran mais cela ne vous servira à rien. Encore une fois, vous serez la dupe des généraux et des colonels qui vous feront exécuter les sales besognes et vous laisseront tomber lorsque vous serez pris.

Le regard de Degueldre se voila.

– Sans doute avez-vous raison. Seulement, ce n'est pas pour eux que je suis passé à l'action, mais pour ces pauvres bougres qu'on s'apprête à jeter dehors.

– Avec ou sans vous, ils perdront tout.

– Je ne serai plus là pour le voir…

Après un salut militaire, Degueldre tourna les talons et s'éloigna. François demeura immobile quelques instants, réfléchissant à ce qu'il venait d'entendre. Il fallait qu'il voie Morin. Selon ses informations, le délégué général s'était réfugié au Rocher-Noir, une bourgade pas trop éloignée d'Alger et de l'aéroport de Maison-Blanche. Les bâtiments du Rocher-Noir étaient l'œuvre de Delouvrier ; leur construction avait été entreprise au lendemain de la Semaine des barricades. Plus question, pour lui, de se retrouver prisonnier de factieux. Tout le personnel administratif du GG s'était replié dans ces nouveaux locaux dont la peinture n'avait pas eu le temps de sécher. François reprit sa voiture et s'y dirigea. Parvenu à destination, il demanda à rencontrer Jean Morin. Celui-ci le reçut dans son bureau, au bout d'un sinistre couloir.

– Entrez, Tavernier ! Je suis heureux de vous revoir. Le décor n'est pas extraordinaire ; ça nous change d'Alger… M. Joxe m'a annoncé votre venue et celle de vos compagnons. Il vous faudra entrer en contact avec Lucien Bitterlin qui coordonne temporairement les actions anti-OAS en remplacement de Debrosse… Vous le connaissez, je crois ?

– Oui, je l'ai déjà rencontré.

– C'est un homme sûr, vous pourrez compter sur lui.

– Je viens de croiser un certain Degueldre.

– Ah… Lui et ses « Delta », comme il les appelle, sont de dangereux tueurs. Ils ont déjà plusieurs assassinats à leur actif. Vous devrez les éliminer.

– Ce ne sera pas facile, mais je m'y emploierai.

– Êtes-vous armé ?

– J'ai un pistolet dans mes bagages à l'hôtel.

– Ce ne sera pas suffisant. Il vous faudra des mitraillettes et du plastic… etc.

– J'ai également vu le général Salan.

– Où ? Ici, à Alger ? !

– Oui.

– Dites-moi où le trouver et je lui envoie les gendarmes !

François décocha un froid regard à son interlocuteur.

– Vous plaisantez, je pense ?

Jean Morin rougit.

– C'est… c'est votre devoir de me dire où il se trouve, bafouilla-t-il.

– Ne comptez pas sur moi. Si je l'ai trouvé, il ne doit pas être difficile à vos services de mettre la main dessus. Tout Alger sait où il demeure avec sa femme et sa fille…

Le délégué leva les bras au ciel.

– Ce qui est facile pour vous ne l'est pas pour moi ! Cependant, je comprends vos scrupules… Revoyez Salan et persuadez-le de se rendre.

– Salan n'est pas Challe : ce que j'ai obtenu de ce dernier, je ne l'obtiendrai pas du « Chinois ».

– Essayez, soupira le délégué, essayez…

Quelques minutes plus tard, les deux hommes se séparèrent.

De retour au Saint-George, François appela Joseph Benguigui. Il le trouva cloué chez lui par une sciatique.

– Je ne peux pas bouger. Viens chez moi si c'est important. Nous serons tranquilles : ma femme est à la plage avec ses neveux et ne rentrera que demain.

22.

Des couples enlacés marchaient au long du front de mer. Sous les regards de leurs mères, des gamins se poursuivaient en poussant des cris. À bord de camions stationnés dans les rues adjacentes, des militaires fumaient tout en bavardant. Le ciel était étoilé, l'air fleurait bon le jasmin et la friture, la nuit s'annonçait douce. François gara sa voiture devant l'immeuble qu'habitaient les Benguigui. La cage d'escalier, faiblement éclairée, sentait toujours l'ail, mâtiné cette fois des effluves d'un parfum bon marché. Derrière les portes closes, on entendait la musique que diffusaient des transistors. François frappa.

– Entre, fit une voix étouffée.

François poussa la porte ; l'appartement était plongé dans l'obscurité.

– N'allume pas, recommanda la voix.

François obéit et avança à tâtons. L'encadrement d'une fenêtre se détacha dans la pénombre. Son pied heurta une chaise.

– Ne fais pas de bruit… Je suis ici.

– Que fais-tu dans le noir ?

– Approche… J'ai, moi aussi, reçu des menaces de l'OAS : une balle enfermée dans un petit cercueil de bois. C'est pour ça que j'ai envoyé ma femme chez sa sœur. J'espère qu'elle y sera en sécurité…

– Mais, pourquoi toi ? Que te veut l'OAS ?

– Ils m'ont d'abord demandé de l'argent pour leur cause. J'ai refusé. Ils sont revenus à la charge, prétextant que tous les chauffeurs de taxi « cotisaient » et que ceux qui refusaient étaient tenus pour des traîtres. De plus, un collègue m'a dénoncé comme l'un de tes agents de renseignement. Un autre taxi m'a décrit comme l'ami des Arabes, rapportant que j'en avais sauvé une avec toi. Enfin Carmen, la patronne du café et l'amie d'al-Alem, m'a reconnu parmi les exécuteurs des légionnaires. Cela fait beaucoup pour un seul homme… Ils m'ont condamné à mort ! Alors, je m'attends à les voir débarquer d'un instant à l'autre…

– As-tu été voir la police ?

– Tu plaisantes ? Autant aller me jeter dans la gueule du loup ! Toute la police d'Alger est OAS et renseigne les « Delta ».

– Les hommes de Degueldre ?

– Je vois que tu es au courant…

– J'irai le trouver : nous étions ensemble à Diên Biên Phu. Malgré tout, ça crée des liens et je peux tenter de faire jouer cette solidarité-là… En attendant, tu ne dois pas rester ici.

À peine François avait-il terminé sa phrase qu'une énorme explosion ébranla l'immeuble. Les vitres de toutes les fenêtres volèrent en éclats. Des coups de feu furent tirés en direction de l'appartement. François se jeta sur son camarade. Ensemble, ils roulèrent jusqu'à l'extrémité de la pièce. Un tir de bazooka pulvérisa la façade puis le silence retomba. Les deux hommes se relevèrent, couverts de poussière et de plâtre.

– Vite, filons ! trancha François.

Trop tard : une cavalcade retentissait dans l'escalier.

– J'ai une chambre de bonne sous les toits : allons-y !

Ils y restèrent tapis pendant plus d'une heure. Lorsque tout redevint calme, ils redescendirent. Sur le pas de leur porte, les locataires se lamentaient. Ils ne prêtèrent aucune attention aux deux hommes tout barbouillés de blanc qui passèrent devant eux. Dans la rue, des véhicules de police et des ambulances attendaient. À l'endroit où François avait garé sa voiture, ne s'élevait plus qu'un amas de tôles tordues et de restes calcinés.

– Il va falloir y aller à pied.

– Mon taxi n'est pas loin.

– Est-ce bien prudent de s'en servir ? Tes collègues le connaissent…

– Tu as raison. J'ai une vieille camionnette dans ma remise sur le port. Ça fait une trotte mais je ne vois rien d'autre à faire…

– Allons-y !

Le véhicule paraissait hors d'âge mais son moteur, soigneusement entretenu, tournait comme celui d'une voiture de luxe.

– Où allons-nous ? demanda François.

– Je n'en sais rien... Tu as une idée ?

– Chez ta belle-sœur ?

– Non, c'est là qu'ils iront me chercher en premier. Et puis je ne veux pas mettre la vie de ma femme en danger.

– Tu n'as pas un ami qui pourrait t'héberger ?

– Je n'ai plus d'amis depuis longtemps. En fait, depuis que je t'ai rencontré et que j'ai commencé de t'aider...

Touché, François lui lança un regard reconnaissant.

– J'en suis désolé... Je ne vois que deux endroits : le Rocher-Noir ou la Casbah.

– Le Rocher-Noir ou la Casbah : comme tu y vas ! Ni l'un ni l'autre ne me disent grand-chose.

– Si tu as une meilleure proposition à faire, n'hésite pas... Mais, ne restons pas là, on va finir par nous repérer.

– Et Mme Martel-Rodriguez ?

– Quel con je suis !

– Je ne vois qu'elle ou al-Alem..., ajouta Benguigui en démarrant. Il avait oublié sa sciatique.

Malgré l'heure tardive, Jeanne Martel-Rodriguez les accueillit avec amabilité. Quand elle sut la raison de leur visite, elle demeura songeuse quelques instants.

– Moi aussi, j'ai reçu des menaces, avoua-t-elle enfin.

– Vous ! s'exclama le chauffeur de taxi.

– Oui, ils ont appris pour Malika et Béchir et, pour cela, ils me mettent à l'amende. Mais j'ai refusé de payer.

– Et vous avez bien fait, approuva François.

– Je n'en suis pas si sûre..., soupira-t-elle. Comment se portent Léa et les enfants ? Ils me manquent...

– Ils vont bien, je vous remercie. Eux aussi regrettent l'Algérie... Vous devriez venir passer quelque temps à Montillac, Léa en serait heureuse.

– Moi aussi, mon ami, mais je ne peux pas laisser mon pays en ce moment : j'aurais l'impression de commettre une lâcheté, de trahir... Comment tout cela va-t-il se terminer ?... Chaque jour, cette maudite organisation assassine. Croit-elle que c'est comme cela que nous nous ferons accepter par l'Algérie nouvelle ?

Farida apporta des boissons puis s'éclipsa après avoir longuement fixé François. Tous trois burent en silence. Jeanne les conduisit à leurs chambres et leur souhaita bonne nuit.

Quand Joseph se fut retiré dans la sienne, François alluma une cigarette et patienta. Bientôt, on frappa doucement à sa porte.

– Je vous attendais, dit-il en laissant entrer Farida.

La musulmane regarda autour d'elle comme pour s'assurer qu'ils étaient bien seuls.

– Ils ont lancé un ordre d'exécution contre vous, lâcha-t-elle. Et ce n'est pas tout : ils projettent un attentat en France contre votre famille.

– Comment le savez-vous ?

– L'un de mes cousins sert parfois de chauffeur à des combattants du FLN dont certains sont en relation avec les commandos « Delta ». Il les a entendus parler de vous. Comme il sait que je vous connais et que j'ai de l'estime pour vous, il m'a prévenue.

– Que fricote le FLN avec l'OAS ?

– Ils essaient de trouver un point d'accord.

– Un point d'accord ? !

– Oui, pour après l'indépendance.

– Voilà qui est intéressant… Merci, Farida. Votre patronne a, elle aussi, reçu des menaces…

– Je sais.

– Cela ne semble pas trop vous émouvoir…

La musulmane haussa les épaules et ne répondit pas.

– Je vais essayer d'appeler Léa en France. Merci encore, Farida. Bonne nuit.

– Bonne nuit, monsieur.

À la seconde tentative, François obtint la communication avec Montillac. Léa répondit d'une voix ensommeillée :

– Allô ?…

– Allô, ma chérie, c'est moi.

– Tu… tu sais l'heure qu'il est ?

– Oui, excuse-moi mais c'est important : tu n'aurais pas reçu des menaces, par hasard ?

À l'autre bout du fil, il y eut un long silence.

– Allô ?… Tu es là ?

– Oui, mais comment le sais-tu ?

– Léa, tu es complètement folle ! Pourquoi ne m'as-tu rien dit ?

– Je ne voulais pas t'inquiéter…

– Eh bien, c'est réussi ! Qu'as-tu reçu exactement ?

– Un de ces petits cercueils comme on en envoyait aux collabos, pendant la guerre…

– Et tu ne m'as rien dit !

– J'ai cru à une mauvaise plaisanterie…

– Ce n'en est pas une ! Préviens la police.

– Mais je n'ai rien à craindre, ici…

– Ici comme ailleurs, tu es en danger ! Tu n'as rien remarqué de particulier ?

– Non… tout est calme, il fait très chaud… Demain, nous allons au bord de la mer, avec les enfants… Tu me manques. Quand rentres-tu ?

– Bientôt, j'espère… Mais, je t'en supplie, sois prudente et préviens la police.

– Si ça peut te rassurer, mon chéri…

– Embrasse les enfants et rendors-toi, mon amour.

Rongé d'anxiété, François raccrocha.

Le lendemain, François se rendit au Rocher-Noir afin d'y avertir Jean Morin des menaces reçues par lui-même comme dans son entourage.

– Partez, lui conseilla le délégué général. Vous risquez de vous faire descendre. Quant à Mme Martel-Rodriguez, je vais mettre deux hommes devant chez elle et prévenir le commissaire Grassein ; c'est lui qui s'occupe de la lutte anti-OAS. Il essaie de combattre l'Organisation sur son propre terrain, malgré l'attitude de la population européenne tout acquise à ce poison. Pour lutter efficacement contre l'OAS, il faudrait rapatrier tous les inspecteurs et CRS pieds-noirs, dissoudre leurs compagnies et noyer leurs membres dans des unités sûres. Ensuite, m'envoyer au moins une centaine d'inspecteurs métropolitains, inconnus en Algérie, qui auraient pour tâche exclusive la recherche des têtes de l'OAS. Vous savez, ce que me répondent les responsables de la police et de la gendarmerie quand j'aborde ces problèmes ? « L'Algérie, c'est perdu, l'OAS y est maîtresse. Le gouvernement n'a qu'à donner à l'Armée l'ordre d'intervenir. Nous, ici, on n'a pas assez de police ; si on rapatrie des policiers pieds-noirs, on va "pourrir" la France. » C'est ridicule, leur ai-je expliqué : « Quatre-vingts pour cent de la France est pour de Gaulle. Vous n'avez pas d'inquiétude à avoir. Mais, si Salan et l'Armée prenaient le pouvoir, ce serait grave et pour l'Algérie et pour la métropole. La priorité va donc à la lutte anti-OAS à Alger. » Je n'ai pas réussi à me faire entendre de Roger Frey, le ministre de l'Intérieur. En désespoir de cause, j'ai fait appel au général de Gaulle. En plein conseil interministériel, il m'a dit, après avoir évoqué les ratonnades d'août et de septembre :

« " J'ai l'impression, monsieur le délégué, que les autorités civiles n'ont pas accompli leur mission."

« J'ai fait valoir que la police d'Alger était défaillante, que je ne disposais pas de forces de police dignes de ce nom.

« "Je ne suis pas convaincu", m'a-t-il répondu.

« Plus tard, en audience privée, il m'a promis des renforts ; "les meilleurs", a-t-il ajouté. Je les attends toujours... En revanche, je n'ai pas attendu les conseils de Paris pour employer, en ville, l'Armée contre l'OAS. Mais, à chaque fois, je me suis heurté au général Ailleret, le commandant en chef, qui m'oppose que ce n'est "pas le métier des troupes". En fait, ce qu'il n'ose pas me dire, c'est qu'il n'est pas sûr de tous ses hommes. Voilà où nous en sommes, Tavernier ! Pourtant, un certain changement se fait jour : Degueldre et ses "Delta" ont été trop loin, provoquant l'indignation de certains officiers. J'ai là un ordre du jour, émanant du haut commandement, qui va être promulgué dans les heures qui viennent... Tenez... Lisez-le :

À toutes les forces de l'ordre : De récentes opérations de police viennent de prouver à l'évidence que les organisations activistes qui se disent OAS, sont en réalité des organisations subversives visant, par le terrorisme et la guerre civile, à renverser les institutions de la République et à imposer au pays, par la force, la politique et la volonté d'une minorité. Une mission permanente de l'Armée étant la défense de la loi par le maintien de l'ordre public, son devoir est simple et net : mettre hors d'état de nuire les organisations révolutionnaires caractérisées et agissantes…

– C'est une véritable déclaration de guerre, s'interrompit François avant de poursuivre sa lecture.

… apporter leur concours aux forces de police chargées de neutraliser la soi-disant OAS, récupérer les armes, les munitions détenues par les factieux, s'opposer à toute propagande, protéger la population contre les extorsions de fonds…

– Espérons que cela suffira à calmer ces fous furieux… commenta-t-il en terminant. À moins qu'au contraire, cela ne les excite davantage…

– C'est à craindre, mais il faut se montrer ferme ! Que va faire votre ami Benguigui ?

– Je n'en sais rien… Je suis très inquiet.

Les deux hommes se séparèrent consternés : jamais, ils ne s'étaient sentis aussi seuls.

En réponse aux attentats et aux assassinats commis par les commandos de l'OAS, le FLN reprit les siens au cœur des grandes villes. Aux Sources, un médecin musulman avait été abattu par des tueurs de l'OAS ; pour le venger, le FLN fit abattre le Dr Maguin. Puis, ce fut le tour d'un pâtissier, qualifié d'« OAS notoire ». Plus tard, un capitaine de la caserne de Beni-Messous fut encore blessé à Climat-de-France. Retrouvant par la suite son agresseur, il lui mit une balle en pleine tête devant une foule terrifiée.

François Tavernier et Roger Degueldre se rencontrèrent à la brasserie du Coq-Hardi ; ce qui provoqua la stupeur des consommateurs. François alla droit au but :

– Un de mes amis, chauffeur de taxi, Joseph Benguigui, a été condamné à mort par l'OAS. Je demande pour lui votre protection et l'annulation de la sentence.

– Que me donnerez-vous en échange ?

– Rien.

– Voilà qui, au moins, a l'avantage d'être clair ! Alors, pourquoi ferais-je cela pour vous ?

– En souvenir de l'Indochine.

– Ah, c'était le bon temps…, fit Degueldre songeur. J'accepte. Mais, ne me demandez plus rien. Joseph Benguigui est maintenant mon ami : je défends à quiconque de le toucher. Ça vous va ?

– Oui, merci.

Dans l'impossibilité d'accomplir leur mission, le commissaire Grassein et ses hommes furent rapidement rappelés à Paris. Au cours du pot d'adieu qui les réunissait dans un bistrot du boulevard Gallieni, ils furent attaqués à la mitraillette. René Joubert, l'adjoint de Grassein, fut tué d'une balle de Mat-49. Puis ce fut le tour d'Yves Le Tac, représentant de la Fédération algérienne du mouvement pour la communauté, d'être grièvement blessé. Cet attentat était-il une réponse à la campagne d'affichage et d'inscriptions entreprise par la Fédération pour recouvrir les slogans de l'OAS ? On pouvait y lire notamment « MPC = Paix ! », « Paix en Algérie pour l'autodétermination ! » ou « Ni la valise ni le cercueil mais la coopération ! ». Le Mouvement pour la communauté était cette formation gaulliste fondée par un imprimeur parisien, Jacques Dauer, dont Lucien Bitterlin faisait partie. À Alger, on murmurait d'ailleurs que ce dernier était de retour et on n'y parlait plus que du MPC. À l'instigation de Morin, Tavernier et Bitterlin se rencontrèrent au Rocher-Noir pour un échange de vues.

– Il faut que l'OAS s'aperçoive qu'elle n'est plus maîtresse à Alger ! Et qu'on est capable d'employer les mêmes méthodes qu'elle ! déclara d'emblée ce dernier.

André Goulay, l'un des rares Européens gaullistes d'Algérie, accompagnait Bitterlin. Cet ancien adjoint de Ponchardier qui avait fait la guerre de Corée parmi les « Commandos noirs » du général de Bollardière, était une figure haïe des pieds-noirs. Il intimidait cependant, par sa haute stature et sa grande gueule. Bitterlin, petit, plutôt frêle, s'exprimant d'une voix douce, et Goulay, sorte d'armoire à glace aux accents faubouriens, avaient réuni autour d'eux des anciens du MPC, bien décidés à en découdre avec ceux de l'OAS. Ils avaient obtenu, de Morin, de l'argent et des armes :

– On va faire un essai sur Alger, Orléansville et sa région, pendant un mois. On vous donne quinze millions. La Sécurité militaire vous fournira des laissez-passer pour vos hommes et des permis de port d'armes. De notre côté, nous donnerons des ordres aux autorités militaires pour que vos gars n'aient pas d'ennuis pendant le couvre-feu et qu'on ne leur demande rien sur l'origine de leurs armes…

François et les troupes de Bitterlin passèrent à l'action à la fin du mois de novembre : les façades de l'Otomatic, du Tontonville et du Cheval-Blanc explosèrent une nuit, entre une et cinq heures du matin. Quarante-huit heures plus tard, c'était le tour du Joinville, du Coq-Hardi et du Viaduc, tous repaires de l'OAS. La lutte contre l'Organisation était déclenchée.

Au cours d'un attentat perpétré rue Séverine, Lucien Bitterlin et André Goulay furent blessés. François les conduisit à l'hôpital Maillot de préférence à celui de Mustafa qui était aux mains de l'OAS. Peu après, les « Delta » y firent irruption et ouvrirent le feu sur le personnel soignant et sur les blessés. Par chance, personne ne fut touché. Alentour, la population de Bab-el-Oued scandait les cinq notes d'« Al-gé-rie-fran-çaise » en frappant sur des casseroles.

Des Vietnamiens participant, à leurs côtés, aux actions du MPC, toute personne possédant des yeux bridés devint vite la cible de l'OAS.

23.

Après une journée passée en baignades et en jeux, Léa, ses enfants, leurs cousins et Philomène s'en revenaient d'Arcachon, chantant à tue-tête dans la voiture. L'été n'en finissait pas de se prolonger dans l'automne. En ce mois de novembre, n'étaient la fraîcheur du soir et les jours écourtés, rien dans le ciel bleu n'indiquait que l'hiver approchait.

Les baigneurs arrivèrent à Montillac juste à temps pour admirer un magnifique coucher de soleil. En attendant le dîner, Pierre et Adrien disputaient une partie de ballon sur le pré devant la maison. Un premier tintement de cloche leur annonça qu'on allait bientôt passer à table. Léa et Claire se tenaient devant la porte, regardant jouer les garçons. Comme ils étaient différents ! Pierre tenait de son père, Otto : blond aux yeux bleus, comme l'officier allemand qu'avait aimé Françoise ; Adrien, quant à lui, possédait les cheveux sombres et le regard moqueur de François.

– Je veux jouer aussi ! s'écria la petite en s'élançant vers eux.

Voyant sa jeune sœur dévaler le perron, Adrien envoya, d'un fort coup de pied, le ballon dans sa direction. Un éclair déchira le ciel sombre, puis une détonation retentit. Léa poussa un hurlement et, l'espace d'un instant, se figea. Un nuage de fumée flottait sur la prairie. Léa se rua jusqu'au milieu du pré. Là, incapable d'aller plus avant, elle considéra les corps des trois enfants qui gisaient dans l'herbe. Pierre et Adrien se redressèrent lentement et regardèrent autour d'eux, hagards ; à quelques pas était couchée Claire. Remis sur ses pieds, Adrien s'approcha de sa sœur qui, enfin, releva la tête. Léa courut à elle.

– Qu'est-ce que c'était, Maman ? demanda Adrien. Je ne comprends pas, quand j'ai donné le coup de pied, j'ai senti quelque chose se déchirer à l'intérieur…

Léa se saisit de Claire et partit en toute hâte vers la maison. Philomène en sortait en trombe.

– Mon Dieu ! Madame ! J'ai entendu une explosion… La petite n'est pas blessée ?

– Non, elle n'a rien… Appelez les gendarmes !

– Les gendarmes ?

– Oui… C'était une bombe !

Venus de Langon, les gendarmes se présentèrent à Montillac vingt minutes plus tard. Ils prirent les dépositions de Léa, celles des enfants, et emportèrent les débris du ballon pour analyse.

L'enquête révéla qu'une Peugeot grise, immatriculée dans le Nord, avait été aperçue avec quatre hommes à bord, d'abord à Verdelais, Saint-Macaire et Langon, puis du côté de Montillac. Un peu plus tard, le véhicule fut retrouvé près de la gare Saint-Jean, à Bordeaux : il avait été volé la semaine précédente à Lille. Quant à ses occupants, ils s'étaient évanouis dans la nature…

Les journaux de la région comme ceux de Paris se perdirent en conjectures. À Bordeaux, les gendarmes perquisitionnèrent chez le Dr Pierre Aurillac, un ancien résistant dont les parents avaient été torturés par la Gestapo. Tenu pour un homme de gauche, autrefois proche de Jacques Chaban-Delmas, il était maintenant considéré comme la tête de l'OAS pour la région. Les perquisitions ne donnèrent aucun résultat.

C'est par Jean Morin, au Rocher-Noir, que François apprit la nouvelle des attentats commis dans le Bordelais. Ainsi, ils avaient mis leurs menaces à exécution ! Mais qui, en France, coordonnait tout ça ?

La veille de Noël, il emprunta la Caravelle qui s'envolait de l'aéroport de Maison-Blanche pour Paris. Une fois à Orly, il loua une voiture et partit dans la nuit pour Montillac. Il y arriva à l'aube. Le ciel se teintait de rose, des filets de brume flottaient sur les vignes. La ligne sombre des cyprès, plantés dans la propriété de François Mauriac, lui indiqua que Montillac n'était plus loin. Il ralentit, s'arrêta au bord de la route et descendit. Il étira ses jambes engourdies par le long trajet. L'air piquait, peut-être avait-il gelé durant la nuit. Il monta un chemin qui grimpait au milieu des vignes, jusqu'à une croix dressée entre quatre pins. Souvent, avec Léa, il était venu s'abriter du soleil à leur ombre. De là on dominait la plaine, la Garonne, Langon et jusqu'au pays de Sauternes. Des cheminées de maisons isolées s'échappait la fumée des foyers. Au loin, les Landes fermaient l'horizon. Il s'assit sur une pierre, au pied de la croix, et alluma une cigarette. Comme il comprenait l'amour que Léa portait à cette terre qui l'avait vu grandir ! Il se souvint de ce qu'avait écrit leur célèbre voisin à propos de son « Montillac » à lui, sa propriété de Malagar : « À force d'avoir été contemplé par les êtres que j'ai aimés et par ceux que j'ai inventés, ce paysage est devenu humain, trop humain ; divin aussi. À travers lui, je vois les ossements des miens qu'il recèle et, dans chacune de ces pauvres églises dont les clochers jalonnent le fleuve invisible, la petite hostie vivante. Tant pis ! J'oserai dire ce que je pense : paysage le plus beau du monde, à mes yeux, palpitant, fraternel, seul à connaître ce que je sais, seul à se souvenir des visages détruits dont je ne parle plus à personne, et dont le vent, au crépuscule, après un jour torride, est le souffle vivant, chaud, d'une créature de Dieu. »

Du côté de Saint-Macaire, une cloche sonna. Une autre lui répondit. Le jour s'était maintenant levé. François écrasa sa cigarette et se redressa. « J'ai faim », pensa-t-il.

Cinq minutes plus tard, il garait sa voiture sur la place de Verdelais, entrait dans la boulangerie, y achetait tous les croissants ainsi qu'une grosse brioche dorée.

À Montillac, il passa par la « rue ». De tous temps, les enfants de Montillac avaient appelé ainsi le passage entre la maison de maître et les bâtiments abritant les habitations des employés du domaine, les granges et les écuries. Les volets étaient encore clos. Seuls ceux de la cuisine étaient ouverts et quelqu'un fourgonnait dans un placard. François poussa la porte. Philomène se retourna, poussa un cri et laissa tomber la casserole qu'elle tenait à la main.

– Monsieur…, balbutia-t-elle.

– Bonjour, Philomène. Tout le monde dort encore ?

– Oui, sauf Claire qui s'est réveillée parce qu'elle avait faim. Tenez, la voici…

– Papa !… Papa !… Oh, mon Papa !

François reçut le petit corps chaud qui se lova contre lui en poussant des couinements de plaisir.

– Mon Papa ! Le Jésus a exaucé ma prière : hier, devant la Crèche, je Lui ai demandé qu'Il te fasse revenir. Et si ce n'est pas lui, c'est la petite sainte de Maman… Tu sais, celle qui est dans sa niche, à

Verdelais : Exupérance. Souvent Maman va lui faire des prières…

Exupérance… Comme ce nom retentissait profondément dans son souvenir ! Il serra plus fort l'enfant contre lui. Il revit Léa se traîner, entre les tombes du cimetière surplombant la place de Verdelais, là où miliciens et Allemands s'étaient alliés pour le massacre des résistants[1]…

– Léa !

– Qu'est-ce que tu as, Papa ? Pourquoi tu cries ?

Sans s'en rendre compte, il avait hurlé son nom. Un bref instant, il ferma les yeux devant l'évidence de l'amour qu'il portait à cette femme, *sa* femme, pour laquelle il avait si souvent tremblé, qu'il avait trop souvent craint de perdre, perdre à jamais, et qui, de chaque aventure, était revenue, un peu plus lasse, un peu plus fragile. Il chassa l'émotion qui l'étreignait

– Si on préparait un plateau pour Maman ? J'ai acheté des croissants… Philomène, où avez-vous rangé les confitures ? On ne trouve rien, dans cette maison !

Ils montèrent l'escalier sur la pointe des pieds. Claire poussa la porte de la chambre de sa mère et écarta les rideaux. Au milieu du grand lit, Léa grogna en rabattant le drap sur sa tête. Portant le plateau, François approcha. On bougea sous les

1. Voir *Le Diable en rit encore.*

couvertures. Bientôt, une broussaille de cheveux parut, puis un nez aux narines frémissantes : l'arôme du café avait eu raison de la dormeuse…

– C'est toi, Claire ? demanda-t-elle en émergeant lentement de dessous les couvertures, les yeux mi-clos.

Un rire étouffé lui répondit.

– J'ai froid… Passe-moi ma robe de chambre, s'il te plaît.

Elle s'enveloppa dans la laine douce.

– Merci, ma chérie, fit-elle en ouvrant tout à fait les yeux.

Ses mains se portèrent à sa poitrine, puis à ses lèvres : il était là, au pied de son lit, mal rasé, les yeux rougis, embarrassé de son lourd plateau, à la contempler… Oh, comme il la regardait !

– François, souffla-t-elle en tendant les bras.

– Joyeux Noël, mon amour !

24.

« Tout, ici, est de peau bronzée, abricot doux comme une fièvre. Les regrets ont mis sur mes lèvres la nourriture d'un été. »

JEAN SÉNAC.

Devant l'insistance de François, Léa et les enfants revinrent sur Paris. Les garçons furent inscrits au lycée Montaigne et les filles à l'École alsacienne. Une institutrice viendrait à domicile, rue de l'Université, pour donner ses leçons à Claire. Un agent fut posté en permanence devant l'immeuble.

Léa retrouva la capitale avec plaisir. Elle entreprit de remplacer les rideaux, de rafraîchir et de retapisser les pièces. Pendant plusieurs semaines, l'immeuble fut envahi par tous les corps de métier.

Sur ordre du général de Gaulle, François supervisait l'action anti-OAS aux côtés d'Alexandre Sanguinetti. À Alger régnait la terreur. Les attentats redoublaient et, chaque matin, on relevait des morts, Européens ou musulmans. Les gens continuaient pourtant à circuler, à se rendre à leur travail, sans être sûrs de pouvoir rentrer chez eux le soir, voire d'être encore en vie. À Paris les bombes explosaient aussi, tuant et mutilant. Un attentat dirigé contre André Malraux blessa une fillette : la petite Delphine Renard fut défigurée.

Au lendemain de cet attentat, le PSU et de nombreuses associations de gauche appelèrent à une manifestation. Bien qu'interdite par le gouvernement, des dizaines de milliers de personnes voulurent y prendre part. Contre l'avis de François, Charles, Léa, Adrien, Pierre Lebrun et Marie-France Duhamel s'y rendirent eux aussi et se retrouvèrent dans un bistrot situé à proximité de la place Saint-Michel. Par petits groupes, les manifestants affluaient, certains portant des pancartes, des banderoles ou des brassards. Les visages étaient graves et confiants. Chacun s'était persuadé que cette démarche en faveur de la paix et contre l'OAS comptait au plus haut point. En dépit de l'interdiction émise par la préfecture de police, ils furent des dizaines de milliers à défiler dans le calme à travers la capitale, de la gare de Lyon à la Bastille, à la Concorde, quai des Célestins, boulevard Saint-Michel ou rue de Rivoli. Léa ramassa un tract :

« *Tous en masse ce soir, à 18 h 30, place de la Bastille. Les assassins de l'OAS ont redoublé d'activité. Plusieurs fois dans la journée de samedi, l'OAS a attenté à la vie de personnalités politiques, syndicales, universitaires, de la presse et des lettres. Des blessés sont à déplorer. L'écrivain Pozner est dans un état grave. Une fillette de quatre ans a été grièvement atteinte. Il faut en finir avec les agissements des tueurs fascistes. Il faut imposer leur mise hors d'état de nuire. Les complicités et l'impunité dont ils bénéficient de la part du pouvoir, malgré les discours et les déclarations officielles, encouragent les actes criminels de l'OAS. Une fois de plus, la preuve est faite que les antifascistes ne peuvent compter que sur leurs forces, sur leur union, sur leur action. Les organisations soussignées appellent les travailleurs et tous les antifascistes de la région parisienne à proclamer leur indignation, leur volonté de faire échec au fascisme et d'imposer la paix en Algérie.*

– C'est donc à la Bastille qu'il faut aller, en conclut-elle.

Ils se dirigèrent vers Notre-Dame, traversèrent le pont devant l'Hôtel de Ville et empruntèrent la rue de Rivoli. Des centaines de personnes marchaient au milieu de la chaussée d'où tout véhicule avait disparu. Place de la Bastille, la foule des manifestants se grossissait des groupes provenant de la gare de Lyon et de la République. Des pancartes sur lesquelles on pouvait lire « OAS assassins ! » se balançaient au-dessus de milliers de têtes. Les policiers, nombreux, semblaient indécis. Le cortège s'engouffra dans la rue du Faubourg-Saint-Antoine où la cohue fut telle que Léa et ses compagnons bifurquèrent par la rue de Charonne. À la hauteur du refuge de l'Armée du Salut, le palais de la Femme, ils aperçurent les premiers blessés que l'on conduisait à l'intérieur. Ils poursuivirent leur chemin en direction du boulevard Voltaire, tandis que la foule se densifiait. Plus haut, des jeunes gens jetaient, en direction des forces de l'ordre les bouteilles dont ils s'étaient emparés à bord d'un camion de livraison. Au premier rang des manifestants, des conseillers généraux et des élus municipaux qui s'étaient portés au-devant des policiers furent durement matraqués. Parmi eux, les communistes Léo Figuères, Guy Ducoloné, Jean Lauprêtre, Fernand Belino et Pierre Néron furent jetés à terre, puis frappés à coups de « bidules », ces bâtons de défense en bois dur, longs de quatre-vingts centimètres et pesant dans les cinq cents grammes. Beaucoup étaient couverts de sang. D'abord surpris, les manifestants s'efforcèrent ensuite de refluer mais, dans la bousculade, trébuchèrent les uns sur les autres. D'autres cherchaient à se réfugier sous les portes cochères ou dans les halls d'immeubles. Les vitres de deux cafés, le Zanzi et le Relais-Voltaire, volèrent en éclats sous la pression de la foule. Certains tentèrent même de se glisser sous des véhicules en stationnement. Les policiers les en tiraient par les pieds avant de les frapper à leur tour. Parmi les forces de l'ordre, quelques uns scandaient, en redoublant de coups, les cinq syllabes d'« Al-gé-rie-fran-çaise ». Un mouvement de foule sépara Léa de Charles, de Marie-France et de

Pierre. Elle se retrouva coincée dans l'encoignure d'une porte avec Adrien.

– J'ai peur…, lui murmura le jeune garçon.

– On ne risque rien, ici.

À peine venait-elle de prononcer ces mots qu'un coup de matraque lui fit lâcher, dans un cri de douleur, la main de son fils. Ivres de rage, cinq ou six policiers frappaient à tour de bras. Autour d'eux, les gens tombaient. Un coup atteignit Adrien au visage. Il s'effondra en portant les mains à sa tête. Un agent s'acharna sur lui. Léa s'agrippa à son bras.

– Arrêtez ! Arrêtez ! Vous allez le tuer !

– Ça f'ra une vermine de moins !

Folle de peur, hors d'elle, Léa le griffa au visage. Le flic grogna, retourna sa matraque contre elle et cogna. Doucement, elle s'effondra sur elle-même. Surgi d'on ne sait où, une sorte de colosse de type nord-africain arracha subitement le bidule des mains du policier, le saisit par le col et lui en enfonça la pointe dans la gorge. Le brigadier, visage cramoisi, yeux exorbités, gueula comme un porc avant de s'affaisser, suffoquant, sur les genoux. Le colosse laissa tomber le bâton, souleva Léa toujours inanimée et la porta jusqu'à l'intérieur d'un immeuble. Après en avoir traversé la cour, il la déposa dans un appentis dont il referma la porte à clé. À l'aide d'un chiffon humide, il nettoya quelque peu le visage ensanglanté ; Léa gémit faiblement puis rouvrit les yeux.

– Adrien…, murmura-t-elle.

– Ne bougez pas, vous êtes salement touchée.

– Mon fils… où est mon fils ?

– Je ne sais pas… Restez tranquille, je vais chercher le médecin qui habite au-dessus.

L'homme sortit. Il revint peu après, suivi d'un vieillard qui portait une trousse. À gestes précis, celui-ci examina la plaie, la désinfecta puis posa un pansement.

– Ce n'est pas trop grave. Demain, vous irez tout de même vous faire faire une radiographie du crâne ; on ne sait jamais… Bon, je vous laisse, il y a pas mal d'autres blessés dans le coin… Kader, garde-la encore un moment, le temps que ça se calme…

Mais cela ne se calmait pas. À la station de métro « Charonne », l'horreur atteignait son comble. Là, plusieurs dizaines de manifestants avaient cru trouver refuge dans les escaliers et les couloirs. D'autres les rejoignaient, poussés par les policiers. Parmi les forces de l'ordre, certains jetèrent sur les malheureux, coincés dans les marches, les grilles qui couvrent le pied des arbres. Des cris, des gémissements montaient de cet amas de corps enchevêtrés.

– Allez-y ! Tapez d'ssus ! hurlait un gradé.

Et les policiers de s'en donner à cœur joie, insultant même leurs victimes :

– Gonzesses ! Salauds !

Les gens butaient les uns sur les autres tandis qu'une femme agonisait, étouffée par les corps. Une autre, les deux jambes brisées, sanglotait. Un homme ruisselait de sang sur un autre qui semblait déjà mort. Dans les couloirs de la station, la panique gagnait. Les blessés, allongés sur les bancs ou à même le sol, se languissaient des secours. Les employés du métro allaient de l'un à l'autre, impuissants à soulager leurs souffrances. Soudain, quelqu'un cria :

– Des bombes ! Des bombes ! Ils balancent des bombes !

Ce fut le signal de la débandade : les gens couraient en tous sens et traversaient les voies au risque de se faire électrocuter. Au bout du quai s'insinua une fumée jaunâtre qui, bientôt, envahit toute la station. Très vite, l'air devint irrespirable.

– J'étouffe…, murmura un homme aux cheveux blancs avant de s'effondrer.

Mort.

Des rames entraient en gare, ralentissaient puis repartaient sous l'œil halluciné des blessés…

Il était vingt et une heures lorsque Léa put quitter l'atelier de son sauveur. La rue offrait un spectacle de désolation : vitres brisées, bancs et grilles arrachés, mobilier de bistrot en pièces, voitures cabossées, chaussures, vêtements, sacs abandonnés, paniers de victuailles éventrés, banderoles souillées s'éparpillaient un peu partout alentour. Hagards, des gens assis à même les trottoirs présentaient pour la plupart des blessures à la tête. Lugubres, les sirènes des ambulances et des véhicules de police ajoutaient au macabre de l'ambiance. Léa scrutait les visages autour d'elle, cherchant Adrien parmi les blessés. De sa haute taille, Kader dominait la scène. Les policiers encore présents s'écartaient de lui.

– Madame, dit-il, vous devriez rentrer chez vous, votre fils vous y attend sûrement... Je vous emmène, ma camionnette n'est pas loin.

Léa, dont la tête résonnait comme un gong, acquiesça enfin. La camionnette était dans un garage de la rue de Nice. Ils remontèrent la rue de Charonne, puis rejoignirent l'avenue Philippe-Auguste.

– On va éviter le centre de Paris, jugea Kader en allumant une cigarette.

– Je peux en avoir une ?

– Oh, pardonnez-moi, se reprit-il en lui tendant un paquet de Gauloises tout froissé. Ce n'est sans doute pas très bon pour votre tête...

– Peut-être, mais cela me fera du bien...

Quand ils arrivèrent, Charles, Marie-France et Pierre avaient pu regagner la rue de l'Université, mais restaient sans nouvelle d'Adrien. Léa se laissa tomber dans un fauteuil et fondit en larmes.

– Je vais faire le tour des hôpitaux, décida Charles. Marie-France, tu ne bouges pas du téléphone, au cas où. Pierre, je te les confie.

– Je peux vous conduire..., proposa Kader qui se tenait toujours debout dans l'entrée.

– Merci, je veux bien : ça nous fera gagner du temps.

Aux premières heures de la matinée, ils retrouvèrent Adrien au service des urgences de l'hôpital Necker. Le médecin leur annonça qu'il présentait sans doute une fracture du crâne et qu'il le gardait en observation. D'un café ouvert près du métro « Duroc », Charles téléphona à Léa pour la rassurer. Elle insista pour se rendre immédiatement à l'hôpital. Non sans mal, Charles parvint à l'en dissuader, puis les deux hommes s'accoudèrent au comptoir et commandèrent des crèmes et des croissants.

– Je vous suis très reconnaissant de votre aide, monsieur… monsieur ?

– Kader, mon nom est Kader.

– Vous êtes algérien ?

– Oui, et français aussi ; j'ai servi dans l'Armée française au moment du débarquement en Provence, puis dans la 2e DB, en Allemagne et durant toute la guerre d'Indochine. J'ai été blessé plusieurs fois, notamment à la tête. Le 8 mai 1945, je fêtais la fin de la guerre avec des copains pendant qu'en Algérie, mon père et ma mère étaient assassinés par d'autres Français. J'ai appris les circonstances de leur mort trois ans plus tard. J'ai quitté l'Armée avec le grade de sous-lieutenant et la Légion d'honneur. Je ne suis pas retourné en Algérie et j'ai juré de ne le faire que lorsqu'elle serait libre et indépendante !

– Cela ne saurait tarder, à présent… Faites-vous partie du FLN ?

– Non, du MNA. Mais cela n'a plus guère d'importance… Il faudra que nous, Algériens, soyons tous unis, en dépit de nos divergences politiques. Vous connaissez l'Algérie ?

– Non.

– C'est un beau pays.

– Garçon, je vous dois combien ? demanda Charles. À présent, il vaut mieux que je rentre à la maison… Merci, Kader.

– Je vais vous raccompagner.

– Non, ce ne sera pas nécessaire : je vais marcher, cela me fera du bien…

– Comme vous voudrez…

Ils se serrèrent la main et chacun partit de son côté.

Tout était silencieux rue de l'Université. Philomène fit signe à Charles que Léa dormait encore et qu'il valait mieux ne pas la réveiller.

– Camille et Isabelle sont parties en classe et la petite prend sa leçon avec son institutrice.

– Et Pierre ?

– Il est au lycée… Comment va Adrien ?

– On en saura plus ce soir…

– Le pauvre enfant, lui qui répugne tant à la violence !

– Où est Marie-France ?

– Dans votre chambre. J'ai eu toutes les peines du monde à la retenir ; elle voulait rentrer chez elle…

– Merci, Philomène. Sans toi, je ne sais ce que deviendrait cette famille…, la complimenta-t-il avant de l'embrasser.

La Vietnamienne eut un sourire radieux.

– C'est une belle famille… C'est *ma* famille !

Marie-France s'était assoupie sur le lit. Sur ses joues subsistait la trace de pleurs. Charles se déshabilla et se glissa près d'elle. Tel un chaton, la jeune fille se blottit contre lui avec un grognement de satisfaction. Il demeura un long moment immobile, essayant de chasser l'image de ces scènes atroces qui s'étaient déroulées sous ses yeux. Sans cesse il revoyait tomber, sous les coups de matraque, des hommes et des femmes désarmés. La brutalité de la police lui soulevait le cœur. Un sanglot lui monta à la gorge et il fut pris d'un tremblement.

– Charles !… Charles !… Qu'est-ce qu'il y a ?… Parle-moi !… Oh, mon Dieu !

Marie-France regardait, impuissante, les larmes baigner les joues de son jeune amant. Elle le prit dans ses bras, le berça comme un petit enfant, murmurant des mots tendres :

– Mon petit… ne pleure pas… Je suis là… c'est fini…

Peu à peu, la détresse de Charles s'apaisa. Bientôt les caresses de Marie-France ne furent plus celles d'une mère. Ils s'aimèrent doucement.

La voix criarde de Claire les tira de leur délicieuse somnolence.

– Charles ! Viens vite : Maman veut te parler...

Il passa à la hâte un vêtement et gagna la chambre de sa mère. Assise dans son lit, Léa faisait peine à voir : ses yeux profondément enfoncés dans un visage marqué de noir, ses cheveux hérissés de sang séché lui composaient une tête de Gorgone.

– Oui, je sais : je suis affreuse, résuma-t-elle pour traduire le regard horrifié du jeune homme. Il faut que tu m'aides à m'habiller : Philomène ne veut rien entendre, mais je tiens absolument à aller voir Adrien.

– Dans ton état ? ! Tu es complètement folle : tu ne feras pas trois pas...

– Tu ne vas pas me dire, toi aussi, ce que j'ai à faire !

D'un geste brusque, elle rejeta ses couvertures, se leva et... chancela : ses jambes ne la portaient pas. Claire, effrayée, laissa échapper un petit cri. Léa essaya de se tenir droite, mais la tête lui tourna ; elle s'évanouit. Charles la recoucha.

Le cri de l'enfant avait alerté Philomène.

– Elle a voulu se lever, l'avisa-t-il, piteux.

– Bon, va-t'en maintenant, je vais m'occuper d'elle. Le médecin doit revenir vers trois heures... Emmène Claire avec toi.

La fillette se précipita dans les bras du jeune homme. Hors de la chambre, Charles sentit le petit corps qui tremblait encore.

– Je ne veux pas que Maman ait mal, gémit-elle.

– Ne crains rien, on va la soigner…

– Il faut que Papa revienne : appelle-le, s'il te plaît.

– Je le ferai, je te le promets… Mais il faut que tu sois très sage pour que Maman guérisse vite… Viens dans ma chambre, si tu veux : tu pourras regarder mes bandes dessinées…

– C'est vrai ? Tu veux bien ?

– Oui, si tu y fais très attention…

– Juré !

Charles confia Claire à Marie-France, prit une douche et se changea. En quittant sa chambre, il croisa le médecin qui sortait de chez Léa.

– Comment va-t-elle, docteur ?

– Elle a le crâne solide… Mais combien d'accidents à la tête a-t-elle pu avoir ?

– Je n'en sais trop rien…, répondit Charles sans pouvoir s'empêcher de sourire.

– En tout cas, elle se porte aussi bien que possible… quoique j'aimerais bien qu'elle passe une radio ; je lui ai d'ailleurs laissé une ordonnance dans ce sens, et l'adresse d'un cabinet du quartier… J'ai administré un calmant à votre mère ; elle devrait dormir jusqu'à demain matin… A-t-on idée, aussi, à son âge, d'aller manifester pour la paix ? ! La place d'une femme n'est pas dans la rue, mais à son foyer, auprès de ses enfants ! N'est-ce pas votre avis, jeune homme ?

Sans attendre la réponse, le médecin salua et quitta les lieux en bougonnant. Après avoir prévenu Philomène, Charles sortit à son tour.

Un calme étrange régnait dans les rues de la capitale. Les passants ne flânaient pas, ne s'attardaient pas aux vitrines des magasins. Charles acheta les journaux au kiosque ouvert devant les Deux Magots, puis entra dans l'établissement, commanda une bière et un sandwich. Les comptes rendus de la presse étaient accablants : on dénombrait huit morts… Quant au nombre des blessés, il variait suivant les publications : plusieurs centaines pour *Combat*, deux cent cinquante dans *l'Aurore*, cent quarante pour *Le Figaro*… Pour sa part, *France-Soir* titrait « Pourquoi huit morts ? » et critiquait ouvertement l'action de la police. Charles laissa tomber sa lecture et regarda autour de lui : tous les consommateurs avaient le nez plongé dans un journal. Les garçons de café eux-mêmes se partageaient les pages imprimées. Charles paya et s'en fut.

Aux urgences de l'hôpital Necker, il fut reçu par le médecin-chef qui lui annonça que, sur ordre de la présidence de la République, son jeune patient avait été transféré au Val-de-Grâce. Abasourdi, Charles en resta coi.

– Mais… comment va-t-il ?

– Très bien, rassurez-vous… Il a repris connaissance et son état n'inspire plus de souci. D'ailleurs, je m'étais inquiété à tort, il n'y a pas de fracture, mais un simple traumatisme… Et puis, au Val-de-Grâce, il est en de très bonnes mains.

Charles quitta le service des urgences en toute hâte. Devant l'entrée de l'hôpital, il sauta dans un taxi qui venait d'y déposer une cliente.

– Au Val-de-Grâce ! ordonna-t-il.

D'une allure décidée, l'infirmière le précéda. Leurs pas résonnaient dans le couloir désert. Elle s'arrêta devant une porte, l'ouvrit et s'effaça pour laisser passer le visiteur.

– Ne le fatiguez pas trop, recommanda-t-elle avant de refermer la porte.

Un soleil hivernal éclairait faiblement la chambre. Charles s'avança vers le lit où reposait Adrien, la tête entourée d'un impressionnant bandage, le nez dissimulé sous un pansement. Le visiteur déplaça une chaise avec précaution et vint s'asseoir à côté du lit. Adrien tourna la tête.

– Charles ? s'enquit-il en tentant de se redresser.

– Ne bouge pas, mon vieux… Ah, je suis content de te voir en vie : tu nous as fait une de ces frousses !

– Et Maman ?

– Ça va : elle aussi a pris un bon coup sur la tête… Si seulement ça pouvait lui remettre les idées en place !

Adrien pouffa.

– Le Ciel t'entende… Oh, arrête de me faire rire ! Ça me déchire le crâne… Ça fait un mal de chien !

– Sais-tu pourquoi on t'a conduit ici ?

– Non. Un commissaire était en train de m'interroger, à Necker, malgré l'interdiction de l'infirmière, quand un autre, plus gradé sans doute, est entré à son tour. Il a chuchoté quelque chose à l'oreille du premier qui est devenu tout rouge et m'a regardé comme s'il venait de découvrir une bombe. Il est alors sorti en laissant tomber, l'air accablé : « Si les politiques s'en mêlent, on est foutus !… »

– Le médecin-chef de Necker m'a dit que c'était sur ordre de l'Élysée.

– Comment cela ?

– Je n'en sais pas plus…

Le lendemain, Léa qui était venue rendre visite à Adrien, accepta de passer une radio. Aux dires du radiologue, la mère et le fils possédaient une boîte crânienne à toute épreuve.

En fait, un fonctionnaire du ministère de l'Intérieur, ayant relevé le nom d'un Adrien Tavernier parmi les listes de blessés, en avait avisé son ministre, lequel en avait référé à Michel Debré qui, vérifications faites, en avait touché un mot au général de Gaulle.

– Qu'on transfère ce gamin au Val-de-Grâce et qu'on le tire d'affaire !… Voyez-vous, Debré, si surprenant que cela puisse vous paraître, je tiens à l'estime d'un homme comme Tavernier.

25.

« En politique, s'engager sur une certaine route, c'est d'avance consentir à être jugé bassement. »

ALBERT CAMUS.

En dépit d'une surveillance policière accrue – plus de trois mille jeunes gens étaient recherchés –, les dirigeants de l'OAS circulaient librement dans Alger où ils tenaient de fréquentes réunions. L'une d'elles eut lieu dans une villa d'El-Biar : y assistaient le colonel Gardes, le colonel Vaudrey, Jacques Achard, ancien sous-préfet devenu le patron de l'OAS pour le secteur Orléans-Marine, et le lieutenant Degueldre. De son côté, l'OAS oranaise avait envoyé le commandant Cammellin. Jean-Jacques Susini, qui représentait le général Salan, prit la parole :

– Jusqu'à maintenant, nous n'avons pas réussi à mouiller la population. Elle suit nos consignes, mais ne s'engage pas à fond dans la lutte. Des militaires nous ont suggéré d'abandonner Alger. Nous ne sommes pas d'accord : Alger restera le flambeau de l'Algérie française et notre champ de bataille. Qui tient Alger tient l'Algérie ! Pour l'instant, nous sommes à peu près maîtres de la ville et il n'y a aucune raison de la quitter.

– Nous sommes peut-être maîtres de la ville, répliqua Achard, mais, chaque jour, une dizaine d'Européens tombent sous les balles du FLN. Tant que les Européens ne se sentiront pas en sécurité, qu'ils ne nous sauront pas mieux à même de les protéger que la police ou l'Armée, il est vain d'espérer un engagement total de leur part. Ce qu'il faut avant tout, c'est éradiquer le terrorisme musulman. Après, on y verra plus clair. Il est indispensable que les pieds-noirs se sentent chez eux, à Alger, et non les habitants d'une ville infestée de fells[1].

– Si je comprends bien, s'exclama Gardes, mon action vous paraît inutile ! Mes maquis, les unités musulmanes que je travaille depuis des mois, l'Armée, les messalistes[2]… tout ça ne sert plus à rien ! Dites-vous bien que, sans les musulmans, votre Algérie française est bonne à jeter au panier !

– Il n'est pas question de se passer des musulmans, rétorqua Susini. Mais le rêve de la fraternité franco-musulmane est dépassé. Ce qui est nécessaire, à présent, c'est de gagner la bataille ! Vos

1. Abréviation, dans l'argot militaire, de « fellagha », nom donné aux partisans algériens.

2. Partisans de Messali Hadj réunis dans le Mouvement national algérien.

musulmans, si pro-français soient-ils, deviendront des ultra-FLN s'ils sentent que la rébellion va l'emporter. Lorsque nous serons vainqueurs, ils redeviendront aussi francophiles qu'à l'époque du 13 mai !

Gardes, de plus en plus pâle et nerveux, reprit sa critique :

– Ne comptez pas sur moi pour entériner votre politique. Vous mettez le doigt dans un engrenage qui va vous broyer. Voilà plus de six mois que vous vous enfermez toutes les nuits pour élaborer une « éthique » de l'OAS et arrêter un plan d'action rationnel. Pendant ce temps-là, vous nous avez fait rater les occasions qui se sont présentées. Et tout ça pour en arriver au meurtre collectif… Vous perdez la tête, Susini ! Je ne vous donne pas deux mois pour mettre l'OAS dans une position intenable. Sans compter que votre échec aura une incidence énorme – une incidence que personne, pas un pied-noir ne vous pardonnera : tous devront quitter l'Algérie après l'indépendance. Le « clivage » des populations, comme vous dites, c'est la victoire assurée du FLN. Vous savez ce qui va se passer lorsque vous aurez parqué les musulmans dans leurs quartiers ?

– Ils réfléchiront, ils se souviendront du temps où ils pouvaient aller travailler à Bab-el-Oued, où ils gagnaient leur vie qui n'était pas si mauvaise, après tout… Voilà ce qui va se passer ! trancha Achard, goguenard.

Jean Gardes bondit :

– Il se passera exactement le contraire ! Vous allez fabriquer du fell, et pas du fell tranquille qui s'en va, le fusil sous le bras, à son boulot ; mais du fell haineux, raciste, poussé en avant par des milliers de femmes et de gosses affamés. Jusqu'à maintenant, le pied-noir avait bonne conscience : il était la victime des tueurs nationalistes. Vous allez renverser les rôles : vous allez mettre l'Algérie à feu et à sang, et le pied-noir s'en sentira responsable. Il craindra la vengeance musulmane et quittera l'Algérie, tant il sera persuadé que ceux d'en face auront des raisons de lui en vouloir…

Susini l'interrompit :

– Évidemment, si vous partez vaincu, avec l'idée que le FLN s'installera un jour à Alger…

– Avec vos méthodes et vos assassinats systématiques, c'est ce qui est en train d'arriver ! gronda Gardes.

Degueldre, qui n'avait encore rien dit, interpella Susini :

– Es-tu sûr que ce n'est pas toi qui pars perdant ?

– Qu'il parte perdant ou pas, son plan, même applicable, ne débouche sur rien, accusa de nouveau Gardes. Et l'Armée…

– L'Armée, on l'emmerde ! coupa Susini. Elle nous a possédés le 13 mai, le 24 janvier et le 22 avril, et elle se dégonflera encore cette fois-ci. Maintenant, nous ne pouvons compter que sur nos propres forces.

– Vous ne pouvez vous passer de l'Armée. Il faut qu'au moins sa bienveillante passivité vous soit acquise, lui notifia Gardes d'un ton sec.

– Nous ne croyons plus à une action volontaire de l'Armée, précisa Susini. Ce que nous croyons, c'est que nous pouvons l'obliger à intervenir. Cela fait partie de notre plan. La guerre révolutionnaire n'est pas une guerre de tranchées. Vous autres militaires, vous êtes incapables d'agir si vous ne sentez pas, derrière vous, la conscience universelle, comme disait *Le Popu* du temps qu'il existait. Nous, on s'en fiche. Ce que l'on veut, c'est rester ici. Par n'importe quels moyens ! Et nous en avons, des moyens… Bien sûr, ce ne sera pas joli-joli, mais c'est cela ou la valise ! En tout cas, il faut faire quelque chose.

– Rien de tout ça ne me plaît, observa Degueldre. Cependant, je suis de ton avis, il faut faire quelque chose. Se décider, et vite. Sinon, la ville va se vider. De plus, mes gars commencent à se poser des questions. C'est pas bon : ils s'emmerdent à ne rien glander. Bientôt ils finiront par faire des conneries…

– La première phase de l'opération, c'est le « clivage des populations ». Regardez l'exemple d'Oran…

– Je vous arrête, Susini, objecta Gardes. Je vous rappelle qu'à Oran, c'est le FLN qui a déclenché l'opération que vous appelez pompeusement « clivage des populations ». C'est l'intérêt du FLN de séparer les deux communautés. À Oran, les contacts entre Européens et musulmans sont devenus inexistants. Or, ce sont justement ces rapports quotidiens qui avaient jusqu'alors évité le pire. Votre système installe le racisme. Vous, Susini, un pied-noir, vous allez réaliser ce que les fells ne sont pas parvenus à obtenir en sept ans de terrorisme aveugle !

– Les Européens en ont assez du terrorisme aveugle ! contre-attaqua Achard. Dans une semaine, il n'y aura plus un musulman dans les quartiers européens. On pourra se promener tranquille. Actuellement, la vie de nos commandos devient impossible. Nous devons être sur tous les fronts : les fells, les barbouzes et les gendarmes…

– Lorsque vous aurez commencé vos meurtres collectifs, vous pourrez ajouter l'Armée, siffla Gardes. Et dites-vous bien que si nous tenons ainsi Alger, c'est surtout grâce à la complicité ou du moins à la « passivité bienveillante » de l'Armée. La métropole va se lever comme un seul homme. La position des politiques et des autres Français qui défendent notre action va devenir intenable. Lorsqu'un député d'Algérie française montera à la tribune de la Chambre, on le traitera de fasciste, de raciste et d'assassin. Non seulement vous allez fabriquer du fell, mais encore du gaulliste, ce qui est sans doute le plus grave. La gauche et les syndicats descendront dans la rue et l'Armée basée en métropole n'aura le choix qu'entre le silence et la discipline. Et si vous comptez sur une sorte de putsch de la gauche pour favoriser une intervention de cette Armée, je puis vous assurer que vous faites fausse route. Il se passera exactement le contraire : la gauche descendra peut-être dans la rue, mais pour demander à de Gaulle d'en finir une fois pour toutes avec nous. La gauche n'essaiera pas de s'asseoir au pouvoir pour liquider cette affaire algérienne où elle aurait tout à perdre. Elle préférera s'en remettre à de Gaulle !

Jean-Jacques Susini ne se montra pas convaincu :

– Notre plan ne présente pas que des avantages, je le sais. Mais maintenant, il faut choisir. Or, nous savons au moins une chose : nous ne pouvons compter que sur nous-mêmes !

– Je ne peux pas vous en empêcher, soupira Gardes. Mais je ne vous aiderai pas non plus. Je garde mes forces intactes. Un jour, vous en aurez besoin. Pour l'instant, je me désolidarise de cette affaire. Mais je prends date, Susini : vous serez obligé de vous rendre à notre point de vue. Seulement, ce jour-là, il sera trop tard. Nous entrerons dans la danse quand même, mais ce sera notre fin. Par votre faute, Susini, mes gars crèveront sur un piton la veille de votre reddition.

Tous adoptèrent le plan de Susini, à l'exception de Gardes qui se retira. L'opération « clivage des populations » pouvait commencer.

Les derniers musulmans qui habitaient encore Bab-el-Oued quittèrent le quartier. Les commandos s'en prirent alors à ceux du centre d'Alger. Le premier fut abattu avenue de Malakoff alors qu'il se rendait à son travail. Puis un autre fut tué, et encore un autre… Durant toute la journée, il se produisit un meurtre toutes les vingt minutes. Ambulances, voitures de police et véhicules des pompiers sillonnaient la ville en tous sens. Les policiers refusèrent de se rendre à l'évidence et de croire que ces crimes étaient l'œuvre d'Européens… jusqu'à ce qu'ils en fussent les témoins rue Michelet : un Européen d'une vingtaine d'années qui marchait sur le trottoir faisant face à l'Otomatic y abattait calmement, un à un, tous les musulmans qu'il croisait. Il tua cinq personnes. Ce n'est que dans l'après-midi que l'Armée quadrilla le quartier sur réquisition écrite du Premier ministre, Michel Debré.

À mesure que progressaient les pourparlers menés par le gouvernement français avec les représentants du FLN, les actions criminelles de l'OAS se multipliaient. Les grandes villes d'Algérie en étaient le théâtre, principalement Alger et Oran où la terreur régnait au sein des deux communautés. La situation des Juifs devenait particulièrement insupportable. Les commerçants installés dans la Basse-Casbah se virent contraints de fermer boutique : on ne comptait plus les rideaux de fer abaissés dans les rues de la Lyre, Babazoun ou Randon. Des bandes de jeunes musulmans se livraient au pillage des magasins abandonnés tandis que d'autres partaient en expédition punitive pour « casser du youpin ». Nombreux furent alors les juifs à venir grossir les rangs de l'OAS. Qu'avaient-ils à perdre ? Ils savaient désormais qu'il n'y aurait pas de place pour eux non plus dans l'Algérie nouvelle. Certaines de ces familles habitaient cette terre depuis le XVIe siècle. Tous avaient cohabité sans véritables problèmes, chacun restant chez soi, avec leurs voisins arabes. Cet état de choses avait duré jusqu'à la Conquête et l'arrivée des premiers colons. Mais le décret Crémieux de 1870, en accordant la nationalité française aux ressortissants juifs d'Algérie tout en la refusant aux musulmans, avait brisé les liens fragiles qui les unissaient.

Certains des commandos de l'OAS se spécialisèrent dans les hold-up, s'en prenant aux banques et aux bureaux de poste pour les besoins de la cause. D'autres s'attaquaient aux armureries militaires. À Oran, le butin fut impressionnant : deux cent dix-huit bazookas, quatre-vingt-trois mitrailleuses et trois mille fusils tombèrent entre leurs mains…

À Alger ou à Oran, les malheureux habitants, Européens ou musulmans, assistaient, chaque jour un peu plus épouvantés, aux accrochages qui opposaient commandos de l'OAS et détachements du FLN. De part et d'autre, on ne faisait pas de quartier.

26.

La pluie qui tombait en ce début de matinée du 13 février 1962 n'avait pas empêché les Parisiens de se rendre par milliers à la Bourse du travail transformée en chapelle ardente. À dix heures quinze, le cortège s'ébranla en direction du Père-Lachaise. En tête, les délégations des partis, des syndicats et des mouvements politiques, précédées d'une multitudes de couronnes : « Une profusion d'œillets rouges, de lys, de tulipes, de jacinthes, de lilas. Depuis le boulevard de Ménilmontant, l'interminable colonne ressemble à une longue, très longue procession fleurie. » Marchaient sur leurs pas des groupes porteurs du portrait des défunts, drapé de crêpe noir. Derrière venaient six chars disparaissant sous les fleurs, puis la formation des musiciens de la CGT qui jouait alternativement la marche funèbre de Chopin et celle de Beethoven. Enfin, quatre corbillards fleuris transportaient les corps de Daniel Féry, Raymond Wintgens, Suzanne Martorel et de Jean-Pierre Bernard. Les autres victimes devaient être inhumées les jours suivants dans leur cité d'origine. Une foule immense suivait, recueillie. Tout au long du cortège, sur les trottoirs noirs de monde, la population parisienne était venue témoigner son soutien aux familles endeuillées. Pas une pancarte, pas un slogan. Un silence impressionnant. « Le peuple ressemblait à un fleuve. Un fleuve gros de sanglots et de colère contenus, mais majestueux et calme, dont les centaines de milliers d'êtres qui le formaient avaient conscience à la fois de leur force immense et de la solennité du jour », écrirait le lendemain Étienne Fajon dans les colonnes de *L'Humanité.* On installa les catafalques au pied du mur des Fédérés et les Parisiens défilèrent devant eux jusqu'à une heure avancée de la nuit. Dans *Le Monde*, Hubert Beuve-Méry, sous la signature de « Sirius », nota : « La colère semblait avoir soudain fait place à une sorte de puissance tranquille, presque naïve, auprès de laquelle toute manifestation, toute présence visible même de la police serait vite apparue comme une insoutenable inconvenance. Impossible de ne pas être ému par ce spectacle. Impossible aussi de ne pas ressentir, au-delà de l'émotion, l'étrangeté de la situation. Le pouvoir, qui s'était brutalement opposé à des manifestations une fois pour toutes interdites, n'avait-il pas autorisé et même ne semblait-il pas patronner le plus formidable cortège qu'on ait vu depuis longtemps à Paris ? »

Une semaine plus tard, Adrien quittait le Val-de-Grâce et regagnait la rue de l'Université.

Quelques jours après, Léa et son fils furent invités à déjeuner à l'Élysée par le Général et Mme de Gaulle. À midi et demi, un huissier à chaîne les introduisit dans un petit salon où se tenait Yvonne de Gaulle. Elle les pria de s'asseoir et prit gentiment de leurs nouvelles. Peu après, le chef de l'État fit son entrée. Il s'inclina devant Léa puis tendit une main molle à Adrien.

– Eh bien, jeune homme, je crois que vous suivez les traces de votre père et de votre mère ! J'espère que vous aurez leur courage. Mais il y a mieux à faire, pour un homme de votre tempérament, que de s'affronter aux forces de l'ordre… N'avez-vous jamais envisagé la carrière militaire ?

– Non, mon général, bafouilla Adrien, le rouge aux joues.

Léa détourna la tête pour cacher un sourire qui n'échappa cependant pas au Général.

– Cette perspective semble vous amuser, chère madame… Il n'y a pourtant pas de métier plus noble pour un homme courageux qui aime son pays.

– Sans doute avez-vous raison, monsieur le Président. Mais une mère n'est guère rassurée de voir son fils prendre cette voie…

– Ce n'était pas l'avis de la mienne, madame.

Un maître d'hôtel parut.

– Ah, le déjeuner est servi, les interrompit Mme de Gaulle. Nous allons passer à table.

Le repas était simple et bon, et le Général se révéla un hôte plein d'attentions, curieux des impressions rapportées d'Algérie par ses invités. Léa parla avec émotion de ses amis algériens assassinés, de Jeanne Martel-Rodriguez qui aimait ce pays d'un amour désespéré, du petit peuple pied-noir qu'elle avait connu au travers de Joseph Benguigui et, surtout, du sort des musulmans.

– Croyez-vous que l'indépendance leur apportera une vie meilleure ? demanda Charles de Gaulle.

– Ils l'espèrent, monsieur le Président. Mais ce qu'ils désirent par-dessus tout, c'est devenir des citoyens à part entière, libres de décider de leur avenir et de celui de leurs enfants. Je suis plus inquiète pour la communauté européenne et le sort qui lui sera fait…

– Il ne tient qu'à eux de demeurer dans ce pays…

– Le croyez-vous, monsieur le Président ? La plupart vivent hors du réel et les actions de l'OAS leur font croire que l'Algérie restera française…

– Alors, ce sont des idiots !

– Non, monsieur le Président. Ce sont de pauvres gens à qui l'on a menti, à qui l'on a fait croire que l'Algérie était une terre française, qu'ils s'y trouvaient de plein droit. Ne leur avez-vous pas dit « Je vous ai compris » ? Eux, ils ont cru que vous les compreniez *vraiment*. Pourquoi avoir prononcé ces mots, pourquoi les avoir confortés dans leur conviction d'être là à jamais chez eux ?

Elle se tut, déconcertée de sa propre audace. De Gaulle la considéra un temps, silencieux, l'air soudain d'un très vieux monsieur.

Yvonne de Gaulle baissa les yeux pour dissimuler un sourire. C'était la première fois que quelqu'un tenait tête au général.

– Longtemps on me reprochera ces paroles, formula-t-il enfin sur un ton las. Longtemps… Mais pourquoi, moi, de Gaulle, me justifierais-je de les avoir prononcées ? Elles ont été dites, il est trop tard pour revenir là-dessus ! Croyez-vous néanmoins que c'est de gaieté de cœur que je lâche ce pays, que je l'abandonne aux mains des musulmans ? Que vont-ils en faire, de cette belle contrée ? Ne va-t-elle pas retourner à cette barbarie qui lui est coutumière ? … Ah, madame, je n'aime pas les temps qui viennent…

Léa et Adrien rentrèrent à pied rue de l'Université. Les arbres des Champs-Élysées conservaient leur mise hivernale et le ciel, au-dessus de la Seine, se chargeait de pluie. Alors qu'ils arrivaient à destination, un homme sortit si brutalement de l'immeuble qu'il les bouscula. Il s'engouffra dans une voiture en stationnement dont le moteur tournait. Le véhicule démarra en trombe. Vaguement inquiète, Léa, dédaignant l'ascenseur, grimpa l'escalier quatre à quatre. Philomène se tenait sur le palier, un paquet à la main.

– Quand j'ai ouvert, il n'y avait plus personne…, dit-elle.

– C'est quoi ? demanda Claire dans l'embrasure de la porte.

– Je ne sais pas, ma chérie, répondit sa mère en entrant, Adrien et la fillette sur ses talons.

– Tu viens, Philomène ? fit Léa en se retournant.

Devant l'immobilité de l'*assam*, un horrible pressentiment la glaça. Au même instant, Philomène se jeta à terre, serrant le paquet contre elle, et cria :

– Fermez la porte ! Pour l'amour de Dieu, refermez la porte !

La déflagration secoua tout l'immeuble, la porte vola en éclats et Claire poussa un hurlement.

– Adrien, emmène ta sœur !

Le garçon eut toutes les peines du monde à entraîner la petite qui se débattait et s'égosillait :

– Mène !... Je veux Mène !...

Hébétée, Léa ne pouvait détacher son regard du corps disloqué de la jeune femme. Des locataires sortirent de leur appartement. Les cris fusaient au spectacle des lambeaux de chair ensanglantés dispersés au sol et aux murs. On perçut au loin la sirène des pompiers. Léa s'agenouilla, murmurant dans un hoquet :

– Merci, Philomène... Merci... Merci...

Elle caressa les cheveux de celle qui l'avait assistée au moment de la naissance de Claire, qui, chaque jour de son existence, s'était tout entière dévouée à l'enfant et avait tenu, au prix de sa vie, la promesse qu'elle s'était faite de la protéger envers et contre tous. Léa revit soudain les mains amputées de Nhu-Mai, la violoncelliste vietnamienne, puis Malika encore, son visage tuméfié et ses cheveux épars au cimetière d'El-Kettar…

Des pas lourds ébranlèrent l'escalier : pompiers et policiers se figèrent à la vue de l'insoutenable scène que leur découvrait le palier.

– Encore un coup de l'OAS, laissa tomber l'un d'eux.

On recouvrit les restes et l'on aida Léa à rentrer chez elle. Des cris et des pleurs provenaient du fond de l'appartement.

– C'est ma fille…, se ressaisit Léa en se dirigeant vers la chambre.

Claire semblait en proie à une crise de nerfs. Quand elle la vit, la petite se jeta contre sa mère.

– Va chercher le médecin, demanda-t-elle à Adrien.

Un moment plus tard, le praticien administrait un calmant à la fillette, puis un autre à sa mère.

Les policiers interrogèrent Adrien puis, le lendemain, Léa. Leurs témoignages concordaient : la Vietnamienne s'était couchée sur la bombe pour éviter que l'enfant dont elle avait la charge et sa famille ne fussent touchées.

Prévenu du nouveau drame, le général de Gaulle fit prendre des nouvelles et présenta ses condoléances. François rentra d'Allemagne où il avait eu de nombreux rendez-vous avec des représentants du FLN. Le sacrifice de Philomène le bouleversa : sans son dévouement, la petite Claire et Léa, Adrien peut-être aussi eussent été tués. L'OAS revendiqua l'attentat dans une lettre adressée à François, précisant qu'à la prochaine tentative, Mme Tavernier, que l'Organisation tenait pour responsable de la mort de leur camarade Jaime Ortiz, y laisserait la vie. Quant à lui, François Tavernier, on lui réservait un sort digne de ses « méfaits »...

Une petite foule profondément affectée accompagna l'enterrement de la Vietnamienne au cimetière Montparnasse.

Désormais, les enfants se rendaient à l'école sous escorte policière et un brigadier montait la garde devant la porte de l'appartement, tandis que deux autres demeuraient en faction à l'entrée de l'immeuble. Claire fut sujette à des convulsions qui firent craindre un moment pour sa vie. Mais la présence de son père et de sa mère eut peu à peu raison du mal. Un jour, la petite étala sur son lit des photos de son *assam* ; elle passait d'interminables moments à les contempler.

« Où pourrions-nous aller ? s'interrogeait Léa. Partout où nous irons, ils nous retrouveront. »

– Ne serions-nous pas davantage en sécurité en Algérie qu'ici ? demanda-t-elle à François un soir qu'ils dînaient chez Taillevent où il l'avait entraînée pour lui changer les idées.

– Je me suis posé la question... C'est un paradoxe : rechercher la sécurité dans un pays où le terrorisme fait loi ! Puisque je pars pour Alger demain, je verrai avec Morin et Jeanne... Tu as l'air fatigué, ma chérie. Rassure-toi : tu es toujours aussi belle… Nous avons une vie bizarre et c'est sans doute notre faute. Le général de Gaulle m'a dit qu'il te trouvait ravissante et courageuse, ce qui, dans sa bouche, n'est pas un mince compliment.

– Lui aussi a l'air fatigué, je l'ai trouvé vieilli… Où en sont les tractations en vue de la paix ?

– Ça avance lentement… Les Algériens pinaillent, argumentent sur tout, réfutent tout.

– Quand tout cela sera-t-il conclu ?

– Très vite, maintenant… Tu ne bois pas ? Le vin ne te plaît pas ?

– Si, il me plaît beaucoup, rien à voir avec la piquette de Montillac !

– Piquette ? Comme tu y vas ! Alain avait considérablement amélioré la vinification, et le montillac est devenu mieux qu'un gentil bordeaux. Certes, il peut encore être bonifié, mais, quand tout cela sera fini, nous reprendrons les rênes du domaine et nous en ferons une exploitation de tout premier plan…

– *Nous* ?!… Tu te vois en viticulteur bordelais ?

– Très bien ! Il est temps que nous nous posions quelque part et le meilleur endroit me semble être ton cher Montillac. J'y ai longuement réfléchi, à Noël, et c'est ce qui me semble le mieux pour toi comme pour les enfants. Ils ont besoin de tranquillité, les nôtres comme ceux de Françoise. Ils ont vécu trop de cruelles épreuves depuis leur plus jeune âge : ils ont besoin d'être rassérénés…

– Es-tu certain de pouvoir t'adapter à cette vie-là ? Ne risque-t-elle pas de te sembler monotone, à toi, un aventurier ?

– Ce sont les circonstances qui ont fait de moi un aventurier. Sans la guerre, je serais resté à exploiter mes plantations en Indochine, à diriger mes usines de France et à voyager pour mon plaisir. Je suis fatigué de cette vie, Léa ; fatigué et écœuré !

– Ne serais-tu pas tenté par une carrière politique ?

– C'est ce que m'ont demandé Georges Pompidou et Jean Sainteny…

– Et que leur as-tu répondu ?

– Que je n'en avais pas les capacités, et que le milieu politique me dégoûtait.

– Ç'a dû leur faire plaisir…

– À Sainteny, non. Mais Pompidou, ça l'a beaucoup amusé. « Il faut savoir se salir les mains et nager en eaux troubles, m'a-t-il répondu ironiquement. Je ne crois pas, en effet, que vous ayez ces dons-là. »

– Tous se servent pourtant de toi…

– Et alors ? Ce n'est pas contradictoire. Quand je mets les pieds dans le plat ou que j'ouvre ma grande gueule, ça leur rend service… Tu n'as rien dit, à propos de Montillac : tu n'aimerais pas t'y installer définitivement ?

Les yeux de Léa se perdirent dans le vague. Enfin, elle se décida :

– J'en ai souvent rêvé… Je m'imaginais poursuivre l'œuvre de mon père et de ma mère, vivre au rythme des saisons, de la vigne, regarder le temps s'écouler doucement, sans heurts, auprès de l'homme que j'aime… Oui, j'en ai rêvé souvent.

– Il ne tient qu'à toi que ce rêve devienne réalité.

– Crois-tu ?… Ce n'est pas si simple : je n'ai aucune des qualités de ma mère, je ne possède ni sa patience ni son indulgence, et surtout je ferais une bien piètre maîtresse de maison… Et puis, vois-tu, j'ai peur des fantômes…

– Des fantômes ?

– Oui, ceux de mes parents, de mes sœurs, de Raoul et de Jean Lefèvre, de Camille et de Ruth, de mon oncle Adrien, de tante Bernadette, de Sidonie…

– En effet, ça fait du monde…

François se leva et tira sa chaise jusqu'à la sienne.

– Tu dois apprendre à vivre avec eux. Sois sans crainte, ils te protégeront, leurs mânes reposent en paix. Ce ne sont pas les âmes errantes de mon Indochine. Tu te dois de continuer le travail de tes ancêtres. Je t'y aiderai, si tu le veux bien, de toutes mes forces.

Émue, Léa se blottit contre lui, autant par bonheur que pour dissimuler les larmes qu'elle ne pouvait retenir.

27.

– Bonjour, Tavernier… Vous êtes en retard.

– Excusez-moi, mon général, mais ma femme…

– Je sais, je sais…, coupa le chef de l'État. C'est regrettable, mais c'est la guerre.

François serra les poings ; il y avait des moments où la froideur de De Gaulle passait les bornes.

– Calmez-vous, Tavernier. Je comprends que vous soyez bouleversé, mais cette fâcheuse histoire va nous servir : j'ai encore besoin de vous à Alger… De vous et aussi de votre femme. Vous n'aurez qu'à dire que vous ne vous sentez plus en sécurité en métropole.

– Mais, mon général, retourner à Alger, c'est se jeter dans la gueule du loup ! L'OAS y règne en maître…

– Justement, Tavernier, c'est là que j'ai besoin de vous. Écoutez…

Quand Jeanne vit les voitures franchir le portail de la propriété, allégresse et reconnaissance l'envahirent. Elle alla au-devant des nouveaux arrivants avec un sourire qui disait à lui seul toute sa joie. Les deux amies tombèrent dans les bras l'une de l'autre.

– C'est encore nous ! plaisanta Léa en l'embrassant.

– C'est *enfin* vous, ma chérie ! Vous ne sauriez croire combien vous m'avez manqué… J'ai appris, pour Philomène, et je compatis à votre chagrin. C'était une femme de cœur et de courage… Comme tu as grandi ! s'exclama-t-elle en voyant Claire. Tu ne trouves pas, Farida ?

L'Algérienne ne répondit pas, tendit les bras vers l'enfant qui courut vers elle. Jeanne les regarda un peu dépitée.

– Il faut être très patient, avec Claire : la mort de Philomène est pour elle un drame affreux. Confusément, elle doit sentir chez Farida quelqu'un de proche de son *assam*…, l'apaisa Léa.

En effet, la fillette avait considérablement changé en quelques mois. Évanouie, la gamine rieuse, capricieuse parfois. Elle s'était muée en une enfant sombre et silencieuse. Seule la présence de son père parvenait à lui arracher un sourire. Le reste du temps, elle demeurait songeuse, quand ce n'était pas abattue.

Isabelle et Pierre Lebrun ne cachaient pas leur contentement de se retrouver sous le soleil d'Algérie tandis que pour Adrien et Camille, il ne s'agissait que d'un déménagement de plus. Mais, pour les enfants Tavernier, seul comptait de ne pas être une nouvelle fois séparés de leurs parents. Peu importait l'endroit où ils se trouvaient.

La vie reprit son cours à Alger. C'était le printemps et le jardin embaumait de ses milliers de fleurs. Après une semaine de repos, François se rendit au Rocher-Noir où il fut reçu par Jean Morin.

– J'ai appris ce qui est arrivé à votre domestique vietnamienne. J'en suis désolé… Votre femme et vos enfants l'ont échappé belle ! Mais pourquoi diable être revenu, en famille, vous jeter dans la gueule du loup ?

– On m'a déjà fait cette remarque, mais n'étant plus en sécurité nulle part, nous avons pensé que c'était encore en Algérie que nous risquerions le moins…

– Mais ici, l'OAS fait la loi ! Vous savez ce que sont devenus vos amis barbouzes ? Liquidés ! Du travail d'artistes… Ils s'étaient installés à la villa Andréa. Le 29 janvier dans l'après-midi, un camion de livraison s'est présenté à la résidence ; il devait y déposer des presses pour fabriquer sur place leurs tracts et leurs affiches de propagande. Les caisses furent transportées à l'intérieur par sept déménageurs musulmans. Les occupants de la villa attendaient l'arrivée de l'inspecteur des douanes pour déballer les caisses. Ne voyant venir personne, ils décidèrent de les ouvrir avec l'aide d'un voisin musulman. L'explosion secoua tout le quartier, les murs de la maison s'effondrèrent, ainsi que la dalle de béton qui tenait lieu de terrasse. Prévenu de l'attentat, Vieillescazes, rescapé de l'équipe du commissaire Grassein, dépêcha immédiatement Hernandez, le directeur adjoint de mon cabinet, accompagné d'un détachement de gardes mobiles. Le spectacle était impressionnant : des corps en morceaux jonchaient la rue et les voisins pieds-noirs applaudissaient. Seuls du groupe, le père Peysson, Jacques Cohen et Tony ont survécu. Les policiers durent les désarmer pour les empêcher d'ouvrir le feu. On releva dix-neuf morts qu'on enterra à la sauvette.

– Que faisaient-ils tous au même endroit ?

Jean Morin ignora l'objection et poursuivit :

– Ponchardier a détaché une nouvelle formation qui a pris aussitôt ses quartiers dans un hôtel minable, le Radja. Ces hommes ont mis la main sur quelques membres de l'OAS et, sans états d'âme, les ont soumis à la torture. De leur coté, afin de venger trois des leurs qui avaient été abattus par les barbouzes, les commandos « Delta » attaquèrent alors l'hôtel au bazooka et à la grenade. Les combats ont duré quarante-huit heures sans qu'interviennent les forces de l'ordre. Degueldre lui-même participa à l'assaut qui mit les barbouzes en fuite. Ces derniers n'y survécurent pas bien longtemps : les rescapés conduisirent leurs blessés à l'hôpital Maillot. À leur sortie, cinq tueurs de l'OAS les ont mitraillé à bout portant. La 404 des barbouzes alla s'immobiliser contre un mur. Enfin, telle une meute de chiens, les habitants du quartier descendirent dans la rue, mirent le feu à la voiture, brûlant vifs les blessés qui y étaient restés bloqués. Immonde ! Hélas, les résultats obtenus par ces agents ne compensent pas leurs pertes… Degueldre et ses « Delta » sortent vainqueurs du combat. Le capitaine de gendarmerie Lacoste et le lieutenant Hacq, de la « Mission C », ont bien procédé à l'arrestation de six cent quatre membres de l'Organisation, dont soixante-neuf tueurs et soixante-deux plastiqueurs, ils ont effectué plus de cinq mille perquisitions et saisi armes et munitions en quantité. Du beau travail ! Mais, pendant ce temps-là, le général Salan publiait son instruction numéro 29… Tenez, lisez :

Il est particulièrement satisfaisant de noter que la semaine écoulée a été marquée par des actions de très haute valeur sur tous les plans. J'en adresse mes plus vives félicitations aux exécutants. Dans la forme de guerre que nous menons, tout est bon pour démoraliser et neutraliser l'adversaire, consolider nos positions et améliorer nos moyens. Encore une fois, il faut prendre l'armement dans les dépôts de l'adversaire, il faut prendre l'argent dans ses banques. Je ne dissimule pas que certaines actions peuvent prêter à critiques et engendrer quelques erreurs regrettables. On ne fait la guerre, on ne descend dans la rue ni avec des enfants de chœur ni avec des gens de salon, mais avec des hommes de main courageux et, il faut bien le reconnaître, dépouillés de considérations mondaines. Je profite donc de cette occasion pour renouveler un feu vert général pour toutes les actions payantes et spectaculaires, telles que celles qui viennent d'être exécutées.

Salan.

– Édifiant, non ?... Et ce n'est pas tout ! Il ordonne « l'ouverture systématique du feu sur les unités de gendarmerie mobile et les CRS, l'emploi généralisé des bouteilles explosives pendant les déplacements de jour et de nuit. Salan précise encore : « Sur ordre des commandements régionaux, enfin, la foule sera poussée dans les rues à partir du moment où la situation aura évolué dans un sens suffisamment favorable. » Et il ajoute : « Il faut s'efforcer de paralyser le pouvoir et le mettre dans l'impossibilité d'exercer son autorité. Les actions brutales seront généralisées sur l'ensemble du territoire. Elles viseront les personnalités influentes du Parti communiste et du gaullisme, les ouvrages d'art et tout ce qui représente l'exercice de l'autorité, de manière à tendre au maximum vers l'insécurité générale et la paralysie totale du pays. La provocation à la grève générale sera aussi une excellente arme. Le choix de la date, en métropole, est fonction de l'évolution de la situation en Algérie. Mais, en tout état de cause, la métropole doit agir et coordonner ses actions avec la campagne ouverte en Algérie. » Le vieux fou brigue le pouvoir à Paris. Il se voit, telle Jeanne d'Arc, boutant l'ennemi hors de France et conservant l'Algérie à la Mère Patrie !

– Que ne l'arrêtez-vous ?

– Pour mettre Alger à feu et à sang ?… Et puis, je ne suis sûr de personne, ici… Alors, je me contente de le faire surveiller…

En quittant le Rocher-Noir, François redescendit dans le centre d'Alger à la recherche de Joseph Benguigui qu'il n'avait pas encore revu. Il trouva le chauffeur de taxi en compagnie de ses collègues, tous en grève à la suite de l'exécution de l'un des leurs par le FLN. Benguigui assistait, consterné, au déploiement de haine de ses camarades qui n'aspiraient plus qu'à venger cette mort. Il les abandonna pour rejoindre François. Ensemble ils se rendirent au bar du Cintra où journalistes et correspondants de presse tuaient le temps en sirotant anisette ou whisky.

– Qu'es-tu revenu faire dans cette galère ? lui demanda d'emblée le chauffeur de taxi.

– Nous sommes plus en sécurité ici qu'en France.

– C'est un comble !

Un jeune pied-noir, ami de Benguigui, vint s'asseoir à leur table.

– En fait, tout le monde est OAS, résuma-t-il. Pour moi, la France et l'Algérie sont soudées par les mêmes nécessités matérielles, les mêmes liens affectifs qu'un père et son gosse de sept ans. À sept ans, on ne revendique pas sa majorité, on n'obtient rien en mordant et en trépignant, rien qu'une bonne fessée d'abord, une éducation plus ferme et mieux dirigée ensuite, car, quand un enfant devient capricieux, c'est qu'il est mal élevé. Plus tard, devenu adulte, il obtiendra naturellement le droit de réclamer sa liberté : ce droit, sa valeur le lui conférera, non ses cris et sa cruauté. L'Algérie est un pays riche. Son pétrole, ses gaz naturels, ses possibilités fabuleuses de tourisme, inexploitées encore, sa vigne, ses primeurs, tout cela doit pouvoir un jour lui assurer une indépendance matérielle très stable. Entre le bloc européen et le bloc africain, elle occupe une position de plaque tournante qui la destine à un avenir politique et économique brillant. Mais elle est encore en promesses. La France dépense au bas mot un milliard par jour pour que chacun puisse se mettre au moins un morceau de pain sous la dent et que les petits frères continuent à procréer abondamment. Je refuse de jouer le rôle d'une orange dont on se hâtera de rejeter l'écorce après en avoir exprimé le jus. Ce pays, c'est nous qui l'avons créé, ce sont nos ancêtres. Nous y avons droit aussi légitimement que les fells. Nous sommes chez nous au même titre qu'eux !

– Qui prétend le contraire ? lui opposa Benguigui.

Le jeune homme haussa les épaules et reprit :

– Tu trouves juste que les Arabes entendent appliquer les principes d'indépendance et de liberté que nous leur avons inculqués nous-mêmes ? Soit. C'est valable pour un centième de la population. Le reste suit parce que sa vanité s'en trouve flattée, c'est naturel. En fait, nous savons tous que ce reste s'est toujours placé du côté du plus fort et n'aspire qu'à des choses simples : la paix, vivre bien, travailler peu. Établir une égalité que leur évolution imposerait, soit. Inverser les positions, non. Nous n'avons rien à apprendre d'eux, que je sache. Du reste, l'Algérie n'appartient pas seulement aux Arabes, pas plus exclusivement à eux qu'aux Kabyles, aux Mozabites, aux Chaouïas… ou aux pieds-noirs ! Chaque communauté a son originalité, sa religion, sa langue, sa portion de territoire, même, et son style de vie. En fonction des droits sacrés qui nous sont aujourd'hui jetés à la face, chacune doit assumer sa responsabilité personnelle. Tu ne crois pas à l'Algérie française ? Moi non plus. À plus ou moins brève échéance, l'Algérie volera de ses propres ailes. Mais, pour que la liberté et l'harmonie s'y réalisent alors, j'affirme que chacun devra pouvoir gérer ses propres affaires et construire avec le voisin, en égal et non pas en sujet. Actuellement, pieds-noirs et musulmans s'affrontent, chacun revendiquant la tête du pays. Demain, la lutte se reproduira entre Arabes et Kabyles, qui ne se sont unis que par nécessité provisoire, si n'est pas adoptée une solution équitable, c'est-à-dire choisie en fonction de la diversité des communautés algériennes et de leurs droits respectifs. Mais nous, les pieds-noirs qui gueulons « Algérie française » sur tous les tons, qui crachons cette formule vidée de sa substance, comme une injure, à la face des métropolitains, nous nous trompons nous-mêmes tant sur nos désirs que sur nos appartenances. Les Français nous ont trop déçus pour que nous sollicitions encore d'en être. Ils ont été les premiers à prendre des distances avec nous. Car nous ne sommes pas français. Nous étions espagnols, juifs, mahonnais, maltais, italiens, et nous formons maintenant une communauté bien homogène qu'il importe par-dessus tout de sauvegarder dans son intégrité. Telle est notre mission. Même si nous devions quitter un jour l'Algérie, telle resterait notre mission. Mais il n'en est pas encore question, Dieu merci !

Sa tirade passionnée dévidée, le jeune pied-noir se tut, puis vida son verre d'un trait. Enfin il salua ses compagnons et s'en fut.

– Qui est-ce ? s'enquit François après son départ.

– Jean Sarradet, l'un des jeunes chefs des commandos « Z », ces équipes créées par Susini pour appuyer son front nationaliste ; il n'a que vingt-sept ans…

– Ce qu'il dit n'est pas idiot.

– Non, mais on se sert de lui, on le manipule… J'ai peur que sa lucidité et son intelligence ne le perdent. Quel gâchis !

Ils restèrent à boire jusqu'à la tombée de la nuit.

À Alger, à Oran, les attentats de l'OAS et du FLN faisaient des centaines de victimes dans chacun des deux camps. Ces crimes journaliers séparaient encore un peu plus les deux communautés. Il devenait évident que les Européens ne pourraient plus demeurer en Algérie.

En France, les négociations ouvertes entre le gouvernement et le GPRA se poursuivaient.

Bientôt on annonça le cessez-le-feu. Le 18 mars 1962, les trois négociateurs français et Krim Belkacem apposèrent leur signature au bas de leurs accords. Depuis Alger, le général Ailleret adressa un télégramme en ces termes aux commandants de corps d'Armée : « Cessez le feu lundi 19 mars midi – Stop – Instructions pour application exécutable même jour même heure – Stop – Genesup. – Fin. » Bien sûr, de son côté, le haut commandement de l'OAS ne pouvait l'entendre de cette oreille. « Aveugle et sourd à la volonté d'un peuple, de Gaulle a signé avec les assassins. Notre guerre continue, notre drapeau est et restera le drapeau tricolore. En conséquence, dès le lever du jour, une grève générale de vingt-quatre heures marquera la honte et la trahison d'un chef d'État indigne de notre détermination de rester, à jamais, français. Les rues seront désertées par la population de manière à éviter tout incident. Portes, fenêtres et volets seront clos », fit-il savoir.

À vingt et une heures, heure du couvre-feu, l'électricité fut coupée dans toute la ville, et Alger plongée dans l'obscurité. Le lendemain, les tracts de l'OAS, signés de Salan, furent distribués à la population :

Je donne l'ordre à nos combattants de harceler les positions ennemies dans les grandes villes d'Algérie. Je donne l'ordre à nos camarades des forces Armées, musulmans et Européens, de nous rejoindre dans l'intérieur de ce pays qui leur appartiendra, de rendre immédiatement la seule souveraineté légitime, celle de la France. Enfin, c'est toute l'Armée secrète qui s'adresse au peuple de France, auquel nous jurons la sauvegarde de ses libertés et la défense des richesses nécessaires à l'accomplissement de son destin. Une fois l'Algérie libérée, c'est sa volonté que nous suivrons et, soyons-en sûrs, elle ne nous décevra pas !

28.

> *« Ô Haine ! Haine verdoyante aux feuilles vraies !*
> *Arbre, jeune arbre vit, arbre de liberté ! »*
>
> PIERRE JEAN JOUVE.

L'appel du général Salan fut entendu dans toute l'Algérie.

Dans l'après-midi du 20 mars, quatre obus de mortier furent tirés depuis une terrasse de Bab-el-Oued en direction de la place du Gouvernement à l'heure où les habitants de la Casbah jouaient aux dominos, écoutaient les conteurs ou regardaient les jongleurs de rue en buvant du thé à la menthe. On releva vingt-quatre morts et cinquante-neuf blessés. Arrêtés à la suite d'un attentat perpétré par le FLN, des musulmans furent liquidés dans la cellule qu'ils occupaient au commissariat central. Les Algériens qui, malgré l'interdiction des « Delta », tentaient de se rendre dans la ville européenne, risquaient d'y être abattus d'une rafale de mitraillette. *Yaouleds*, marchands des quatre-saisons, femmes de ménage, ouvriers comptèrent au nombre des victimes. Le 22 mars, un commando de vingt hommes attaqua, à la sortie du tunnel des facultés, une patrouille blindée de la gendarmerie mobile. Un tir au bazooka atteignit le premier véhicule ; ce fut le signal de la fusillade. Les gendarmes tentèrent de faire marche arrière mais, à l'autre bout du tunnel, ils furent accueillis par des jets de grenades. Puis ce fut au tour des FM[1], en embuscade rue Berthezène et avenue Pasteur, d'ouvrir le feu. Chez les gendarmes, l'attaque fit dix-huit morts et vingt-cinq blessés. Le commando ne déplora qu'une seule victime, le tireur au bazooka.

Toute la nuit les rues d'Alger furent le théâtre de fusillades et d'explosions. Des bidons d'huile de vidange furent répandus sur la chaussée par des habitants de Bab-el-Oued qui, pour faire bonne mesure, y ajoutèrent des clous. Deux camions transportant des « bérets noirs », des appelés du Train, dérapèrent sur les nappes d'huile. Les jeunes gens de Bab-el-Oued, couverts par l'un des commandos « Delta », encerclèrent les véhicules en brandissant leurs armes. Ils réclamèrent leurs mitraillettes aux jeunes soldats, qui refusèrent de les leur remettre. Voyant cela, les « Delta » vinrent en aide aux insurgés. Un appelé musulman fit feu. Immédiatement, le commando de l'OAS riposta.

1. Fusils mitrailleurs.

Un chauffeur d'abord fut abattu à travers son pare-brise, puis les autres militaires furent purement et simplement massacrés. Les hommes du commando firent main basse sur les armes qui les intéressaient et s'enfuirent. Il y eut sept morts et onze blessés chez les appelés. Le lendemain, le commandant en chef, le général Ailleret, regagna la caserne Pélissier et ordonna le bouclage du quartier. Des avions survolèrent le secteur et ouvrirent le feu au ras des terrasses. Les mitrailleurs de l'OAS répliquèrent. Des hélicoptères lance-grenades entrèrent en action. Dans Bab-el-Oued, la panique se répandit. Jamais la population n'aurait pensé que l'Armée passerait ainsi à l'attaque. Degueldre, qui s'était tenu à l'écart des coups de main des derniers jours, tenta, en compagnie de ses « Delta », de dégager les hommes de Jacques Achard. Ils parvinrent à les extraire du guêpier grâce à la complicité d'un colonel chargé de boucler le secteur. On recensa encore de nombreuses victimes, morts et blessés.

– Alger est en proie à la subversion ? Bab-el-Oued se révolte ? Tous les moyens sont réunis. Il ne faut pas lésiner. Il ne faut rien ménager ! tonna le général de Gaulle en Conseil des ministres.

Jean Morin fut rappelé et Christian Fouchet le remplaça. En accord avec le nouveau représentant du gouvernement, le général Ailleret confirma le bouclage de Bab-el-Oued, l'assortissant d'un couvre-feu permanent, de l'interdiction d'entrer ou de sortir du quartier, de la fouille systématique des appartements et de la vérification des identités. Cela dura quatre jours qui laissèrent les malheureux habitants désespérés au milieu de leurs appartements dévastés, face aux façades éventrées de leurs immeubles, à leurs rues jonchées d'ordures et de gravats, encombrées de carcasses de voitures incendiées. Plus rien de ce qui avait fait la joie de vivre du petit peuple de Bab-el-Oued ne subsistait. Quelque chose s'était brisé. Nombreux furent ceux qui résolurent alors de partir.

Le dimanche 25 mars, le général Jouhaud fut arrêté à Oran en compagnie de ses adjoints militaires, le commandant Camelin et le lieutenant de vaisseau Guillaume, puis transféré en métropole à la prison de la Santé. Depuis Alger où il séjournait toujours clandestinement, le général Salan nomma le général Gardy à la tête de l'OAS-Oran. Dans la soirée, un tract émanant de la zone Alger-Sahel, commandée par le colonel Vaudrey, appela la population à manifester son soutien aux habitants de Bab-el-Oued. Le tract fut distribué dans des milliers de foyers :

Halte à l'étranglement de Bab-el-Oued ! Une opération monstrueuse, sans précédent dans l'Histoire, est engagée depuis trois jours contre nos concitoyens de Bab-el-Oued. On affame cinquante mille femmes, enfants, vieillards, encerclés dans un immense ghetto, pour obtenir d'eux, par la famine, par l'épidémie, par tous les moyens, ce que le pouvoir n'a jamais pu obtenir autrement : l'approbation de la politique de trahison qui livre notre pays aux égorgeurs du FLN qui ont tué vingt mille Français en sept ans. La population du Grand Alger ne peut rester indifférente et laisser se perpétrer ce génocide. Déjà, un grand élan de solidarité s'est manifesté spontanément par des collectes de vivres frais. Non, les Algérois ne laisseront pas mourir de faim les enfants de Bab-el-Oued ! Ils s'opposeront jusqu'au bout à l'oppression sanguinaire du pouvoir fasciste ! Tous, lundi à partir de 15 heures, pour gagner ensemble et en cortège, drapeaux en tête, sans aucune arme, sans cri, par les grandes artères, le périmètre de bouclage de Bab-el-Oued !

Pour tenter de faire opposition à la manifestation, le préfet de police fit diffuser toutes les demi-heures, par des voitures militaires équipées de haut-parleurs, un communiqué répétant l'avertissement du gouvernement général :

La population du Grand Alger est mise en garde contre les mots d'ordre de manifestation mis en circulation par l'organisation séditieuse. Après les événements de Bab-el-Oued, il est clair que les mots d'ordre de ce genre ont un caractère insurrectionnel marqué. Il est formellement rappelé à la population que les manifestations sur la voie publique sont interdites. Les forces de maintien de l'ordre les disperseront, le cas échéant, avec la fermeté nécessaire.

Dès l'aube du 26 mars, vingt-cinq escadrons de gendarmes mobiles, des compagnies de C.R.S. et des bataillons d'infanterie prirent position dans le centre d'Alger, boulevard Lafferrière, boulevard Carnot, rampe Bugeaud et rue Alfred-Lelluch. On confia le secteur de la rue d'Isly à un jeune sous-lieutenant kabyle, Ouchène Daoud. Des ordres verbaux lui avaient été transmis : « Vous devez bloquer le square Lafferrière. Si les manifestants insistent, ouvrez le feu. » Au début de l'après-midi, la foule commença d'affluer au plateau des Glières. Rapidement, les barrages cédèrent les uns après les autres sous les cris d'*« Algérie française ! l'Armée avec nous ! »*. Tout Alger avait répondu présent, femmes et enfants en tête. Très vite, les tirailleurs algériens qui, pour la plupart, ne parlaient pas français, se virent pris à partie par la foule. Ils braquèrent leurs armes sur elle. C'est alors que le jeune sous-lieutenant kabyle se laissa attendrir par les supplications d'un Européen :

– Mon lieutenant, on veut simplement aller secourir ceux de Bab-el-Oued. On ne fait rien de mal. Vous êtes français comme nous…

Ouchène lui accorda le passage, ainsi qu'à une trentaine de personnes. Bientôt elles furent trois cents à s'engouffrer dans la brèche. Certains bousculèrent les jeunes soldats en les insultant. Des coups de feu furent tirés. Des toits ? Depuis la foule des manifestants ? Dans les rangs des forces de l'ordre ? On ne devait jamais le savoir… Ça canardait de partout. La panique s'empara de la foule, des grenades explosèrent au milieu des manifestants. Cris, hurlements, fuites éperdues.

– Halte au feu !… Halte au feu !…

Personne n'entendit, la fusillade s'éternisa.

– Halte au feu, nom de Dieu !… Halte au feu !…, hurlait le sous-lieutenant kabyle.

La fusillade cessa ; elle avait duré trois minutes.

Les manifestants se relevaient lentement et contemplaient, hébétés, l'étendue du désastre : des morts, des blessés baignaient dans leur sang. Des ambulances arrivèrent sur les lieux, toutes sirènes hurlantes. Médecins et infirmiers se penchèrent sur les blessés et entreprirent de soigner sur place ceux qui n'étaient pas trop grièvement atteints. Les autres étaient allongés sur des brancards, transportés jusqu'aux ambulances et dirigés en hâte vers les hôpitaux. Dcs femmes hurlaient devant le corps d'un mari, d'un enfant. Des hommes, le visage en sang, sanglotaient. Une folle rumeur se répandit : de Gaulle avait ordonné de tirer sur la foule…

On dénombra plus de cinquante victimes.

Dès le début de la manifestation, Léa et Jeanne s'étaient rendues sur les lieux avec les membres de la Croix-Rouge afin d'y apporter leur aide. Elles participèrent au transport des blessés et s'efforcèrent de rassurer les familles.

– Jamais je n'aurais cru que l'Armée tirerait sur nous…, se désolait Jeanne Martel-Rodriguez.

Tard dans la nuit, elles regagnèrent épuisées la villa.

Dans la chambre de Léa, une enveloppe blanche trônait sur la table :

Madame,

Ceci est un avertissement : il y va de la vie de vos enfants. Le contenu de cette lettre doit rester secret, vous ne devez le révéler à qui que ce soit, sous peine de voir l'un de vos enfants exécuté. Demain, vous vous rendrez au service des urgences de l'hôpital Mustafa. Vous y demanderez le capitaine Lucas. On vous conduira à sa chambre où il vous chargera d'une mission. Vous êtes surveillée jour et nuit et des gens à nous sont dans la place. Si vous parlez, ils mettront nos menaces à exécution.

L'OAS qui voit tout et qui sait tout.

Tremblant de tous ses membres, Léa se laissa tomber sur une chaise, puis se releva brusquement : les enfants ! Elle se précipita jusqu'à leurs chambres respectives : tous dormaient. Dans le couloir, elle croisa Farida à qui elle demanda si elle avait déposé une lettre dans sa propre chambre. La réponse, comme elle s'y attendait, fut négative. La mort dans l'âme, elle se coucha.

Peu après, François rentra, se glissa dans leur lit, baisa l'épaule nue de sa femme et s'endormit. Léa ne ferma pas l'œil de la nuit.

Le lendemain matin, en raison des événements, les enfants n'allèrent pas en classe. Léa insista auprès de Farida pour qu'elle ne les quittât pas des yeux. Elle sortit de la villa sans avoir parlé à François.

L'hôpital Mustafa était envahi par les familles des blessés de la veille. Débordé, le personnel la renvoya d'un service à l'autre. Enfin, un jeune infirmier la conduisit auprès du capitaine Lucas.

– Madame Tavernier ?… Entrez, asseyez-vous…

– Je préfère rester debout… Qu'attendez-vous de moi ?

– Vous êtes directe, j'aime ça. Il faut que vous vous introduisiez au Rocher-Noir pour y dérober certains documents.

– Au Rocher-Noir, comme vous y allez ! Je n'y ai pas mes entrées…

– Vous non, mais votre mari, si. Accompagnez-le et repérez les lieux. Les documents qui nous intéressent sont conservés dans le coffre du secrétaire du délégué. Ils se trouvent dans une enveloppe brune à l'en-tête du gouvernement général et marquée « OAS ». Nous savons que, dans la journée, ce coffre reste ouvert. Ce sera pour vous un jeu d'enfant que de vous la procurer… Vous ne risquerez pas grand-chose : des hommes à nous se tiendront prêts à vous prêter main-forte en cas de besoin.

– Que ne prennent-ils ces documents eux-mêmes ?

– Ils ne sont pas autorisés à se rendre dans cette partie des bâtiments… Rentrez chez vous. Le délégué, va faire demander votre mari : vous insisterez pour l'accompagner…

– Et s'il refuse ?

– Vous trouverez bien un moyen de le convaincre. Pensez aux enfants…

– En admettant que je réussisse à m'emparer de ces documents, devrai-je revenir ici pour vous les remettre ?

– Surtout pas ! Ils seront plus en sécurité entre vos mains, chez cette chère Mme Martel-Rodriguez… Nous vous ferons savoir à quel moment nous en aurons besoin. C'est tout.

– Je peux partir ?

– Bien sûr… Ah, une chose cependant : Jaime Ortiz était pour moi un ami. Il m'avait parlé de vous et des torts que vous lui aviez causés en Argentine, à lui ainsi qu'à sa famille. Je n'ignore rien non plus de vos agissements en Indochine. Enfin, je tenais à vous dire que mes camarades et moi, nous n'avons guère apprécié le guet-apens que votre mari lui a tendu : ce n'était pas digne d'un soldat…

– Parce que c'est sans doute « digne d'un soldat » de violer les femmes, de les torturer et de finir par les assassiner !

– Ne criez pas ainsi… Après tout, ce ne sont que des bougnoules, une sale race ! Mais c'est vrai, j'oubliais : vous, vous les aimez bien, toutes ces sales races, qu'il s'agisse de Vietnamiens ou d'Algériens… N'avez-vous pas eu une petite bâtarde avec un *nhà quê*[1] ? Il s'en est fallu de peu qu'elle ne saute à Paris, n'est-ce pas ?

– Vous êtes ignoble !

– Je ne vous reconduis pas… Vos amis m'ont tiré dessus et j'ai encore du mal à marcher… Vous n'avez rien oublié ? Non ?… C'est bien, vous êtes une bonne mère !

Léa ne sut jamais comment elle parvint à rentrer à la villa. Trahir ? Elle allait trahir pour protéger les siens. Sa mine défaite alarma François et Jeanne.

– Mais… qu'avez-vous, ma chère amie ?

– Que se passe-t-il, ma chérie ?

– Rien, je vous assure… Je suis allée à Mustafa pour voir si je pouvais aider ces pauvres gens, et ça m'a retournée… Je vais m'allonger un peu.

– Après le déjeuner, j'irai au Rocher-Noir ; le nouveau délégué m'a demandé de passer le voir.

– Ah… J'aimerais bien venir avec toi.

– Mais je croyais que tu étais épuisée…

– C'est vrai, mais ça ira mieux tout à l'heure, et puis ça me changera les idées… Promis, tu ne pars pas sans moi ?

1. « Paysan » en vietnamien ; surnom péjoratif donné aux Vietnamiens par les Blancs d'Indochine.

29.

« Oui ! nous vivons des jours assez tendus. Et la route n'est pas toujours facile. »

CHARLES DE GAULLE.

Avant de partir pour Rocher-Noir, Léa s'entretint avec Farida, la suppliant de ne pas laisser les enfants sans surveillance un seul instant.

– Mais que voulez-vous qu'il leur arrive, ici ? La maison est gardée de l'extérieur comme à l'intérieur.

– Je sais, mais je suis inquiète. Je vous le dis en confidence : j'ai reçu de nouvelles menaces de l'OAS. Je n'en ai rien dit à mon mari, pas plus qu'à Mme Martel-Rodriguez, mais je crains qu'il n'y ait un homme à eux parmi le personnel…

– Mais c'est totalement impossible ! Je connais tous les domestiques…

– Je vous en prie, Farida : soyez vigilante.

L'Algérienne considéra longuement cette femme, si élégante dans son ensemble à pois bleu marine et blanc, dont le regard, abrité sous un grand chapeau, trahissait le profond désarroi.

À la suite des événements de la veille, les contrôles avaient été renforcés à l'entrée de la cité administrative. Il fallut une bonne demi-heure pour parvenir jusqu'au bureau du délégué général ; Jean Morin y vivait ses dernières heures dans cette fonction.

– Veuillez m'excuser pour ces contretemps, chère madame, mais tout le monde ici voit des espions partout..., l'accueillit Morin en lui baisant la main.

« Il ne croit pas si bien dire », pensa Léa.

– Je dois m'entretenir en particulier avec votre mari. Installez-vous dans le bureau de mon secrétaire, vous y serez plus à l'aise pour patienter... Ne vous formalisez pas du désordre : nous commençons à faire nos paquets...

– Que se passe-t-il donc ?

– Je vais bientôt avoir un successeur en la personne de Christian Fouchet... Un type bien.

Assise dans l'un des fauteuils du secrétariat, Léa examina la pièce. Le coffre était bien là, mais semblait fermé. Elle se leva et tira sur la poignée : la porte pivota sans bruit. Elle s'immobilisa, l'oreille aux aguets. Sous quelques dossiers, elle aperçut l'enveloppe brune, s'en empara, la glissa dans son sac qu'elle avait pris la précaution de choisir de bonne taille, puis repoussa la porte du coffre. Les jambes molles, le cœur battant, elle se rassit. À peine avait-elle regagné sa place que la porte du bureau s'ouvrit et qu'un homme encore jeune entra.

– Oh, excusez-moi, madame ! Je ne savais pas qu'il y avait quelqu'un…

– Je vous en prie, monsieur. C'est moi qui devrais m'excuser, mais monsieur le délégué m'a demandé d'attendre ici qu'il en ait terminé avec mon mari…

– Vous êtes Mme Tavernier ?

– Oui…

– Enchanté de faire votre connaissance, j'ai beaucoup entendu parler de vous…

– Mais par qui, mon Dieu ?

– Dans les couloirs de l'Élysée et chez M. Sainteny, par exemple…

– Et qu'y dit-on de moi ?

– Que non contente d'être ravissante, vous êtes une femme courageuse et que des personnalités aussi diverses que Hô Chí Minh ou Fidel Castro vous tiennent en grande estime… Sans compter avec le général de Gaulle lui-même qui ne vous a pas ménagé son soutien…

– Le général de Gaulle ?… Comment cela ?

– N'avez-vous pas connu quelques démêlés avec la DST ?

– Si l'on peut dire…

– Saviez-vous que le Général avait fait connaître au ministre de l'Intérieur comme au préfet de police qu'il avait en vous la plus grande confiance ? L'épouse d'un homme tel que M. Tavernier se trouvait bien sûr au-dessus de tout soupçon…

Machinalement, Léa serra son sac contre elle. La porte s'ouvrit à nouveau et Jean Morin parut.

– Je vois, chère Madame, que vous avez fait connaissance avec mon secrétaire et ami et j'espère que le temps ne vous a pas semblé trop long… Votre mari vous attend dans mon bureau.

Après avoir salué le secrétaire, Léa suivit le délégué.

Quelques minutes plus tard, François et son épouse prenaient congé.

En chemin, Léa remarqua l'air soucieux de François.

– Quelque chose ne va pas ?

– Morin pense que le Rocher-Noir est noyauté par l'OAS. Il m'a confirmé dans la mission de De Gaulle : éliminer les chefs de l'Organisation.

– Mais ils ne peuvent donc pas nous laisser tranquilles ?!

– Les enfants ne seront jamais en sécurité si nous ne tentons rien.

– Tu pourrais peut-être assassiner Salan, tant que tu y es ?

– Pourquoi pas ?

– Comme tu y vas ! Parfois tu me fais peur…

– Après tout, ce serait peut-être la solution…

Pendant quelques instants, ils roulèrent en silence mais furent bientôt bloqués par un barrage de police ; le FLN venait de commettre un attentat qui avait fait cinq morts. « Des traîtres ! » selon les témoins : « Toute cette violence quotidienne ! Hommes, femmes, enfants, personne n'est à l'abri ! »

À la villa, tout était calme. En cette fin de journée, l'air embaumait, le ciel resplendissait et les enfants jouaient au jardin. Quand elle vit arriver la voiture, Claire se précipita au-devant de ses parents. Elle portait une petite robe berbère, cadeau de Farida. Celle-ci sortait justement de la maison, un plateau de beignets dans les mains. Les enfants se jetèrent sur le goûter.

Le surlendemain de leur visite au Rocher-Noir, Léa trouva une nouvelle enveloppe dans sa chambre. À l'intérieur, un mot laconique la félicitait pour son larcin et lui donnait rendez-vous pour le lendemain, quinze heures, dans les jardins de l'hôtel Saint-George.

Exacte, mais la mort dans l'âme, elle s'y présenta. À cette heure de l'après-midi, peu de monde profitait des jardins et seules deux tables étaient occupées par de vieilles dames. Léa s'installa un peu à l'écart. Une dizaine de minutes plus tard, deux hommes, les yeux dissimulés derrière des lunettes noires, et portant visiblement des perruques, se dirigèrent vers elle ; le reste de leurs visages ne lui disait rien. Après s'être inclinés, ils prirent place à sa table.

– Vous avez les documents ? s'informa le plus jeune.

Sans répondre, elle ouvrit son sac et tendit l'enveloppe. Après avoir jeté un bref regard à son contenu, il se pencha vers elle ; il empestait la brillantine.

– Vous avez lu ?

– Oui, mais je n'y ai rien compris…

– Cela vaut mieux pour vous…, laissa entendre celui qui n'avait pas encore parlé. Comment vont vos enfants ?

– Laissez-les en dehors de tout cela !

Malgré elle, sa voix s'était faite suppliante ; elle s'en voulut de cette faiblesse.

– Tant que vous exécuterez nos instructions, ils ne risqueront rien. Vous avez ma parole.

– Que vaut la parole d'hommes tels que vous ? s'irrita-t-elle.

Voyant le rouge monter au front du plus jeune, elle regretta cette pointe d'agressivité.

– Je ne permets pas à une putain comme vous de mettre notre parole en doute !

Ce fut au tour de Léa de rougir sous l'affront.

– Mon jeune camarade est très sensible en matière d'honneur… comme, d'ailleurs, tous les membres de notre Organisation. Car, voyez-vous, chère madame, c'est pour l'honneur que nous combattons, pour celui de la France et pour le nôtre ! Croyez-vous que nous nous soyons mis hors la loi de gaieté de cœur ? Nous sommes des soldats, des officiers qui n'acceptons pas que la France abandonne une partie de son territoire, une terre conquise de haute lutte par nos aïeux qui l'ont rendue riche et prospère, et pour laquelle certains ont donné leur vie. Jamais nous ne laisserons ce pays aux mains des musulmans, cette race de chiens fanatiques, de barbares incultes, lâches et fainéants ! Ce pays mérite des hommes dignes de sa beauté et de ses richesses. Nous lutterons jusqu'au bout de nos forces pour conserver l'Algérie à la France… Pendant de nombreuses années, nous avons d'ailleurs cru que votre très chère amie, Mme Martel-Rodriguez, inclinait dans notre sens. Hélas, ses prises de position récentes en faveur de cette « jeune nation arabe », nous ont montré que nous nous trompions. Comment elle, descendante de l'une des plus vieilles familles d'Algérie, a-t-elle pu oublier ses plus insignes devoirs ? C'est de la trahison et, pour cela, elle sera châtiée ! s'emporta le plus âgé.

– Vous êtes dans l'erreur : Mme Martel-Rodriguez aime ce pays plus que tout… Plus que vous, sans doute !

– J'aimerais vous croire, madame… J'ai longtemps été un ami proche de la famille Martel-Rodriguez. Je revois Jeanne jeune femme : elle était ravissante et tout le monde en était amoureux. Ainsi, moi qui vous parle… Mais je m'attendris, excusez-moi… Bref, vous recevrez prochainement de nouvelles instructions. Exécutez-les à la lettre et tout ira bien. N'oubliez jamais qu'il y va de la vie de vos enfants… Au revoir, madame, j'ai été ravi de vous rencontrer !

Longtemps Léa resta immobile, tentant de rassembler ses esprits. Une voix lui conseillait de se confier à François : lui seul était à même de lui venir en aide. Quand enfin elle se leva, elle avait presque décidé de tout lui avouer.

De retour à la villa, elle se souvint subitement que Jeanne Martel-Rodriguez donnait ce soir-là un dîner en l'honneur du départ de Jean Morin et du général Ailleret. Elle avait juste le temps de se changer.

Dans la chambre plongée dans la pénombre, elle distingua François allongé en travers du lit, un livre ouvert à ses côtés. Elle s'étendit près de lui et mêla ses jambes aux siennes. Bientôt une main s'insinua sous sa robe, écarta la culotte de soie, et la caressa. D'abord tendue, elle se laissa peu à peu pénétrer par les doigts de son amant. Pour faciliter leur progression, elle ouvrit les jambes. Il fit glisser la culotte et se pencha sur son sexe humide. Sous sa langue, elle grogna de plaisir et s'ouvrit davantage. Sur le point de jouir, elle murmura :

– Viens !

Dans l'obscurité, François ne remarqua pas les larmes qui coulaient sur les joues de Léa.

Tout le gratin de la bonne société algéroise se pressait dans les salons de la villa. Très élégante dans une robe de dentelle grise, Jeanne Martel-Rodriguez recevait ses hôtes en adressant à chacun un mot aimable. Néanmoins, un observateur attentif aurait remarqué qu'elle se retournait fréquemment en direction du grand escalier, comme dans l'attente de quelqu'un. Le général Ailleret et Jean Morin firent leur entrée en compagnie de leurs épouses. Afin de parer à d'éventuels attentats, d'importantes forces de police quadrillaient le parc et les alentours de la villa, et des policiers en civil circulaient parmi les invités eux-mêmes. Il y avait bien longtemps qu'on n'avait pas donné une telle réception chez les Martel-Rodriguez – peut-être même serait-ce la dernière fois – et il importait que tout se déroulât sans anicroches.

Un homme aux cheveux blancs, très chic dans un smoking immaculé, vint s'incliner devant la maîtresse de maison.

– Paul ? Quelle joie de vous revoir ! Je ne vous savais pas à Alger… Comment avez-vous su, pour ce soir ?

– Tout se sait à Alger, chère amie… Étant de passage pour quelques jours seulement, je n'aurais pour rien au monde manqué cette occasion de vous saluer. Vous êtes toujours aussi ravissante, chère Jeanne : le temps n'a pas prise sur vous…

– Arrêtez, vieux fou ! Nous avons, vous et moi, des cheveux blancs…

– Mais… vous semblez inquiète… Vous attendez quelqu'un, peut-être ?

Sans lui répondre, Jeanne le planta là pour aller au-devant de Léa et de François qui descendaient l'escalier.

– Je me demandais où vous étiez passés, tous les deux ! Je crains d'ailleurs que ma trop visible inquiétude n'ait été remarquée… Vous êtes magnifique, ma chérie, ce vert vous va à ravir : vous allez faire des envieuses !... Venez, vous êtes très attendus.

Avec simplicité et un évident plaisir, Jeanne Martel-Rodriguez les présenta à ceux de ses invités qui ne les connaissaient pas.

– Voici mon vieil ami Paul de Navery, descendant de l'une des plus anciennes et illustres familles françaises d'Algérie, qui vit maintenant à... je ne sais plus très bien où... en Amérique latine, je crois ?

– Je n'y suis plus depuis longtemps. Je me partage actuellement entre l'Égypte, la Syrie et la Suisse...

– Paul, je vous présente mes amis, M. et Mme Tavernier.

– Mes hommages, Madame, salua l'inconnu en s'inclinant sur la main de Léa. Bonsoir, Monsieur. Mes félicitations : vous avez une femme charmante...

« Cette voix... » Léa eut l'impression de l'avoir déjà entendue se dit-elle en s'éloignant au bras de Jeanne. Elles rejoignirent Janine Morin qui leur présenta à son tour l'épouse du commandant en chef, Liliane Ailleret.

– Quelle délicieuse maison ! complimenta celle-ci.

– Je vous remercie... Venez, mesdames, on annonce que « Madame est servie »...

– Ainsi, vous avez vécu en Amérique latine ? s'intéressa François en allumant une cigarette. Dans quel pays avez-vous séjourné ?

– Un peu partout : au Mexique, au Chili, au Brésil…

– Et en Argentine ?

Une imperceptible crispation effila les lèvres de l'invité.

– L'Argentine ?… J'y suis passé quelquefois… Et vous-même, vous y êtes allé ?

– Oui, j'y suis passé aussi[1]…

– En compagnie de madame votre épouse, sans doute ?

– À l'époque, elle n'était pas encore ma femme.

– J'ai entendu dire que ce pays avait donné asile à des criminels de guerre nazis… En avez-vous entendu parler ?

– Tout est possible en ce bas monde. Il y a également des criminels de guerre en Syrie…

La bouche de Navery se crispa une nouvelle fois.

– En Syrie ?… C'est impossible !

– Je crois que l'on passe à table… Après vous, je vous prie.

Le dîner fut somptueux. Néanmoins, assise à la droite de Jean Morin avec, à sa gauche, un industriel pied-noir dont elle n'avait pas retenu le nom, Léa trouvait le temps passablement long. De l'autre côté de la table, François donnait

1. Voir *Noir tango.*

l'impression de bien s'amuser, attablé qu'il était entre une rousse au décolleté plongeant et une brune trop maquillée couverte de bijoux. À une table voisine, Paul de Navery s'entretenait avec le préfet de police. Sans s'en rendre compte, Léa ne cessait de l'observer. À un moment donné, son regard croisa celui de François qui sembla lui dire : « Courage ! »

Après le dîner, les hommes se retirèrent pour fumer un cigare, tradition qui agaçait Léa, car elle aussi fumait le cigare ! Jeanne, qui connaissait l'exaspération de son amie à ce sujet, avait tout prévu et lui en avait fait réserver. Ayant choisi un Roméo-et-Juliette, Léa sortit dans le jardin pour ne pas incommoder « ces dames »… Elle se dirigea vers la terrasse d'où l'on dominait la ville et s'appuya à la balustrade. En contrebas s'étendait un fouillis d'arbustes et de plantes grasses d'où montaient une forte odeur de terre et celle des tubéreuses. Un mouvement parmi les feuillages l'alerta.

– C'est moi, Léa !

– Al-Alem ?…, chuchota-t-elle.

– Il faut que je te parle : c'est très important !

– Parle, il n'y a personne…

– Attention, on vient !

Léa se retourna et sursauta ; Paul de Navery se tenait tout près d'elle.

– Vous m'avez fait peur !

– Désolé, excusez-moi… Mais vous étiez si penchée que j'ai craint que vous ne tombiez…

– Je respirais les parfums de la nuit…

– En fumant le cigare ?

– Ce n'est pas incompatible… Excusez-moi, à présent, je vais rentrer : j'ai un peu froid…

– Voulez-vous que j'aille vous chercher un châle ?

– Non, merci.

– Je vous raccompagne : qui sait quelles mauvaises rencontres vous pourriez faire en chemin ?

« Cette voix… », songea-t-elle de nouveau.

– Dans ce jardin ? Mais il y a un policier derrière chaque bosquet !

– Pour ma part, j'ai eu l'impression qu'il n'y en avait pas au pied de la terrasse.

Un frisson parcourut Léa.

– Vous avez réellement froid, reconnut-il.

En ces temps incertains, à cause aussi du couvre-feu, les invités prirent congé de bonne heure. Le dernier de ses hôtes parti, Jeanne se laissa tomber sur un canapé aux côtés de Léa.

– Je suis contente que tout se soit terminé de bonne heure ; je n'ai plus l'habitude de ces soirées mondaines… J'espère que cela n'a pas été trop pénible pour vous… Je boirais bien quelque chose, François.

– Du champagne, ça vous va ?

– Très bien… Maintenant, levons nos verres à l'amitié, à la vraie, à la nôtre !

– À l'amitié ! trinquèrent en chœur Léa et François.

– Mais, qui est-ce que je vois ? s'écria Jeanne. Une petite souris ? Viens, ma chérie…

Claire dévala les marches en tenant relevée sa longue chemise de nuit et vint se blottir entre Jeanne et sa mère.

– Pourquoi ne dors-tu pas, ma chérie ? lui demanda-t-elle.

– Les invités ont fait trop de bruit ? interrogea la maîtresse de maison.

– Papa, je peux avoir du champagne ?

– Qu'en pense Maman ?

– Oh, dis, Maman, je peux ?

– Oui, ma jolie, mais un doigt seulement…

– Youpi ! Hum… c'est bon !

30.

Le surlendemain, Christian Fouchet, le nouveau délégué, prenait ses fonctions. Deux jours plus tard, Léa découvrit qu'on avait déposé une nouvelle enveloppe dans sa chambre ; elle la déchira avec rage et, anxieuse, lut :

Les documents que vous nous avez fournis se sont révélés certes intéressants, mais très insuffisants. Inventez un prétexte pour retourner où vous savez et arrangez-vous pour demeurez seule dans le bureau de qui vous savez. Vous y trouverez un dossier marqué "Secret Défense" : emparez-vous de ce qu'il contient.

Nous vous ferons savoir où, quand et comment nous les remettre.

Pensez à vos enfants ! »

En finir au plus vite pour que cesse ce cauchemar ! Léa appela un taxi et se fit conduire au Rocher-Noir ; en route, elle trouverait bien un subterfuge pour s'introduire dans la cité administrative…

Il pleuvait. Incapable de songer à autre chose qu'à la menace qui pesait sur ses enfants, Léa franchit cependant sans encombres les différents contrôles ; elle s'était dite en possession d'une importante information à communiquer à M. le délégué général. Précédée d'un planton, elle fut conduite vers le bureau de celui-ci. Soudain, au détour d'un couloir, elle aperçut, en grande conversation avec un officier inconnu d'elle, Paul de Navery. Un éclat particulier dans sa voix l'éclaira tout à coup ; à présent, tout était clair : l'homme aux fortes lunettes noires et à l'épaisse perruque qu'elle avait rencontré au *Saint-George*, c'était lui ! L'espion de l'OAS, c'était donc lui ! Comment avait-elle pu s'aveugler de la sorte ? Comme s'il avait lu dans ses pensées, Navery se tourna vers elle et lui lança un clin d'œil. Léa se reprocha la rougeur qu'elle sentit, bien malgré elle, lui monter aux joues.

Abasourdie, elle rattrapa le planton qui l'attendait devant une porte capitonnée ; il frappa et ouvrit.

– Attendez ici, je vous prie.

Une jeune femme assise à un bureau leva la tête et lui sourit ; Léa lui rendit sa politesse.

– Je suis Mme Tavernier et j'aimerais voir M. Fouchet.

– Vous êtes à son secrétariat, Madame, mais monsieur le délégué s'est absenté quelques instants… comme vous pouvez le constater, ajouta-t-elle en désignant une double porte qui ouvrait sur une vaste pièce.

Léa y jeta un regard et remarqua tout de suite une large table de travail sur laquelle quantité de dossiers s'empilaient.

– C'est qu'il s'agit d'une affaire assez urgente..., s'enhardit-elle.

– Bien, je vais essayer de vous le trouver, répondit la secrétaire. Voulez-vous patienter un moment ? Cela risque d'être un peu long... Faites comme chez vous.

– Merci beaucoup, murmura la visiteuse en s'asseyant.

La jeune femme sortit et referma la porte sur elle. L'oreille aux aguets, le cœur battant la chamade, Léa demeura immobile quelques instants, les yeux rivés sur la table encombrée du bureau voisin. Tendue à l'extrême, elle se leva enfin, fit quelques pas, se figea, reprit sa progression et pénétra dans la pièce. Une demi-pénombre y régnait, qui lui parut propice à son larcin. Devant la masse des dossiers entassés, un début de panique la gagna : dans un pareil fatras, comment parviendrait-elle à mettre rapidement la main sur ces documents confidentiels ? « Jamais je n'y arriverai », s'affola-t-elle. « Pensez aux enfants ! » crut-elle entendre. Elle sursauta, se retourna vivement vers la porte ; son geste ébranla une pile de classeurs qu'elle retint *in extremis.* Le Ciel, ou plutôt le Diable devait être avec elle : sa maladresse avait dégagé une chemise estampillée « Secret Défense ». Tremblante, elle en tira les quelques dizaines de feuillets dactylographiés qu'elle contenait, les fourra en vrac dans son sac et, au jugé, glissa la chemise vide sous une autre pile.

En hâte elle quitta la pièce. Au bord de l'évanouissement, elle s'effondra sur la chaise du secrétariat. « C'est trop facile… », s'alarma-t-elle. Combien de temps se morfondit-elle encore, tentant désespérément de maîtriser sa respiration et les battements de son cœur, les mains crispées sur son sac ? La porte du couloir s'ouvrit.

– Pardonnez-moi de vous avoir fait attendre si longtemps, et surtout pour rien : Monsieur le délégué est introuvable… Peut-être s'est-il rendu à Alger ?

– Eh bien, tant pis. Je vous remercie de tout le mal que vous êtes donné, Mademoiselle.

– Que dois-je dire à M. le délégué ?

– Que je l'appellerai dans la soirée.

– Je n'y manquerai pas.

– Merci encore, Mademoiselle. Au revoir.

– Au revoir, Madame. Ah, ne soyez pas surprise de l'effervescence qui règne ici : on vient d'apprendre l'arrestation du général Salan.

La main sur la poignée de la porte, Léa suspendit son geste et, les yeux écarquillés, dévisagea son interlocutrice.

– L'arrestation de Salan ?

– Oui, les gendarmes l'avaient localisé dans un studio de la rue Lavanceau et l'ont appréhendé vers midi. Il a d'abord été conduit à la caserne des Tagarins, puis transféré par hélicoptère au camp de Reghaïa. Un avion doit rapidement le ramener en métropole… Mais… vous êtes toute pâle… Vous… vous n'allez pas vous trouver mal ? … Asseyez-vous, là, respirez profondément…

– Merci, merci, ça va aller… Enfin, cette arrestation sonne peut-être la fin de l'OAS…

– Espérons-le !

Dans les couloirs, en effet, le personnel du Rocher-Noir semblait en ébullition : militaires et civils, tous s'interpellaient d'un bureau à l'autre et s'affairaient à quelque tâches urgentes.

Très élégante dans sa robe de mousseline noire, Léa s'ennuyait ferme, placée qu'elle était entre Christian Fouchet, qui recevait pour la première fois au palais d'été, et Jacques Chevallier. La conversation de ce dernier n'était guère déplaisante, mais il n'avait été question, depuis le début de ce dîner, que d'un vol d'importants documents qui s'était produit dans le bureau même du délégué général. On se perdait en conjectures… Léa, mal à l'aise, chipotait dans son assiette. De son côté, François s'entretenait avec le colonel Buis, chef du cabinet militaire de Christian Fouchet, et avec un colonel Gardes plus pâle et plus nerveux que jamais ; la discussion paraissait fort animée. En ces lieux, la présence de Gardes en avait surpris plus d'un : n'était-il pas de notoriété publique qu'il figurait au nombre des membres les plus actifs de l'OAS ?

Un peu plus tôt, gravissant les marches du palais d'Été, Léa avait eu la désagréable surprise de se trouvez nez-à-nez avec Paul de Navery qui arrivait en compagnie du nouveau délégué général. Sans doute Navery fut-il déconcerté lui aussi, car son visage fut parcouru d'une vive crispation. Pourquoi n'avait-elle pas profité de cet instant pour le dénoncer comme agent de l'OAS ? Navery s'était immédiatement repris et incliné à son approche.

– Je vois que vous vous connaissez, avait aimablement observé Christian Fouchet. Malheureusement, M. de Navery ne peut être des nôtres ce soir… Ah, excusez-moi, mais je me dois à nos autres invités…

– Avez-vous apporté ce que nous savons ? s'était enquis Navery, à peine le délégué s'était-il éloigné.

– Non, je ne pensais pas avoir le *plaisir* de vous rencontrer ce soir…

– Plaisir partagé, chère Madame, croyez-le bien !

François était alors descendu de voiture et s'approchait d'eux.

– Je vous ferai savoir comment me les remettre demain… Voici votre mari : je vous laisse !

– Je ne vous fais pas fuir, au moins ? avait ironisé François.

– Non, non, mais je dois me retirer. Au revoir, monsieur. Mes hommages, chère madame. Bonne soirée.

– Je n'aime pas ce type, avait lâché François en prenant le bras de sa femme. Que fait-il ici ?

– Je n'en sais rien : il est arrivé avec le délégué…

– Hum… je vais toucher un mot du bonhomme à Fouchet… Tu es bien belle, ce soir, ma chérie…

Après le dîner, les hommes se retirèrent pour fumer le cigare tandis que les femmes grignotaient quelques friandises, bavardant des enfants et se complimentant sur leurs toilettes. Léa fit quelques pas dans les jardins et s'assit sous une tonnelle de rosiers ; elle alluma une cigarette. C'est là que Christian Fouchet la rejoignit.

– Je vous cherchais, lui dit-il. Je vous dois des excuses…

– Des excuses ?

– Oui, votre époux m'a confié votre goût pour les cigares : c'est si rare chez une femme que je n'ai pas pensé à vous en proposer un. Tenez, choisissez…

Léa prit un *partagas* qu'elle cisailla entre ses dents.

– Mais… j'avais un coupe-cigare !

– Eh bien, vous voyez, ce n'était pas nécessaire… Quoi qu'il en soit, je vous remercie de cette attention.

– Oh, je vous en prie, ce n'est rien… Vous aimez l'Algérie ?

– L'Algérie, je ne sais pas, mais Alger, oui : c'est une si belle ville… Et vous, Monsieur le délégué, croyez-vous que vous vous y plairez ?

– Je l'espère mais j'aurais préféré y venir dans d'autres circonstances…

– Pensez-vous que tout cela va encore durer longtemps ?

Il la considéra, songeur, avant de lui répondre :

– Non, c'est une question de jours, à présent : il faut qu'on en finisse. Je souhaite seulement que tout se déroule sans trop de drames… Pour l'instant, voudriez-vous vous joindre à nous au fumoir ?

– Merci, c'est très aimable, mais je vais encore rester ici quelques instants : le parfum de ces roses n'est-il pas merveilleux ?

– Comme vous voudrez… Serviteur, madame.

Sous un ciel constellé d'étoiles, la nuit était délicieuse. Une comète raya la voûte noire. « Vite, un vœu ! » songea-t-elle. Elle n'eut pas le temps : de la grande bâtisse fusaient rires et joyeux éclats de voix, mais, venant de la Casbah, une énorme détonation se répercuta. Une fois de plus, la sirène des secours déchira la quiétude nocturne de la ville. Le FLN avait-il frappé, ou était-ce l'OAS ? Qu'importait, en fait ? Qu'elles appartinssent à l'un ou à l'autre camp, chacune des ces victimes faisait reculer la paix.

Les invités du palais d'Été sortirent sur les terrasses, s'interrogeant du regard. François vint s'asseoir sous la tonnelle, près de sa femme.

– Si nous rentrions ? dit-elle.

Ils prirent rapidement congé de leur hôte et regagnèrent leur voiture.

Pendant le court trajet ils n'échangèrent pas une parole. Une fois rendus à la villa et avant de rejoindre leur chambre, ils passèrent embrasser leurs enfants ; tous dormaient. François se déshabilla, s'allongea sur leur lit et alluma une cigarette. Entre ses paupières mi-closes, il contemplait sa femme qui se dévêtait. Il réalisa tout à coup qu'elle avait maigri et que son corps lui rappelait celui de la jeune fille qu'il avait aimée jadis… Devinant le regard qu'il posait sur elle, Léa se tourna vers lui et lui sourit. Bon Dieu qu'elle était belle !

– Viens…

Elle se glissa contre lui, chaude, souple…

– Fouchet et Chevallier n'ont pas tari d'éloges à ton égard…

– Et ça te fait plaisir ?

– Oui… murmura-t-il.

Léa descendit le long de son corps, prit d'abord son sexe entre ses lèvres qui lentement emplit sa bouche.

– Continue…

Soumise à son plaisir, elle poursuivit sans hâte et jouit à son tour lorsqu'elle sentit son sperme s'écouler.

Le corps humide, ils demeurèrent enlacés. Puis, appuyé sur un coude, François la considéra avec une sorte de douloureuse tendresse : il aurait aimé lui dire toutes les craintes qui l'assaillaient, son inquiétude à la savoir aux prises avec des sbires de l'OAS, et il se reprocha ce silence. Il promena sa langue sur ses seins, son ventre, se saoulant de leur saveur salée. Sous la caresse, Léa frissonna, écarta les cuisses, la pointe de ses seins durcit jusqu'à lui faire mal : elle attendait plus encore. François comprit le désir de sa femme, mordilla les tétons à tour de rôle, de plus en plus durement. Elle eut un cri. Il s'enfonça en elle.

Tard dans la matinée du lendemain, Claire et Farida les réveillèrent : la petite était heureuse d'accompagner la vieille domestique dans son service et portait fièrement une carafe. Léa s'enveloppa de son peignoir tandis que François remontait le drap jusqu'à son menton.

– C'est moi qui ai pressé les oranges ! clama l'enfant.

Devant le peu d'enthousiasme que ses parents semblèrent manifester à l'annonce d'un pareil exploit, elle chercha le soutien de l'Algérienne :

– Hein que c'est vrai, Farida ?

– Oui, ma colombe, ton aide m'a été fort précieuse… Ah, Monsieur, on a téléphoné du Rocher-Noir pour vous rappeler la réunion qui…

– Nom de Dieu ! J'avais complètement oublié cette histoire-là ! Voulez-vous sortir, que je puisse m'habiller…

Goguenarde, la musulmane entraîna l'enfant hors de la pièce et referma doucement la porte sur elles.

– C'est si important que ça, ce rendez-vous ? s'enquit Léa en mordant dans un petit pain.

– Oui, je dois arbitrer la rencontre entre Susini et Farès.

– Qui ça ?

– Abderramane Farès. C'est le président de l'Exécutif provisoire que le GPRA a mis en place depuis Tunis ; il vient de prendre ses quartiers au Rocher-Noir, et Jean-Jacques Susini vient y défendre les intérêts de l'OAS.

– Quoi ? ! L'OAS et le FLN vont négocier ?

– Hé oui, tu as bien entendu !

– Alors, c'est pour ça que Gardes était invité au dîner d'hier ?

– Exactement. Dans cette affaire, il fait office de "tacticien" et de chef du renseignement. En quelque sorte, c'est le porte-parole de Salan.

– Et ça risque d'aboutir à quelque chose ?

– Chevallier l'espère ; l'an dernier, après en avoir référé à Joxe, il avait rencontré Salan à sa demande. Toutefois, il n'avait pas obtenu l'aval de De Gaulle.

– Comment cela s'est-il passé ?

– Mal : Salan n'a pu s'empêcher de baver sur le Général, l'accusant une fois de plus de *« brader l'Algérie »* et de conduire le pays au chaos, précisant que de Gaulle serait chassé après avoir été abandonné par les siens, qu'il s'agisse de Soustelle, de Bidault, de Delbecque ou même de son ancien camarade de Saint-Cyr, le maréchal Juin. Chevallier a jugé de pareils propos incohérents et dénués de toute cohérence politique. « La politique ne m'intéresse pas, je suis un soldat ! Que de Gaulle s'en aille, et tout sera possible. Nous accepterons alors beaucoup de choses que nous avons refusées jusqu'ici. Ainsi nous ferons nôtre, sans aucune restriction, la formule fédérale. Mais il faut qu'il s'en aille ! » Chevallier lui fit remarquer que si l'OAS continuait ses attentats, aucun rapprochement avec les musulmans ne serait possible. Ce à quoi Salan répondit : « Je vous promets de faire cesser les actions des commandos. » Là-dessus, ils se quittèrent en se promettant de tenir secret leur entretien.

– Promesse qui n'a pas été tenue…

– Depuis les arrestations de Salan et de Jouhaud, elle est devenue sans objet. J'avais moi-même rencontré Chevallier et Fouchet à Paris : je les avais encouragé à recevoir Susini et à entendre ses arguments ; son désir de négocier me semble sincère. Avec Farès, ils ont établi les bases d'un protocole d'accord : l'OAS adhère à la République algérienne démocratique, laïque et sociale, dans la Constitution de laquelle il sera tenu compte de conditions préalablement discutées. Cette Constitution consacrera l'unité de la République, indivise de l'Algérie du nord aux confins du Sahara, et l'union de son peuple : il n'y aura pour tous qu'une seule nationalité à l'intérieur de ses frontières. Les dispositions générales prévoient que les citoyens d'origine européenne le seront à part entière. Par ailleurs, OAS et FLN devront se dissoudre, tandis qu'arabe et français accéderont au statut de langues officielles. Chevallier pense que les bases de ce protocole sont bonnes, mais que s'imposent en premier lieu la recherche et l'acceptation d'une sorte de dénominateur commun, point de rencontre à partir duquel tout le reste peut être échafaudé. À cet égard, la reconnaissance d'une « algérianité commune » lui paraît une idée féconde, musulmans et Européens comptant tous au nombre des Algériens. Dans quarante jours, quoi qu'il en soit, cet axiome sera définitif.

– Si ce processus avait une chance d'atteindre ses objectifs, ce serait merveilleux !

– Il y a une chance, certes bien ténue, mais elle existe… Il faudra néanmoins compter avec les Américains qui jouent là-dedans un drôle de jeu : comme en Indochine, ils attendent de toucher l'héritage ! Bon, ma chérie, je te laisse : je suis déjà terriblement en retard. À ce soir.

Au Rocher-Noir, les choses ne se déroulèrent pas tout à fait comme prévu dans le bureau du haut-commissaire. Suite à un entretien téléphonique qu'il avait eu avec les dirigeants du GPRA basés à Tunis, Farès sembla vouloir revenir sur les termes du protocole. Blême, au comble de la nervosité, Jean-Jacques Susini était à bout. Il menaça de relancer une campagne d'attentats et de recourir à la tactique de la terre brûlée :

– S'il le faut, nous sommes résolus à succomber parmi les ruines de ce pays et à n'y laisser qu'un tapis de cendres !

– Oui ou non, l'interrompit Gardes en s'adressant au président de l'Exécutif provisoire, êtes-vous décidés à conclure un accord avec l'OAS ? Êtes-vous, oui ou non, disposés à souscrire à nos dernières propositions ou à tout le moins à en discuter les termes ? Il nous faut sur le champ rompre ou conclure !

Livide, les yeux hagards et cernés de bistre, les mains tremblantes, Gardes n'était plus que l'ombre de lui-même : « Ce n'est plus un soldat, songea François, mais une épave transpirant l'épuisement physique et moral. Les rares fois où il essaie d'intervenir, Susini lui coupe la parole sans même y mettre les formes… C'est étonnant qu'il l'ait laissé poser cette question à Farès… » Tendu, lui qui se montrait habituellement tout de nuances et de rondeurs, Abderramane Farès lui répondit :

La solution est dans l'« unicité » de la question qui sera posée par le référendum sur l'autodétermination du 1er juillet. Et cette unicité, je l'ai obtenue de Paris comme de Tunis. Désormais, les discussions entre le FLN et l'OAS, nos conversations avec vous seront secondaires…

Privés de leurs derniers espoirs, Christian Fouchet et Jacques Chevallier prirent alors leurs distances en dépit des paroles rassurantes que leur prodiguait François.

La trêve des attentats, observée par l'OAS depuis le 1er juin, fut de courte durée : le 6, l'Organisation secrète, prenant acte de la rupture des négociations ouvertes entre l'OAS et le FLN, reprit ses actions violentes en application de son plan “Terre brûlée”. Le 7 juin, Jean Sarradet qui animait, avec les bénédiction de l'OAS, l'Union générale des travailleurs français d'Algérie, tenait une conférence de presse dans le hall de cet organisme, boulevard Pasteur ; la réunion fut placée sous la protection d'étudiants fortement armés. Se présentant comme l'un des responsables de l'OAS, Sarradet fit cette déclaration aux journalistes qui, français et étrangers, s'étaient déplacés en nombre : « L'OAS a perdu ! Il est temps de déposer les armes au vestiaire » et de demander au gouvernement français de « se conduire en médiateur impartial à l'égard des deux communautés ». Il proposa « de réunir sur un même drapeau le croissant de l'Islam, la croix chrétienne et l'étoile juive ! » Il s'interrompit au spectacle d'une fumée qui s'élevait au-dessus de la bibliothèque de l'université. Au même moment, le feu prenait dans deux amphithéâtres et dans un laboratoire de la faculté des sciences, puis à la mairie et à la poste d'El-Biar, à la préfecture et dans deux établissements scolaires… Dans la soirée, la radio annonça que les assassins du commissaire Gavoury, Dovecar et Piegts, avaient été guillotinés à Paris. L'information suscita une recrudescence des violences. Toute la nuit, les pompiers luttèrent contre les incendies tandis que la police procédait à de nombreuses interpellations tant chez les activistes de l'OAS que chez les nationalistes algériens.

Des milliers de Français d'Algérie bouclaient leurs bagages avant de prendre d'assaut les navires en partance pour Marseille. Le 17 juin, par une nouvelle émission-pirate de l'OAS, les Européens apprirent que l'Organisation avait pris part à une série d'entretiens menés par le délégué général du FLN, le Dr Mostephaï, afin de parvenir à un accord entre Algériens : « Le haut commandement de l'Armée secrète donne l'ordre, à partir de ce soir minuit, de suspendre les combats et de cesser les destructions sans toutefois que notre vigilance, aux uns et aux autres, se relâche à aucun moment, car nous avons, les uns et les autres, trop été trompés par les manœuvres que l'on sait. L'OAS, au nom de la communauté européenne, est prête à s'engager dans la voie qui est ouverte. Nous tiendrons nos engagements ; que nos interlocuteurs tiennent les leurs ! » Le communiqué se termina par la diffusion du *Chant des partisans*.

Cette note d'espoir ayant été entendue, l'exode des pieds-noirs connut un léger ralentissement. Dans la nuit qui suivit, pas une seule explosion, pas un seul coup de feu, pas un concert de casseroles ne retentit. Mais, fusant des quartiers musulmans, les you-you de joie résonnèrent jusqu'à l'aube… Hélas, l'embellie fut de courte durée.

Le 19 juin, depuis la prison de Fresnes où il était détenu, le général Salan faisait parvenir une lettre à l'AFP, rappelant que le but de son combat, « *l'Algérie dans la France* », devait être situé dans un fervent espoir de fraternisation. « Or, le 17 juin, poursuivait-il, une voix du GPRA s'est élevée avec dignité. Son caractère humain fait honneur à celui qui vient d'assurer les Européens de leur sort dans l'Algérie de demain. » Salan enjoignait aux Européens de « rester dans leur pays, [d']avoir le courage, dans l'intérêt de la Patrie, de s'adapter à la situation nouvelle ». Puis il terminait ainsi : « Le sang a trop coulé entre les deux communautés. Tous ensemble, prenez-vous les mains pour bâtir un avenir commun de concorde et de paix. Gardez votre beau pays dans une coopération serrée avec la France. » L'AFP ne reçut la missive que le 22 juin…

À Rabat, Ben Bella publia une adresse rappelant que « le Comité national de la République algérienne avait rejeté toute idée de conversations avec l'OAS en vue de fournir des garanties supplémentaires aux Européens. Les décisions qui vont à l'encontre de la décision du Conseil de la Révolution sont, à nos yeux, sans valeur ».

L'affolement gagna parmi les Européens, ports et aéroports furent envahis par des multitudes chargées de valises, de cartons ou de ballots ficelés à la diable : sur les embarcadères, au pied des coupées, des gamins interdits regardaient autour d'eux sans comprendre ; des époux, impuissants à les consoler, considéraient leurs femmes en larmes, peinant à contenir leurs propres sanglots. Un monde s'écroulait et c'était le leur. Finis la pétanque et les parties de cartes disputées à l'ombre des platanes, les pique-nique du dimanche, les bains à la Madrague, les repas partagés entre voisins, les discussions sans fin autour de l'anisette !... Après avoir rendu une dernière visite à leurs morts, fleuri les tombes, fermé leurs portes à double tour, ces candidats à l'exil, encombrés de bagages bouclés à la hâte, se voyaient parqués sur les quais d'embarquement ou dans les halls de Maison-Blanche. Des employées de la Croix-rouge distribuaient boissons ou cigarettes à ces nouveaux émigrants, s'occupaient des femmes que l'angoisse et la promiscuité indisposaient, soignaient les petits bobos des enfants, tandis que des soldats du contingent tentaient de canaliser ces foules déboussolées. Quand venait l'ordre d'embarquer, c'était la ruée, à qui se hisserait le premier à bord. On se bousculait à coups de ballot, et les appelés éprouvaient toutes les peines du monde à maintenir un semblant d'ordre. Lorsque plus un passager ne demeurait sur le quai, une sorte d'accalmie s'abattait sur les lieux, un lourd silence que déchiraient parfois des pleurs d'enfants ou le gémissement des adultes. La sirène retentissant, un long frémissement parcourait la foule, affligée. Lentement, le navire se détachait du quai, quittait *la* terre : mains et mouchoirs s'agitaient ; les larmes coulaient. Les mains agrippées au bastingage, chacun écarquillait les yeux afin de ne rien perdre de la beauté de cette ville bien-aimée, qu'ils contemplaient pour la dernière fois. Comme pour aider à imprégner les mémoires d'un indélébile souvenir, le ciel prodiguait ces roses, ces mauves, ces ors qu'il n'offrit jamais que là... Inexorablement, la Ville blanche s'éloignait.

Devant l'ampleur du désastre, Léa et Jeanne s'étaient portées volontaires auprès de la Croix-Rouge. Un soir, Jeanne s'effondra, terrassée par les souffrances qu'elle avait tenté de soulager la journée durant. Léa la soutint, l'installa sommairement sur une civière et se mit en quête d'un médecin. Un très jeune sous-lieutenant, encore imberbe, lui indiqua une tente marquée de la croix rouge. Parmi le personnel qui s'y affairait, elle reconnut le Dr Duforget.

– Mme Tavernier ! Mais que faites-vous ici ?

– Je suis venue aider ces pauvres gens mais, ne perdons pas de temps ; Mme Martel-Rodriguez vient de faire un malaise ; venez !

– Où est-elle ?

– À deux pas d'ici.

– Ne me dites pas qu'elle aussi quitte l'Algérie ?

– Non, comme moi elle est venue aider...

– Aider à quoi ? Aider qui ? Elle ferait mieux de rester tranquille chez elle !

Léa ne fit que baisser la tête, attendant que se dissipât l'accès de mauvaise humeur du médecin.

– Oh, excusez-moi, se reprit-il. Cela fait quarante-huit heures que je n'ai pas pris une minute de repos...

– Je comprends, mais faisons vite.

– Allez, conduisez-moi.

Tous deux se frayèrent un chemin dans le désordre ambiant, bagages et gens mêlés. Jeanne patientait, faible, le souffle court, la tête appuyée à un mur.

– Ah, c'est vous, Docteur…

– Ne vous agitez pas et dites-moi ce que vous ressentez.

– J'étouffe, j'ai du mal à respirer…

Duforget sortit son stéthoscope et commença l'auscultation. Quand il se redressa, Léa nota la ride soucieuse qui lui barrait le front.

– Alors ? s'inquiéta-t-elle.

– Il faut la conduire à l'hôpital. Restez auprès d'elle, je vais chercher des brancardiers.

– Que dit Duforget ? murmura Jeanne.

– Rien de bien grave, mais vous êtes fatiguée et il souhaite vous hospitaliser et procéder à quelques examens complémentaires.

– Comme vous mentez mal, ma chère petite. Moi, je sais que je n'ai plus guère de temps à vivre…

– Vous n'y pensez pas, vous…

– Taisez-vous un peu et laissez-moi parler. Ce n'est pas la première fois que je suis sujette à ce genre de malaises : mon cœur n'est plus très solide. « Vous devez vous ménager », m'ont conseillé les spécialistes. « Pourquoi donc me ménager ? » leur ai-je répondu. Voyez-vous, ma chérie, mon temps est fini, comme est condamnée cette Algérie que j'ai tant aimée. Une Algérie nouvelle va naître, mais je ne la verrai pas et, de toute façon, il n'y aurait pas eu de place en elle pour une vieille femme comme moi…

– Jeanne, vous vous faites du mal, je…

– Non, non, le mal est fait et c'est bien ainsi. Je vais mourir ici, chez moi, je le sens et, au fond, je le veux. Mes os se mélangeront à cette terre tant aimée. Mal aimée peut-être, mais passionnément aimée tout de même…

– Oh, Jeanne !

– Allons, ne pleurez pas : vos larmes me font de la peine. Vous aurez été ma dernière joie et mon regret est bien vif de vous abandonner au moment où vous allez avoir besoin d'aide et de protection… Je dois encore vous avouer quelque chose : vous avez cru préserver vos enfants en vous soumettant au chantage criminel de l'OAS, et cela, je le comprends. Ces extrémistes-là eux aussi seront emportés dans la tourmente. Mais, en attendant, Paul de Navery m'avait fait des confidences, me croyant des leurs. J'en ai aussitôt averti votre mari…

– Oh, mon Dieu !

– Il le fallait bien. Mais, à son tour, il a reconnu en avoir été informé.

– Comment cela ?

– En fait, il vous a laissé faire, en accord avec les autorités, afin de prendre au piège les agents de l'OAS qui noyautaient le Rocher-Noir.

– Mon Dieu ! Est-ce possible ?

– Je ne lui ai pas caché ce que je pensais de la duplicité de son atttiude dans cette affaire et des risques qu'il vous faisait courir. Comme vous il a pleuré et balbutié comme un enfant pris sur le fait : « Mais… c'était pour les sauver tous ! »

– Comment, comment a-t-il pu me faire une chose pareille ?

– Parce qu'il vous aime et parce qu'il ne voulait pas vous perdre.

– Mais, au contraire, il a risqué ma vie !

– Non : vous étiez selon lui sans cesse sous étroite surveillance et, à la moindre alerte, vous auriez tous été mis à l'abri. Oh…

– Jeanne ! … Jeanne !

– Ce… ce n'est rien…

– Ne parlez plus, économisez vos forces, les brancardiers arrivent… Docteur ! Hâtez-vous : elle a perdu connaissance…

31.

Jeanne Martel-Rodriguez dut passer la nuit en observation à l'hôpital Maillot. Devant son insistance, Léa, qui l'y avait accompagnée, regagna la villa. Quand elle lui annonça qu'un malaise venait de terrasser sa maîtresse, Farida parut très affectée.

– Mais, elle n'a rien pour son coucher ! s'alarma-t-elle aussitôt.

– Ne vous inquiétez pas, elle ne restera pas longtemps hospitalisée : pour si peu de temps, elle n'a besoin de rien. Mais, si vous le voulez, je vous y conduirai demain.

Quelque peu rassurée, Farida allait s'en retourner à l'office quand elle se ravisa :

– Au fait, j'allais oublier : en fin de matinée, on a fait déposer une lettre pour vous ; elle est là, ajouta la vieille domestique en désignant une enveloppe qu'on avait abandonnée sur un plateau.

Dans sa chambre, Léa décacheta le pli :

Apportez les documents ce soir sans faute : je serai au bar du Saint-George juste avant la tombée de la nuit.

– C'est qui qui écrit, Maman ? demanda Claire en faisant irruption dans la pièce.

– Je t'ai déjà dit de frapper avant d'entrer ! la réprimanda Léa avec humeur.

– J'ai frappé, protesta l'enfant, soudainement boudeuse.

– Excuse-moi, ma chérie, je n'ai pas dû entendre…

– Elle va mourir, comme Philomène ?

– Ne dis pas ça, la consola Léa en prenant la petite dans ses bras.

Le visage enfoui dans la chevelure de l'enfant, elle murmura : « Mon Dieu, protégez-nous ! »

– Ne pleure pas, Maman : je suis là !

– Oui, oui, je sais, mon bel amour : tu es là !

– Aïe ! tu me fais mal.

Léa desserra son étreinte.

– Pardonne-moi, chérie : je n'ai pas mesuré ma force.

Une bousculade ameuta les couloirs, puis des coups furent frappés à sa porte.

– Entrez !

Leur cartable encore sur le dos, Camille et Adrien firent leur entrée.

– C'est vrai, Maman, que Jeanne est à l'hôpital ?

– Dis, c'est grave ?

– Je n'en sais rien : par précaution, le Dr Duforget a préféré la garder pour la nuit… Allez, maintenant, occupez-vous de votre sœur : je dois sortir.

– Oh, Maman, n'y va pas, reste à la maison ! supplia la fillette.

– Je n'en ai pas pour longtemps : j'ai rendez-vous à l'hôtel Saint-George, juste à côté ; je serai là pour le dîner. Bon, laissez-moi : je voudrais prendre une douche.

Le bar et les jardins de l'hôtel grouillaient de monde. Après y avoir jeté un rapide coup d'œil, Léa profita qu'une table venait de se libérer pour s'y installer.

– Que prendrez-vous, madame ? s'enquit un serveur.

– Un whisky, s'il vous plaît.

Elle sortit un petit cigare de son sac.

– Vous permettez ?

Une allumette s'enflamma à hauteur de son visage.

– Hum… Merci.

Très élégant dans son costume blanc, un jeune homme embrasa le cigare, inclina la tête puis s'éloigna.

« Un homme bien élevé, voilà qui est rare dans les parages », pensa-t-elle en rejetant sa première bouffée.

Le serveur apporta sa consommation.

– J'ai ajouté les olives que vous aimez, *madame Tavernier*…

Surprise de s'entendre appeler par son nom, elle examina le jeune homme avec plus d'attention et retint une exclamation. « *Que pouvait bien faire al-Alem sous ce déguisement ?* »

– C'est très gentil à vous, merci.

– Si vous aviez besoin de quoi que ce soit, n'hésitez pas : je ne serai pas loin…

Une vague de gratitude la submergea mais, pour le moment, il importait de ne rien en laisser paraître. Qu'avait-il voulu lui dire l'autre jour ? Pour se donner une contenance, elle grignota une olive et goûta une gorgée de son *single malt.*

– Pardonnez-moi, chère madame, je suis en retard, reconnut Paul de Navery en s'asseyant.

À peine avait-il pris place que le barman en personne vint lui apporter « sa » bouteille : une marque rare, un whisky hors d'âge.

– Merci, Henri, ça ira.

– Vous avez l'air las, fit remarquer Léa.

– La journée a été rude, en effet…

– La mienne également.

– Cela ne se voit guère : vous paraissez fraîche comme une rose… et ce rouge vous sied particulièrement bien. Savez-vous ce que l'on dit de vous ? On prétend que vous êtes l'une des femmes les plus élégantes d'Alger !… Passons aux choses sérieuses : vous avez les documents ?… Non, attendez : ne les sortez pas ici.

– Excusez-moi, mais je n'ai pas beaucoup de temps à vous consacrer. Tenez !

Navery jeta des regards inquiets tout autour de lui.

– Que craignez-vous ? Vous n'avez que des amis ici, n'est-ce pas ?

– Sans doute, sans doute… Mais on n'est jamais assez prudent, et cette enveloppe se révèle particulièrement encombrante.

– Vous m'en voyez désolée : la prochaine fois, je choisirai un plus petit format…, railla-t-elle.

– Ne plaisantez pas, siffla-t-il entre ses dents.

Prestement, il glissa l'enveloppe sous un pan de son veston au moment où le barman approchait ; le dénommé Henri lui chuchota quelques mots à l'oreille.

– Vous êtes sûr ? s'inquiéta son interlocuteur.

– Absolument sûr, monsieur.

Paul de Navery afficha sa contrariété et vida son verre.

– Votre mari est décidément un emmerdeur, chère madame !

– Ce n'est pas nouveau…

– Mais l'on dirait que ça vous amuse ?

– En effet : je ne m'en lasse pas !

– Eh bien nous, si !

Son ricanement fusa, si sardonique que des têtes se tournèrent vers eux.

– À présent que vous avez obtenu ce que vous vouliez, je peux m'en aller ?

– Faites, chère madame.

À l'heure où Léa quitta le Saint-George, la nuit était tombée ; c'était une de ces nuits étoilées, tout embaumées de jasmin. À vol d'oiseau, la villa ne se trouvait qu'à cinq ou six cents mètres. Par le dédale de rues et de ruelles en pente qui coupaient à travers les jardins, il fallait pourtant une bonne vingtaine de minutes pour en rejoindre le portail. À mi-chemin, Léa fit une halte pour reprendre haleine. « Sombre, désert : l'emplacement idéal pour tendre un guet-apens », observa-t-elle en jetant un coup d'œil alentour. Les broussailles, en se froissant, dérangèrent les oiseaux qui y nichaient : ils s'envolèrent avec de furieux battements d'ailes. Léa se remit en marche et pressa le pas. Soudain, une silhouette se dressa à peu de distance : le cœur battant la chamade, Léa s'immobilisa. D'un bond, l'homme lui fit face. Aussitôt, toutes ses craintes s'évanouirent.

– Al-Alem !

– Oui, c'est moi ! Bon, dépêche-toi : l'endroit n'est pas sûr !

– Que faisais-tu au bar du Saint-George ?

– Je te surveillais, pardi !

– Mais comment t'es-tu glissé parmi le personnel ?

– Ils n'ont pas vraiment eu le choix…

– Qu'est-ce que tu veux dire ?

– Eh bien, c'était ça ou… couic ! fit-il en se passant la tranche de la main devant la gorge.

– Je ne n'y comprends rien…

– Ça serait trop long à expliquer… Viens, ne traînons pas !

Ils parcoururent le reste du chemin en silence. Non loin de l'entrée du domaine, al-Alem s'arrêta et saisit Léa par le bras :

– Tu dois partir !

– C'est ce que tu voulait me dire ?

Il ignora la question.

Elle le considéra, interdite ; il poursuivit :

– L'indépendance sera bientôt proclamée. Mais, en attendant, tes petits camarades de l'OAS vont jouer la politique du pire, et à leurs attentats répondront ceux du FLN : la situation va devenir intenable.

– N'est-ce pas déjà le cas ?...

– Avions-nous le choix ?

– *Nous* ? Qui ça, *nous* ?

– Oui, tu as bien entendu : *nous*, les bougnoules, les ratons, les bronzés, les melons, les mohamed !

– Oui, oui, je vois...

– Non, tu ne comprends pas. Même François et toi, vous n'avez rien compris !

– Comme tu y vas ! Nous t'avons aidé, cependant...

– C'est vrai : mais uniquement parce que vous aviez mauvaise conscience !

– Mais c'est faux ! Comme nous l'avons toujours fait, ce n'est que par souci de justice et d'humanité que nous avons agi !

– Pardonne-moi, je ne voulais pas t'offenser... Mais il se trouve que plus approche le jour où l'indépendance sera acquise... plus j'ai peur !

– Peur ?... Toi ?... Mais peur de quoi ?

– Peur de tout et de rien, peur de toutes ces haines rentrées, de notre ignorance : notre peuple a été si longtemps maintenu sous le joug qu'il s'est forgé une mentalité d'assisté, avec des réflexes d'esclave.

– Tu noircis tout... Je crois que l'Algérie apprendra très vite à apprivoiser sa liberté : la liberté stimule l'imagination et le courage, et les Algériens, sauront se choisir des chefs dignes d'eux et des défis qu'ils auront à relever.

– J'aimerais tellement croire que tu dis vrai...

– Tu dois me croire : les Vietnamiens, comment ont-ils fait ? Et nous, les Français de métropole, il a bien fallu relever nos manches quand les Allemands vinrent occuper le pays !

Subitement, il réalisa qu'une immense tendresse l'attachait à cette femme.

– Ah, si seulement tous les Français vous ressemblaient, à François et à toi...

– Ils sont beaucoup plus nombreux que tu ne le crois à nous ressembler. Mais les habitants de ce pays n'ont pas su se parler et chacun est resté sur l'idée qu'il se faisait de l'autre. De chaque côté on a manqué de confiance...

– Ce n'est plus maintenant qu'elle renaîtra !... Bon, tu es arrivée. Au revoir.

– Au revoir, dit-elle en l'embrassant sur la joue. Prends soin de toi, al-Alem... Merci !

Le gardien de la villa entrouvrit la grille et salua le jeune homme d'un geste de la main.

– Ah, vous voilà enfin, madame Léa ! Entrez vite : les enfants s'impatientent.

Indifférents aux objurgations de Farida, Adrien et Camille se poursuivaient tout autour de la table qu'on avait déjà dressée.

– Ah, madame, c'est vous ! Ce sont de vrais diables : pas moyen de les faire tenir tranquilles !

– Allez vous laver les mains et passons à table, les houspilla-t-elle… Votre père n'est pas là ?

– Bonsoir, ma chérie : j'étais à l'heure, moi ! Peut-on savoir où tu étais ?

– Maman, elle était au Saint-George : elle avait un rendez-vous, intervint Claire.

– Avec un amoureux, sans doute…

– C'est toi, l'amoureux de Maman, susurra la petite en se blottissant entre les bras de son père.

– La vérité sort de la bouche des enf…

– Les dictons ne disent pas toujours vrai ! coupa François.

Chacun prit place et le dîner se déroula sans incident.

À la villa, tout semblait endormi ; les gardes eux-mêmes somnolaient. En contrebas, les lumières du port clignotaient. Dans le silence, les graviers de l'allée crissèrent. Léa gémit dans son sommeil ; François ouvrit instantanément les yeux et demeura aux aguets quelques instants. La nuit lui parut soudain beaucoup trop calme. Dans l'obscurité, il se leva, enfila son pantalon, puis extirpa son pistolet d'une poche de sa veste. Pieds nus, il se dirigea vers la porte, l'entrouvrit. Dans le couloir, la petite veilleuse brillait toujours sur son guéridon. Une ombre se détacha sur le mur de l'escalier. François se figea et, du pouce, ôta le cran de sûreté de son arme. À l'imperceptible déclic, la silhouette s'immobilisa à son tour.

– Bouge pas ! ordonna François d'une voix sourde.

Il tourna le bouton de l'interrupteur.

– Al-Alem !

– Éteins, vite !

Machinalement, François obtempéra.

– Que fais-tu ici ? murmura-t-il.

– Je suis venu vous prévenir : ils sont cinq ou six à avoir pénétré dans les jardins.

– Cinq ou six quoi ?

– Des gars de l'OAS, pardi !

– Merde !

– Paraît que vous avez essayé de les avoir en vous servant de Léa... C'est vrai ?

– Comment es-tu au courant de ça ?

– Pas le moment de répondre aux questions : il faut les neutraliser avant qu'ils ne passent à l'action !

– Tu es armé ?

– J'ai toujours ça sur moi, fit tranquillement le jeune homme en sortant un long poignard dissimulé sous sa chemise.

Dans la pénombre, la lame effilée lança un éclair.

– Et les gardes, ils n'ont rien vu ?

– Déjà morts !

– Quoi ?!… Il ne faut pas que ces criminels puissent pénétrer dans la maison… Te sens-tu capable de les attirer dans un coin du jardin ?

– En tout cas, je peux essayer…

Al-Alem descendit dans le hall de la villa, en ouvrit brutalement la porte à deux battants et sortit en trombe. Aussitôt, deux hommes le prirent en chasse. Au détour d'une allée, il stoppa net et s'enfonça dans un bosquet. Dans le noir, ses poursuivants ne s'aperçurent de rien et continuèrent sur leur lancée. À l'abri des arbustes, se faufilant le long des haies, al-Alem les devança, laissa filer le premier et bondit sur le second. Agrippé à lui, il l'égorgea d'un coup, puis accompagna le corps dans sa chute. Il n'y eut aucun bruit. À une trentaine de mètres de là, son comparse s'était arrêté, dérouté. Il se retourna :

– André ! T'es là ?

Ce furent ses derniers mots : il tomba à son tour, la gorge tranchée. Al-Alem s'en revint vers la villa en toute hâte. Sous une tonnelle, une lame étincela. Cette brève lueur lui sauva la vie, mais le garçon qui perdit la sienne en échange ne devait pas avoir vingt ans… À quelques pas à peine, un coup de feu claqua. Al-Alem se précipita.

– Ça va ? s'inquiéta-t-il auprès de François.

– Oui, j'en ai eu un ! Et toi ?

– Deux !

– Bon, ça fait trois… Ils étaient cinq ou six, m'as-tu dit ?

– Probablement… Tiens ! en voici deux qui se cavalent !

Ils s'élancèrent à leur poursuite tandis que l'un des agresseurs se retournait, tirant plusieurs coups de feu dans leur direction. François se jeta au sol et riposta, touchant l'homme. Après quelques pas supplémentaires, celui-ci s'écroula tandis que l'autre franchissait déjà les clôtures.

– Arrête-toi ! hurla François à l'intention d'al-Alem. Laisse-le filer : il faut que ses commanditaires apprennent ce qui s'est passé et se le tiennent pour dit.

– Tu as sans doute raison…

Aux fenêtres de la villa, les lumières s'allumaient les unes après les autres. La silhouette de Léa s'encadra dans la porte d'entrée.

– Rentre tout de suite ! rugit-il en se ruant vers le perron.

Toute sa vie, d'ailleurs, n'avait-il pas couru ainsi vers elle ? Un instant, il lui sembla qu'il ne l'atteindrait jamais… De son côté, trop anxieuse pour obéir et penser à se protéger, Léa dévala les marches et se précipita vers lui comme elle l'avait si souvent fait à l'heure des grands dangers qu'ils avaient bravés ensemble : comme à Hanoi, au jour de la libération des camps du Viêt-minh[1], comme sur ce pont de Lang Son après l'avoir cru mort[2], et combien d'autres fois encore ?…

1. Voir *La Dernière Colline.*
2. Voir *Rue de la Soie.*

Et aujourd'hui si fort enlacés que rien n'aurait pu les séparer.

Jamais al-Alem n'oublierait cette image !

ÉPILOGUE

Jeanne Martel-Rodriguez mourut le lendemain. Farida était à ses côtés et Léa la tenait dans ses bras. À l'instant de la mort de Jeanne, la vieille Algérienne s'effondra.

– Pardonne-moi, ma sœur ! Me pardonneras-tu jamais ? se lamentait-elle.

En présence de Christian Fouchet, nouveau délégué général, et des représentants des plus grandes familles françaises d'Algérie, ses obsèques furent célébrées dès le jour suivant. Prononçant l'homélie, Mgr Duval eut des mots d'espérance et de paix, appelant Européens et musulmans à méditer l'exemple de Jeanne, à surmonter les différends ordinaires et à s'unir dans une Algérie nouvelle. Au terme de la cérémonie, Léa, François et les enfants regagnèrent la villa. En dépit de son deuil, Farida avait tenu à leur préparer une collation et à la leur servir elle-même. Dans un coin du salon où l'on avait dressé le buffet, l'Algérienne prit Léa à part :

– Peu avant sa mort, Jeanne m'avait confié une lettre pour vous et m'avait fait jurer sur le Coran de vous la remettre s'il lui arrivait malheur. Ce jour est venu…

Retirée avec François dans le boudoir voisin, Léa s'appliqua aussitôt à sa poignante lecture :

Bien chère Amie,

Lorsque vous lirez cette lettre, je ne serai plus des vôtres : j'aurai rejoint mes ancêtres. Comme je l'ai toujours désiré, mes cendres reposeront aux côtés des leurs, dans cette terre bien-aimée. Votre famille et vous-même, chère Léa, aurez formé le rayon de soleil qui illumina mes derniers jours. Mais, à l'heure où surviendra ma mort, je souhaite que vous quittiez Alger dans les plus brefs délais : la crainte qu'inspire encore le prestige de mon nom ne vous protégera plus, et votre vie comme celle des vôtres y sera en danger. Je possède, en Kabylie, une maison sûre et je la tiens dès aujourd'hui prête à vous recevoir. Farida saura vous y conduire et vous la faire ouvrir. Je vous le répète : partez au plus vite ! De sources bien informées, je sais que l'on attentera prochainement à vos jours. S'il vous plaît, très chère Amie, conformez-vous à ces dernières volontés : je vous en supplie ! Puis, l'indépendance proclamée, rentrez en métropole : vous n'avez pas votre place ici.

Du haut du Ciel, je veillerai sur vous et sur ceux que vous aimez. Dieu vous bénisse !

Je vous aime,

Jeanne.

Sans un mot, Léa tendit le feuillet à François qui le lut à son tour.

Afin que nul ne vînt troubler ce moment de forte émotion, Farida s'était tenue devant la porte du boudoir. Ayant patienté un long moment, elle entra : sans mot dire, immobiles, François et Léa se tenaient à quelques mètres l'un de l'autre, isolés dans leur peine.

– Comme Jeanne le voulait, j'ai fait le nécessaire : la maison de Kabylie est prête à vous recevoir… Vous ne devriez plus tarder.

Dans la soirée, François reçut un coup de téléphone en provenance du quartier de l'Amirauté ; c'était al-Alem :

– Ils ont eu Benguigui !

– Quoi ?!…, hurla François dans le combiné.

– Son garage avait été piégé : une bombe a tout détruit.

Le surlendemain, François et Léa suivaient l'enterrement de leur ami au cimetière juif de Saint-Eugène. Le soir même, ils prenaient la route pour la Kabylie ; outre les enfants, al-Alem et deux de ses « lieutenants » les accompagnèrent. Farida avait donné au jeune homme toutes les indications nécéssaires.

À l'aube du jour suivant, ils découvrirent un petit village ancré à flanc de montagne ; la propriété des Martel-Rodriguez dominait la bourgade. En ces lieux où murmurait l'eau des fontaines, tout respirait la paix et la douceur de vivre. Au bas des marches du perron, un couple les accueillit ; l'homme et la femme portaient de beaux visages marqués par le soleil.

– Selon la volonté de Mme Jeanne, cette maison est désormais la vôtre, les salua la femme en s'inclinant. Mon nom est Leïla et voici mon époux, Rachid… Farida n'est pas venue avec vous ?

– Elle nous rejoindra plus tard, la rassura François.

Pendant que Léa prenait possession des lieux, Rachid faisait les honneurs du vaste jardin à François et al-Alem.

– C'est un endroit très sûr, voyez-vous : derrière la maison s'amorce un souterrain qui conduit directement de l'autre côté de la colline. Ni les Français ni les partisans ne l'ont jamais trouvé !

– Une grotte ouvre bien sur l'autre extrémité ? s'assura al-Alem.

– Comment sais-tu ça ? s'étrangla l'homme.

– Je jouais par là quand j'étais enfant…

– Moi qui suis né au village, je ne te connais pas…, fit l'homme, rendu méfiant.

– Ça ne m'étonne pas : j'ai grandi, depuis ! Je suis le fils de Si Ben Salem.

– Le petit Ali ?

– Tout juste ! Tu te souviens de moi, à présent ?

Rachid lui ouvrit les bras :

– Sois le bienvenu, mon fils !

Les deux hommes s'étreignirent longuement.

– Vous ne pouviez trouver meilleur refuge ! confirma al-Alem à l'intention de François.

Afin de dissimuler les larmes qui lui montaient aux yeux, le jeune homme détourna la tête et s'éloigna de quelques pas.

Le 1er juillet 1962, l'Algérie optait pour l'indépendance. Sur leur transistor, Léa et François apprirent les résultats du référendum qui s'y était tenu : 91,2 % des Algériens approuvaient les accords d'Évian et se décidaient pour l'indépendance de leur pays dans la coopération avec la France. Cent trente années de colonisation se refermaient et une aube nouvelle se levait pour des hommes et des femmes désormais libres, mais qui avaient dû tant combattre pour le devenir.

Le 15 septembre 1963, Ahmed Ben Bella était élu président de la République algérienne ; Jean-Marcel Jeanneney, ancien ministre du général de Gaulle, devenait le premier ambassadeur de France auprès du nouvel État.

« Je ne suis pas de ceux qui pleurent parce que les Algériens deviennent, aujourd'hui, un peuple libre et que cette meule de moulin va être détachée de notre cou. Mais je mesure l'amour que je voue à la Nation naissante, devant ce qui la menace avant même qu'elle soit née », observa François Mauriac dans son *Bloc-Notes* du jour.

Paris, septembre 2001,
Boutigny, août 2003.

Chronologie succincte de la guerre d'Algérie

– *8 mai 1945 :* À Sétif, une manifestation dégénère en massacre ; 21 Européens sont tués. La répression fait des centaines de morts chez les musulmans.

– *1er novembre 1954 :* Le mécontentement des musulmans d'Algérie tourne au soulèvement populaire : au Caire, les nationalistes algériens créent *le Front de libération nationale* (FLN).

– *1er février 1955 :* Jacques Soustelle est nommé gouverneur général.

– 31 mars 1955 : L'état d'urgence est imposé en Algérie.

– Août 1955 : Des « rappelés », réservistes français mobilisés pour servir en Algérie, manifestent leur mécontentement.

– 30 septembre 1955 : « La question algérienne » est examinée à l'ONU.

– 6 février 1956 : Robert Lacoste devient ministre-résident à Alger.

– *12 mars 1956 :* « Les pouvoirs spéciaux » sont octroyés aux autorités françaises d'Algérie.

– *De mars à septembre 1956 :* Le FLN multiplie ses attaques.

– *15 novembre 1956 :* Le général Salan prend le commandement des forces armées en Algérie.

– *7 janvier 1957 :* Le général Massu est chargé du maintien de l'ordre à Alger.

– *Juin 1957 :* La direction du FLN s'établit à Tunis.

– *13 mai 1958 :* Jacques Massu co-préside le Comité de salut public d'Alger.

– *29 mai 1958 :* René Coty, président de la République, nomme le général de Gaulle président du Conseil, chargé de la défense nationale.

– *2 juin 1958 :* Le président du Conseil obtient « les pleins pouvoirs ».

– *4 juin 1958 :* Lors d'un discours, de Gaulle affirme aux Algérois : *« Je vous ai compris ! »*

– *9 juin 1958 :* De Gaulle confirme le général Salan dans ses fonctions de délégué général du gouvernement et de commandant en chef des forces armées en Algérie.

– *Novembre 1958 :* Le mouvement gaulliste remporte les élections législatives.

– *19 décembre 1958 :* Paul Delouvrier devient délégué général en remplacement de Salan ; le général Challe prend le commandement des forces armées d'Algérie.

– *21 décembre 1958 :* Charles de Gaulle est élu président de la République.

– *16 septembre 1959 :* Le chef de l'État présente son projet d'autodétermination de l'Algérie.

– *19 janvier 1960 :* Le général Massu est rappelé en métropole.

– *24 janvier/1er février 1959 :* « Semaine des barricades » à Alger.

– *13 février 1959 :* À Reggane, dans le Sahara, la France procède à son premier essai de bombe atomique.

– *3/5 mars 1959 :* Le général de Gaulle effectue sa « tournée des popotes en Algérie ».

– *29 juin 1959 :* Les négociations de Melun aboutissent à une impasse.

– *5 septembre 1959 :* Ouverture du procès « Jeanson ».

– *4 novembre 1959 :* Dans une allocution télévisée, de Gaulle se prononce en faveur d'« une Algérie algérienne ».

– *22 novembre 1959 :* Les affaires algériennes sont confiées à Louis Joxe.

– *24 novembre 1959 :* Jean Morin devient délégué général en remplacement de Paul Delouvrier.

– *9/13 décembre 1959 :* Nouveau et difficile voyage du Général en Algérie.

– *8 janvier 1961 :* Référendum sur le projet d'autodétermination de l'Algérie.

– *Février 1961 :* L'OAS (Organisation armée secrète) est formée dans la clandestinité.

– *22/25 avril 1961 :* Tentative de putsch militaire à Alger.

– *20 mai 1961 :* Ouverture, à Évian, de négociations entre la France et le FLN.

– *17 octobre 1961 :* À Paris, une manifestation pacifique d'Algériens tourne au massacre.

– *Janvier/février 1962 :* L'OAS commet de multiples attentats en Algérie comme à Paris.

– *8 février 1962 :* À Paris, une manifestation d'hostilité à l'OAS est durement réprimée ; huit personnes trouvent la mort au métro « Charonne ».

– *18 mars 1962 :* Signature des Accords d'Évian.

– *19 mars 1962 :* Entrée en vigueur du cessez-le-feu.

– *Mars 1962 :* Désordres à Alger.

– *8 avril 1962 :* Par référendum, la population française est appelée à se prononcer sur les Accords d'Évian.

– *1er juillet 1962 :* Référendum d'autodétermination en Algérie.

– *3 juillet 1962 :* L'Algérie devient indépendante.

– *15 septembre 1963 :* Ahmed Ben Bella est élu premier président de la République algérienne.

REMERCIEMENTS

L'auteur tient à remercier pour leur collaboration le plus souvent involontaire les personnes vivantes ou disparues, ainsi que les institutions et publications suivantes :

Henri Alleg ; Amnesty International ; Daniel Anselme ; Antoine Argoud ; Georges Arnaud ; Paul Aussaresses ; Henri Azeau ; Barange ; Philippe Bas-Raberin ; Simone de Beauvoir ; Souâd Belhaddad ; Tayeb Belloula ; Alexandre Bennigsen ; Anna Berbera ; Alfred Berenguer ; Erwan Bergot ; Serge Berstein ; Georges Bidault ; Marcel Bigeard ; Lucien Bitterlin ; Robert Bonnaud ; Claude Bourdet ; Pierre Bourdieu ; Raphaëlle Branche ; Merry Bromberger ; Serge Bromberger ; Jean Brune ; Jean-Paul Brunet ; Robert Buchard ; Georges Carlevan ; Fernand Carreras ; Maurice Challe ; Pierre Château-Jobert ; Jean-François Chauvel ; Claude Cherki ; André Cocatre-Zilgien ; *Combat* ; Comité Maurice-Audin ; Comité national d'information ; André-Paul Comor ; Émile Copfermann ; Françoise Corrèze ; Maurice Cottaz ;

Hélène Cuenat ; Jean-Marie Curutchet ; Jean Daniel ; Jacques Dauer ; Robert Davezies ; Jacques Delarue ; Charlotte Delbo ; Hélie Denoix de Saint-Marc ; François Denoyer ; Francine Dessaigne ; Zohra Drif ; André-Louis Dubois ; Jacques Duchemin ; Claude Dufrenoy ; Claude Dulong ; Jacques Duquesne ; Claude Durand ; Léon-Étienne Duval ; Jean-Luc Einaudi ; Georgette Elgey ; André Euloge ; Maurice Faivre ; Roger Faligot ; Frantz Fanon ; Jean-Pierre Farkas ; Jacques Fauvet ; Noël Favrelière ; Jean Ferrandi ; Georges Fleury ; Jacques Foccart ; *France-Observateur* ; *France-Soir* ; Pascale Froment ; Alain Gandy ; Charles de Gaulle ; Camille Gilles ; Paul-Marie de La Gorce ; le Groupe des 121 ; Serge Groussard ; Jean-Pierre Guichard ; Gisèle Halimi ; Hervé Hamon ; Mohand Hamoumou ; Mohammed Harbi ; Philippe Héduy ; Paul Hennissart ; Monique Hervo ; *Historia* ; Louisette Ighilahriz ; Gérard Israël ; Henri Jacquin ; Claire Janon-Rossier ; Francis Jeanson ; Haynes Johnson ; Edmond Jouhaud ; Alphonse Juin ; Rémi Kauffer ; Philippe Kieffer ; Pascal Krop ; *L'Express* ; *L'Humanité* ; Jean Lacouture ; Mehdi Lalolaoui ; Bernard Lambert ; Anne Lanta ; Fabrice Laroche ; Jacques Laurent ; Robert Laurini ; *Le Canard enchaîné* ; *Le Figaro* ; *Le Monde* ; *Le Parisien* ; Pierre Lefranc ; Paul-Alain Léger ; Chantal Lemercier-Quelquejay ; Albert-Paul Lentin ; Pierre Leulliette ; Jérôme Lindon ; Anne Lœsch ; Gérard Lorne ; Fadela M'Rabet ; André Mandouze ; Henri Martinez ; François Maspero ; Jacques Massu ; Georges Mattei ;

Micheline Maurel ; Claude Mauriac ; François Mauriac ; Jean Mauriac ; Antoine Méléro ; Constantin Melnik ; Jean Méningaud ; Rachid Messaoudi ; Philippe Mestre ; Vincent Monteil ; Morland ; Antoine Moulinier ; le Mouvement national judiciaire ; Marcel-Edmond Naegelen ; Pierre Nora ; Meziane Noureddine ; Joseph Ortiz ; Si Othmane ; Achour Ouamara ; Claude Paillat ; *Paris-Match* ; Pierre Péan ; Paulette Péju ; Jean-Claude Pérez ; Gilles Perrault ; Alain Peyrefitte ; Jerry de Pierregot ; Jean Planchais ; René Pomeau ; Henri Pouillot ; Abdelkader Rahmani ; Edmond Reboul ; René Rémond ; André Ribaud ; René Rieunier ; Georges Robin ; Jacques-Francis Rolland ; Roger Rosfelder ; Patrick Rotman ; Michel Roux ; Jules Roy ; Alain Ruscio ; Raoul Salan ; Bertrand Schneider ; Pierre Sergent ; Alain de Sérigny ; Pierre-Henri Simon ; Alain-Gérard Slama ; Jacques Soustelle ; Benjamin Stora ; Fernande Stora ; Marguerite de Surany ; Jean-Jacques Susini ; Bertrand Tavernier ; *Témoignage chrétien* ; Claude Tenne ; Louis Terrenoire ; Germaine Tillion ; Daniel Timsit ; Alain de Tocnaye ; Jean-Raymond Tournoux ; Roger Trinquier ; Jacques Vergès ; Pierre Viansson-Ponté ; Pierre Vidal-Naquet ; Bernard Violet ; Jean-Pierre Vittori ; Pierre Wiazemsky ; Michel Winock ; Saadi Yacef ; Daniel Zimmermann.

Cet ouvrage a été composé par
Paris Photocomposition
Paris

Impression réalisée sur CAMERON par
BRODARD ET TAUPIN
La Flèche
en novembre 2003

Édition exclusivement réservée aux adhérents du Club
Le Grand Livre du Mois
15, rue des Sablons
75116 Paris
réalisée avec l'aimable autorisation des Éditions Fayard

Imprimé en France
Dépôt légal : novembre 2003
N° d'impression : 21524
ISBN : 2-7028-8849-6